이 책의 구성

★ 들어가기
각 장마다 배우게 될 내용을 설명합니다.

★ 미리보기
각 장마다 배우게 되는 예제의 완성된 모습을 미리 확인할 수 있습니다.

★ 무엇을 배울까요?
본문에서 어떤 기능들을 배울지 간략하게 살펴봅니다.

★ 따라하기
예제를 만드는 과정을 순서대로 따라하면서 쉽게 기능을 습득할 수 있습니다.

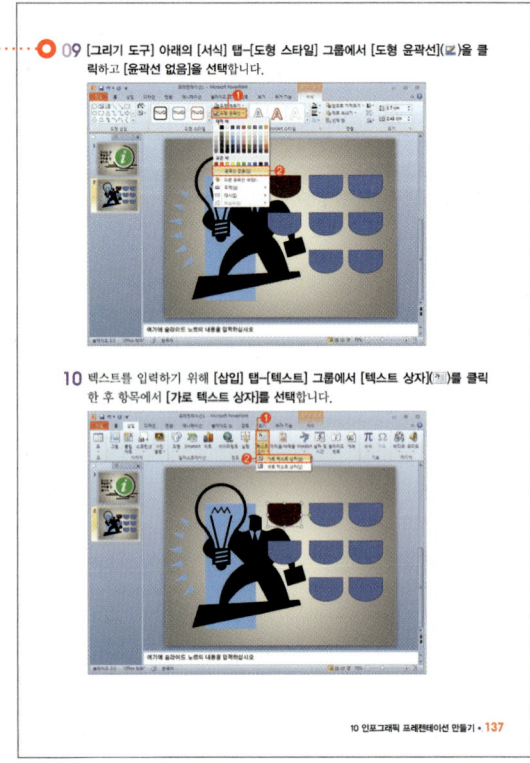

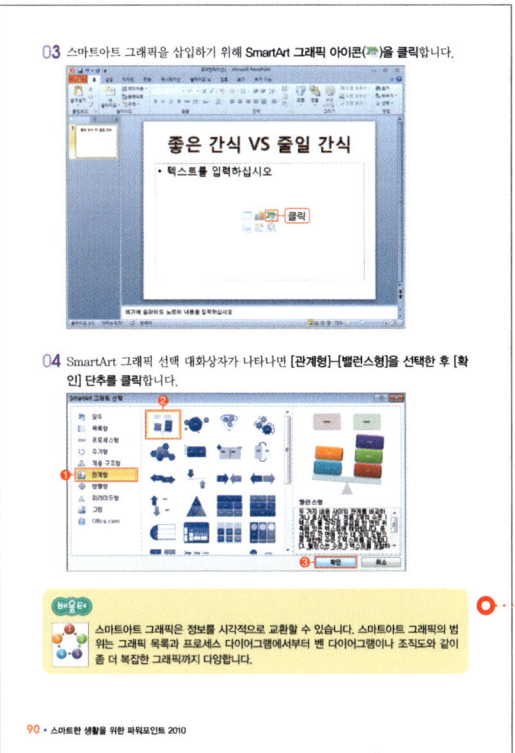

⭐ **배움터**
본문에서 다루지 못한 내용이나 알아두어야 할 사항들을 추가적으로 설명합니다.

⭐ **디딤돌 학습**
각 장마다 배운 내용을 토대로 한 번 더 복습할 수 있도록 응용된 문제를 제공합니다. 혼자 연습해봄으로써 실력을 다질 수 있습니다.

⭐ **도움터**
혼자 연습해 볼 수 있도록 필요한 정보 또는 방법을 지원합니다.

※ 부록 | 스마트한 정보 하나 더 : 스마트한 생활을 향해 한 걸음 더 나아갈 수 있도록 스마트폰에 관한 정보를 제공합니다.

목 차

01장 | 파워포인트 2010 기능 익히기

1. 파워포인트 2010 실행 및 종료 • 7
2. 파워포인트 2010 화면 구성 • 9
3. 새 슬라이드 작성하기 • 10
4. 슬라이드 추가 및 레이아웃 변경 • 12
5. 프레젠테이션 저장하기 • 16
* 디딤돌 학습 • 18

02장 | 슬라이드 편집하고 쇼 보기

1. 저장된 파일 열기 • 21
2. 한글/한자 변환하기 • 22
3. 글머리 기호 및 번호 매기기 • 25
4. 프레젠테이션 보기 • 31
* 디딤돌 학습 • 34

03장 | 워드아트 및 클립아트 삽입하기

1. 글꼴 및 워드아트 설정하기 • 37
2. 클립아트 삽입하기 • 42
* 디딤돌 학습 • 46

04장 | 도형 서식 적용하기

1. 도형 텍스트 만들기 • 49
2. 도형 복사하고 변형하기 • 54
3. 텍스트 상자 삽입하기 • 58
* 디딤돌 학습 • 60

05장 | 표 스타일 디자인하기

1. 슬라이드에 표 삽입하기 • 63
2. 도형 복사하고 변형하기 • 67
* 디딤돌 학습 • 72

06장 | 그림으로 만드는 프레젠테이션

1. 그림 삽입 및 스타일 적용하기 • 75
2. 꾸밈 효과 적용하기 • 81
* 디딤돌 학습 • 86

07장 | 스마트아트를 활용한 그래픽 슬라이드

1. 관계형 그래픽 삽입하기 • 89
2. 계층 구조형 그래픽 삽입하기 • 94
* 디딤돌 학습 • 98

08장 | 데이터를 활용한 차트 만들기

1. 차트 삽입하기 • 101
2. 차트 디자인하기 • 104
* 디딤돌 학습 • 110

09장 | 애니메이션 효과 적용하기

1. 프레젠테이션 만들기 • 113
2. 슬라이드 화면 전환하기 • 117
3. 스마트아트를 도형으로 변환하기 • 120
* 디딤돌 학습 • 126

10장 | 인포그래픽 프레젠테이션 만들기

1. 기호를 삽입한 슬라이드 만들기 • 129
2. 도형 스타일 적용하기 • 133
* 디딤돌 학습 • 140

[부록 | 스마트한 정보 하나 더] 스마트폰에서 오피스 문서보기 • 142

01 파워포인트 2010 기능 익히기

파워포인트 2010 작업을 수행하는 데 필요한 명령을 신속하게 찾을 수 있도록 디자인된 리본 메뉴를 통해 슬라이드를 작성하고 프레젠테이션을 저장하는 방법에 대해 알아보도록 하겠습니다.

완성파일 : 01장 유산소 운동.pptx

유산소 운동

에어로빅스(Aerobics)

유산소 운동 종류
- 걷기운동
- 달리기
- 파워 워킹
- 자전거 타기
- 러닝머신
- 줄넘기
- 등산 및 수영

 무엇을 배울까요?

··· 파워포인트 2010 실행 및 종료
··· 파워포인트 2010 화면 구성
··· 슬라이드 작성하고 저장하기

파워포인트 2010 실행 및 종료

01 파워포인트 2010을 실행하기 위해 **[시작]**( )-**[▶ 모든 프로그램]**-**[Microsoft Office]**에서 **[Microsoft PowerPoint 2010]**( )을 **클릭**합니다.

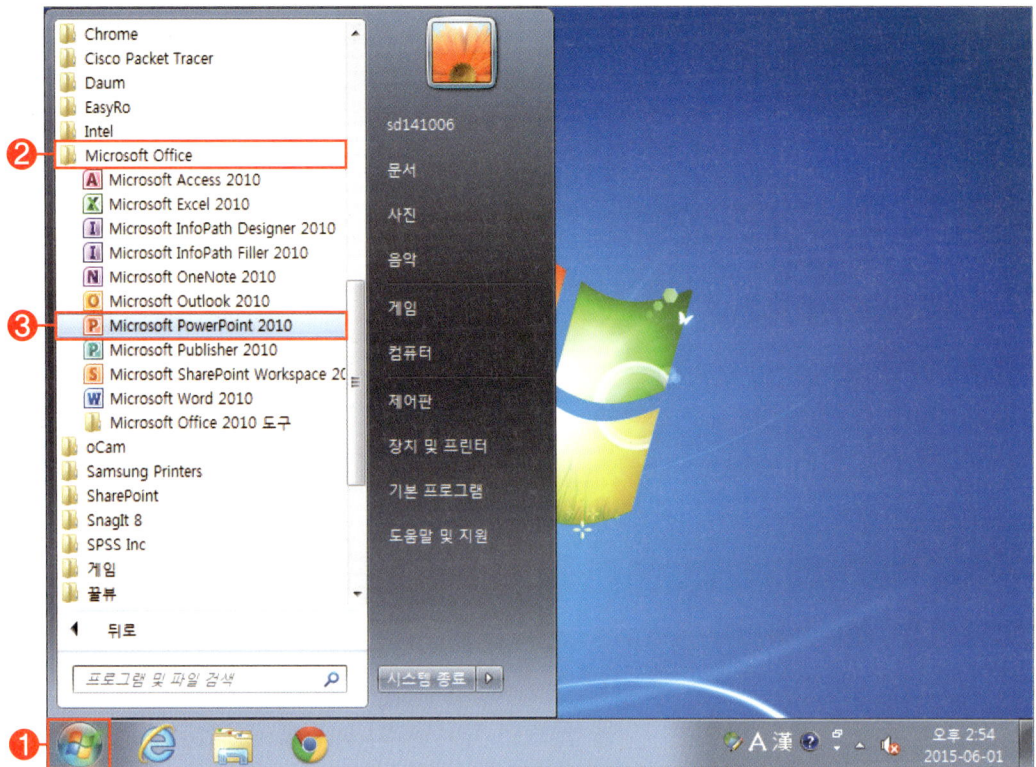

02 실행된 파워포인트를 종료하기 위해 **[파일] 탭을 클릭**합니다.

03 [파일] 탭에서 [끝내기](X)를 클릭하여 파워포인트를 종료합니다.

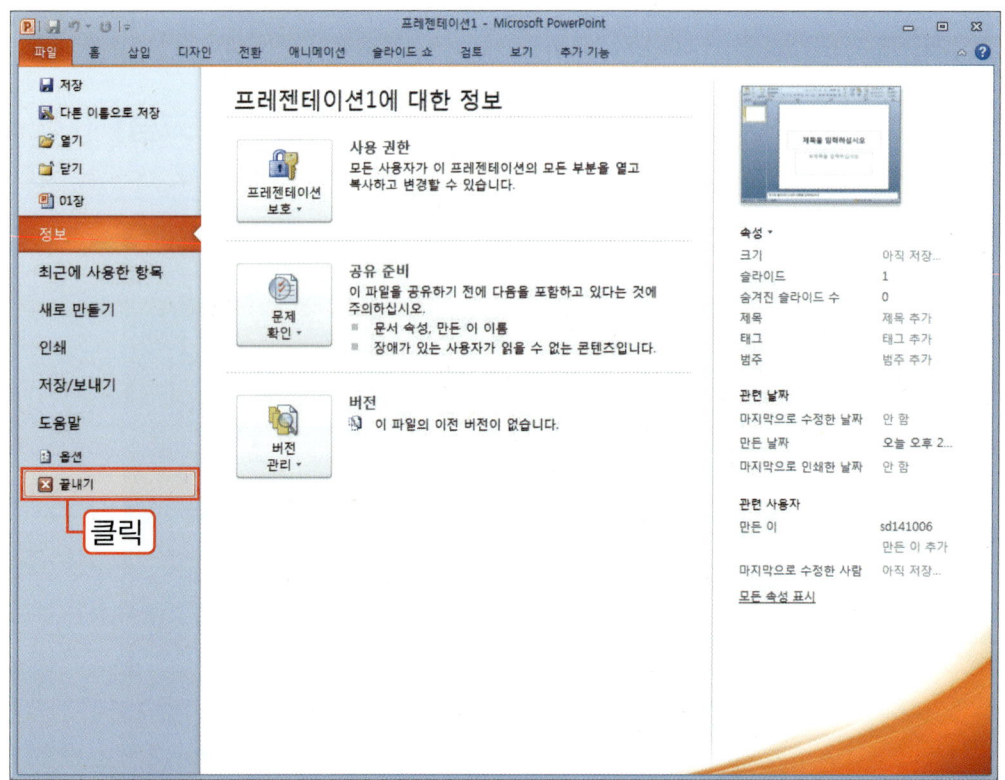

배움터

- 왼쪽 상단에 위치한 **파워포인트 아이콘**(P)을 **클릭**한 후 [닫기] 메뉴를 **선택**하여 파워포인트를 종료할 수 있습니다.

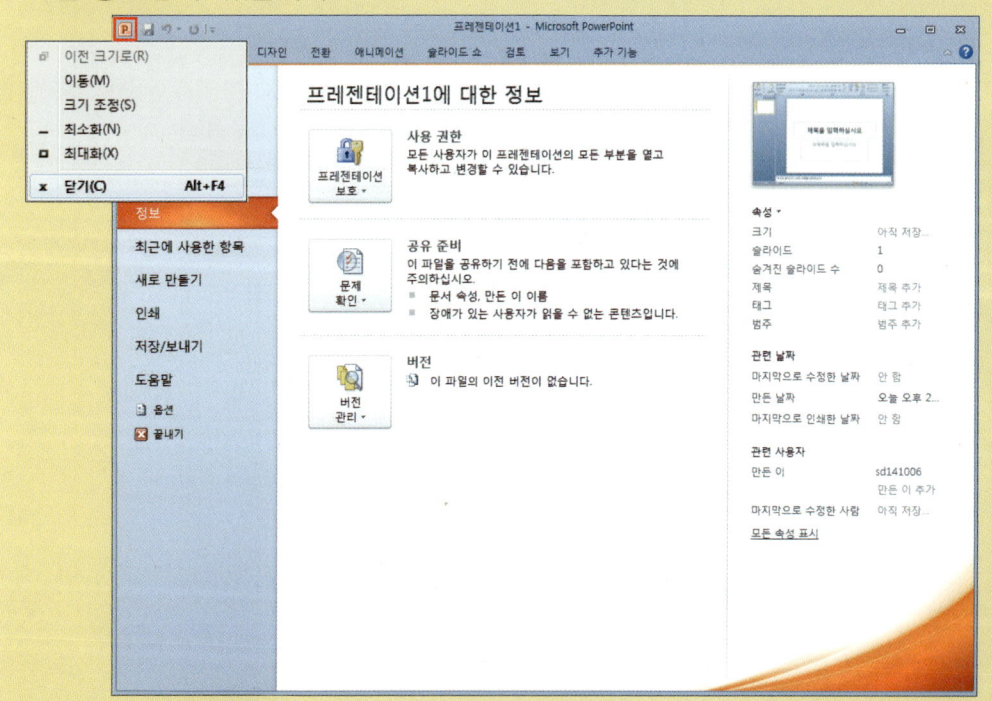

- 단축키  를 눌러 실행 중인 프로그램을 빠르게 종료할 수 있습니다.

파워포인트 2010 화면 구성

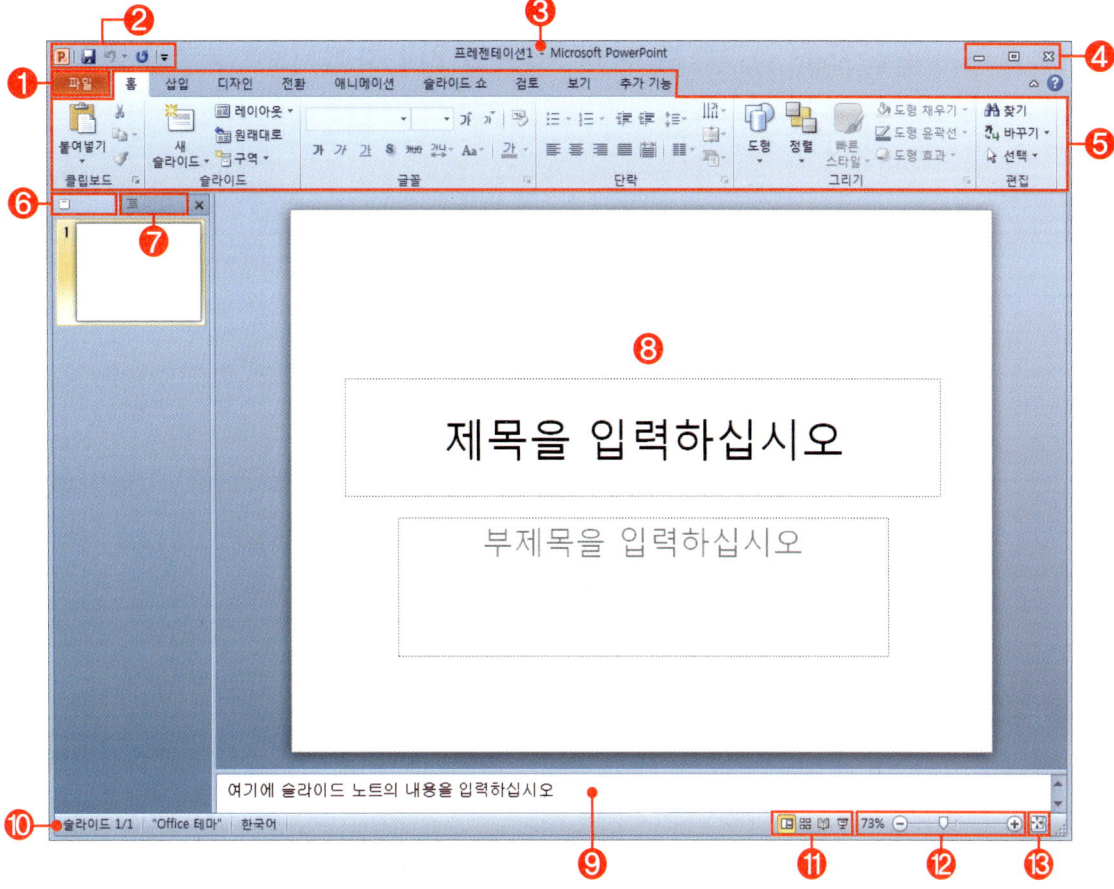

❶ **파일 탭** : 프레젠테이션 파일 열기, 저장, 인쇄, 종료 등 파일을 관리합니다.

❷ **빠른 실행 도구 모음** : 자주 사용하는 도구를 빠르게 실행할 수 있게 아이콘을 모아놓은 곳입니다.

❸ **제목 표시줄** : 현재 작업 중인 프레젠테이션 문서의 제목을 표시합니다.

❹ **창 조절 단추** : 창 크기 조절과 열려있는 창을 닫을 때 사용합니다.

❺ **리본 메뉴** : 서로 관련 있는 메뉴들을 한 그룹으로 묶어 표시합니다.

❻ **슬라이드 탭** : 프레젠테이션의 슬라이드를 작은 이미지로 표시하고, 슬라이드를 쉽게 다시 정렬하거나 추가 또는 삭제할 수 있습니다.

❼ **개요 탭** : 슬라이드 텍스트를 개요 형식으로 보여 줍니다.

❽ **슬라이드 창** : 슬라이드를 작업할 수 있는 공간으로 텍스트를 추가하고 그림, 표, 차트, 하이퍼링크 및 애니메이션을 삽입할 수 있습니다.

❾ **슬라이드 노트 창** : 현재 사용 중인 슬라이드와 관련된 설명을 입력할 수 있습니다.

❿ **상태 표시줄** : 현재 작업 중인 슬라이드의 작업 상태를 표시합니다.

⓫ **보기** : 슬라이드를 기본, 여러 슬라이드, 읽기용 보기 형식으로 보여 줍니다.

⓬ **확대/축소 슬라이더** : 슬라이드 세부 내용을 확대하거나 축소합니다.

⓭ **슬라이드 창 맞춤** : 슬라이드를 현재 창 크기에 맞춥니다.

새 슬라이드 작성하기

01 새 슬라이드에 글자를 입력하기 위해 **"제목을 입력하십시오" 부분을 클릭**합니다.

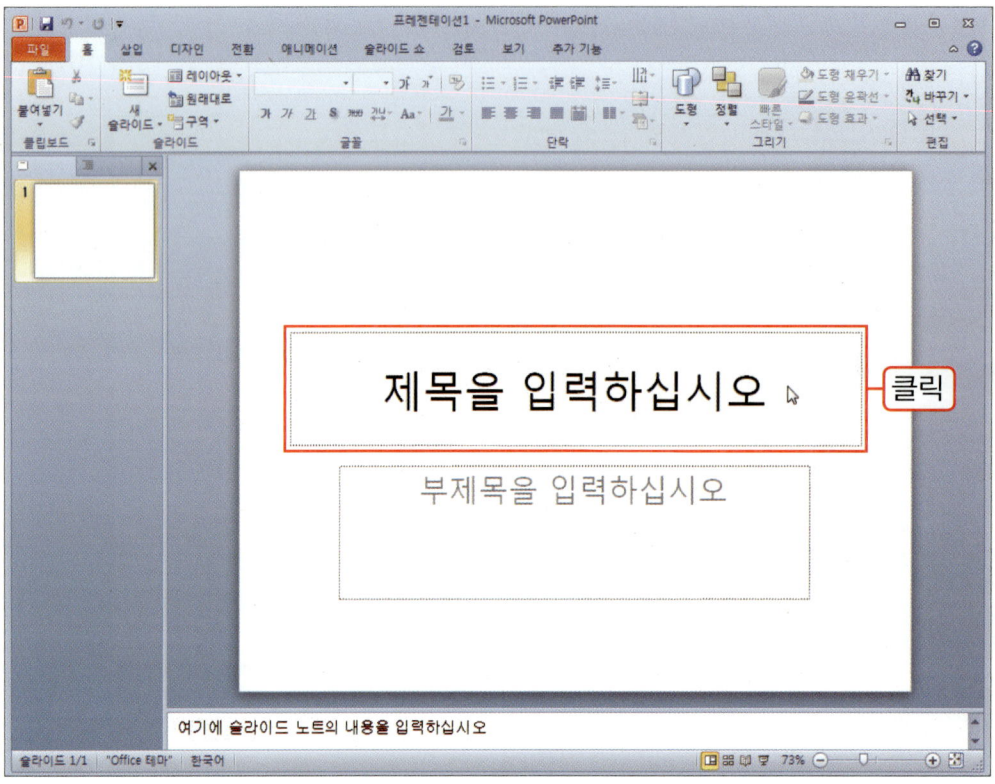

02 커서가 나타나면 **'유산소 운동'을 입력**합니다.

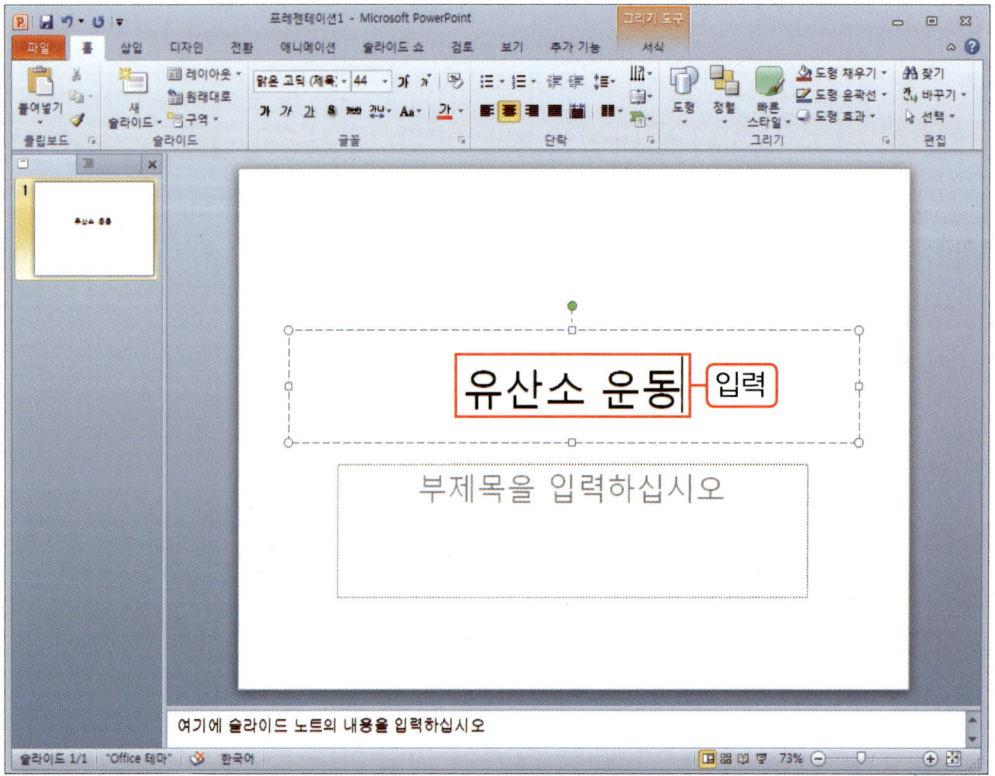

03 부제목도 입력하기 위해 **"부제목을 입력하십시오" 부분을 클릭**합니다.

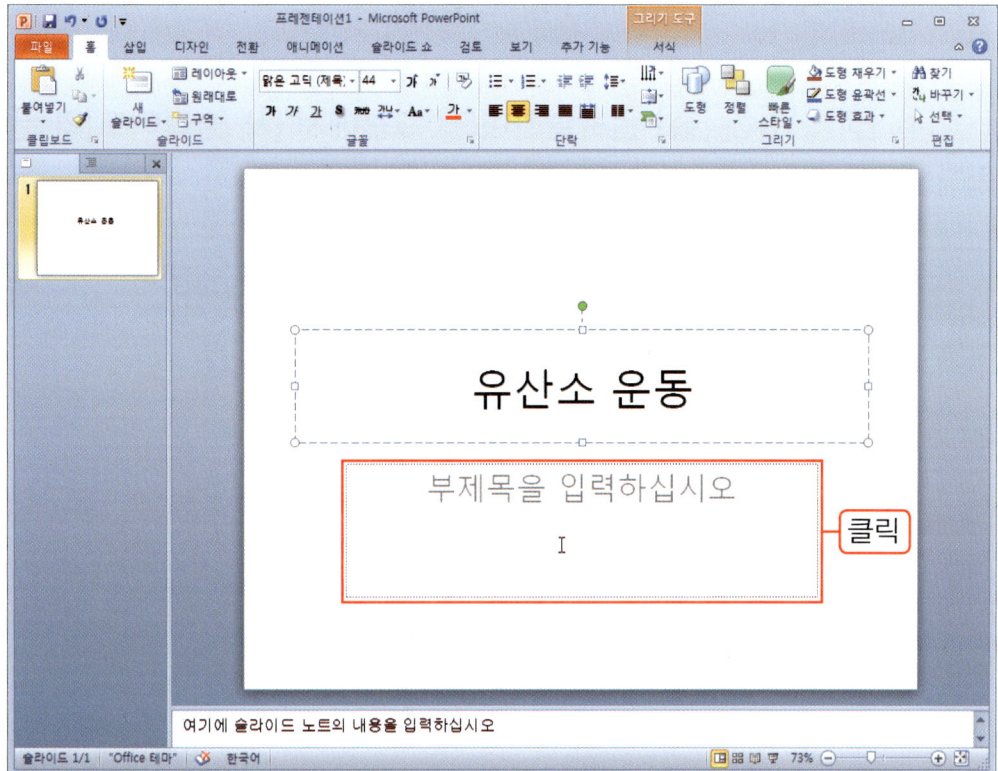

04 커서가 나타나면 **'에어로빅스(Aerobics)'를 입력**하여 제목 슬라이드를 완성합니다.

슬라이드 추가 및 레이아웃 변경

01 슬라이드를 추가하기 위해 [홈] 탭-[슬라이드] 그룹에서 [새 슬라이드]의 글자 부분을 클릭한 후 갤러리에서 [제목 및 내용]을 선택합니다.

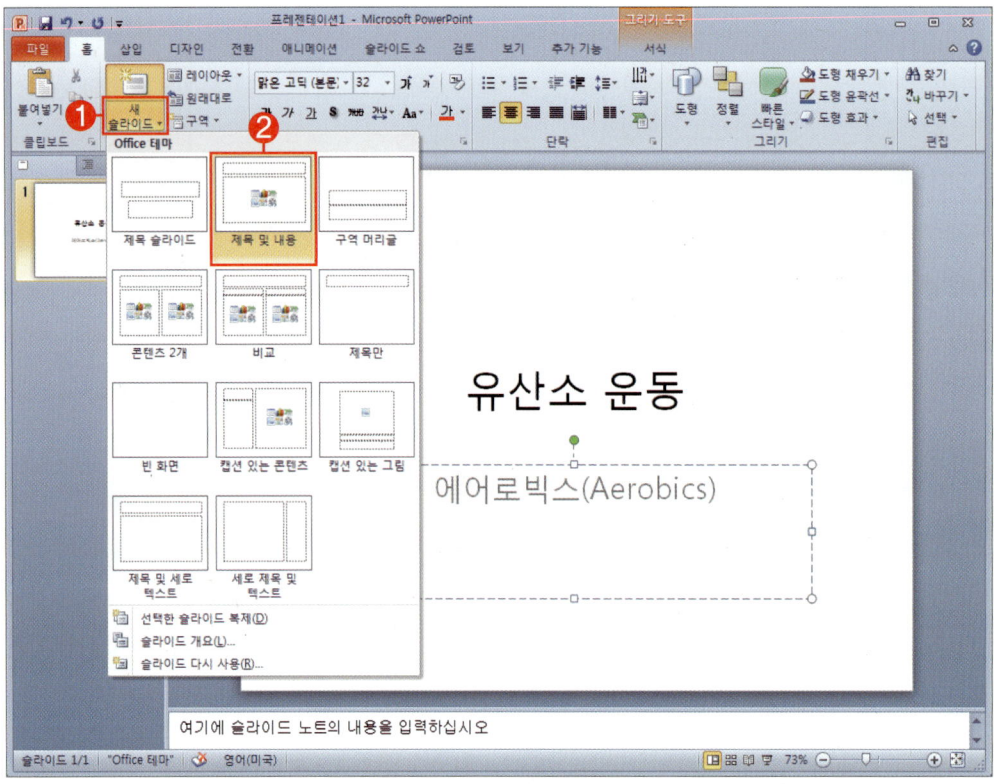

배움터 갤러리는 관련된 시각적 선택 항목의 배열을 나타내는 창 또는 메뉴를 말합니다.

02 슬라이드가 추가되면 제목 텍스트 상자에 **'유산소 운동 종류'를 입력**합니다.

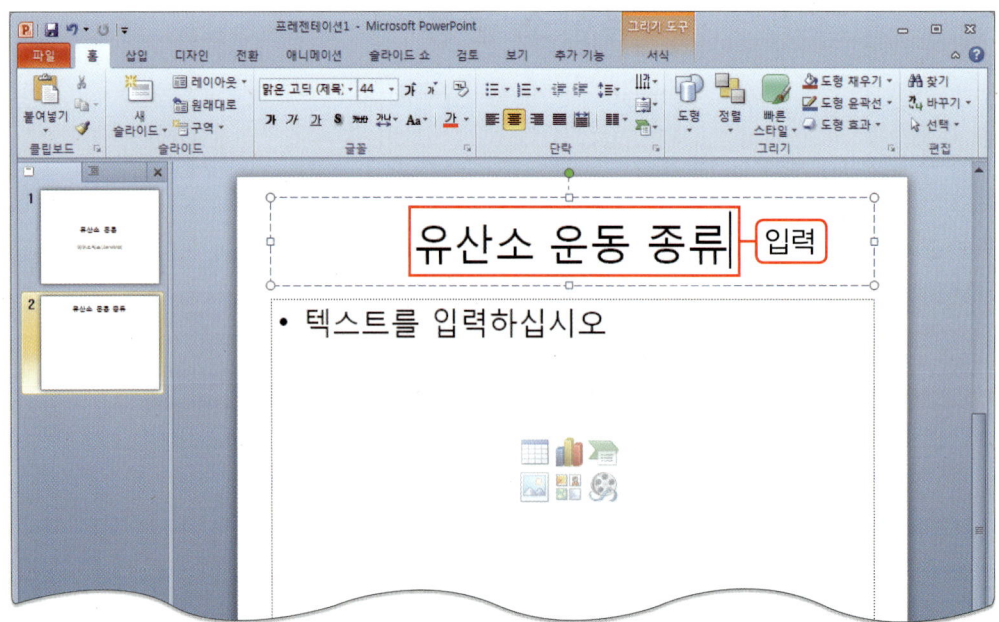

03 **텍스트 상자를 클릭**한 후 그림과 같이 **내용을 입력**하여 슬라이드를 완성합니다.

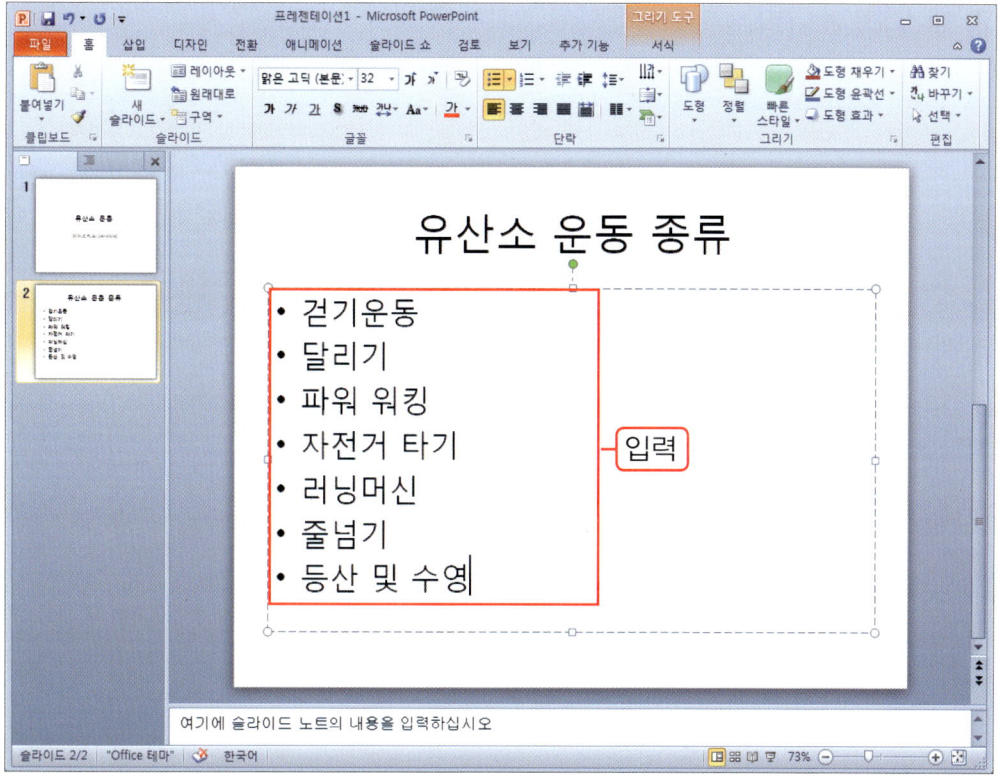

04 슬라이드 탭에서 **[슬라이드 2]를 선택**하고 **마우스 오른쪽 버튼을 클릭**한 후 **바로가기 메뉴에서 [새 슬라이드]를 클릭**하여 [슬라이드 3]을 추가합니다.

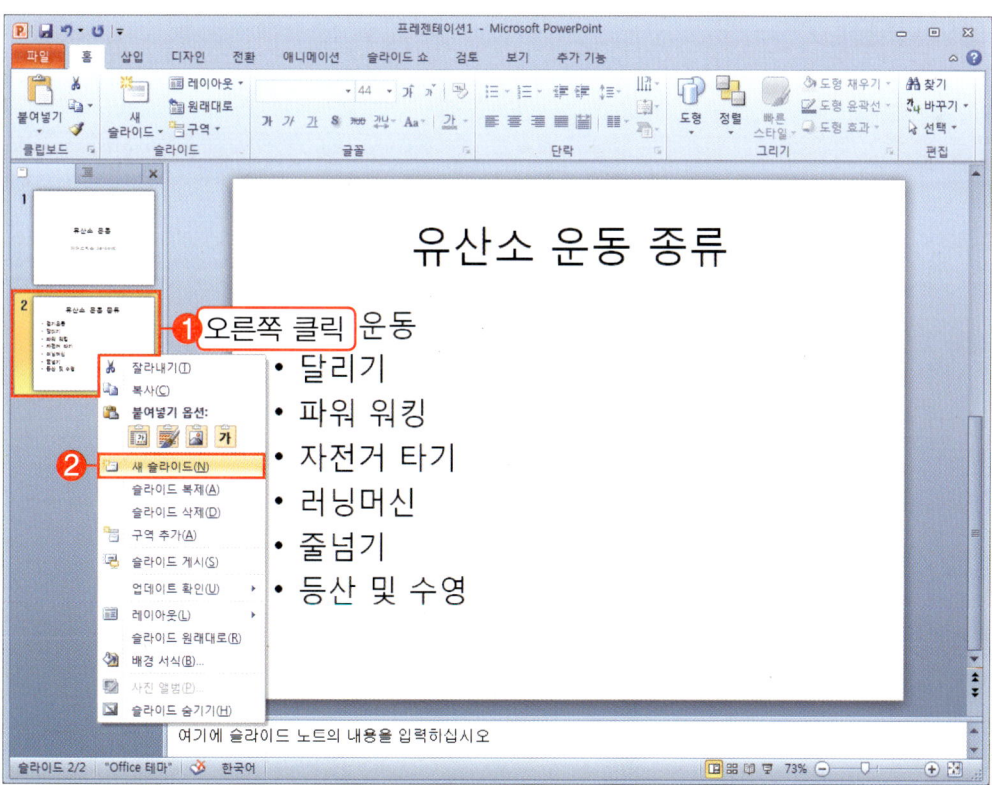

05 제목 및 내용 슬라이드가 추가되면 **"제목을 입력하십시오"를 클릭**한 후 '유산소 운동 효과'를 **입력**합니다.

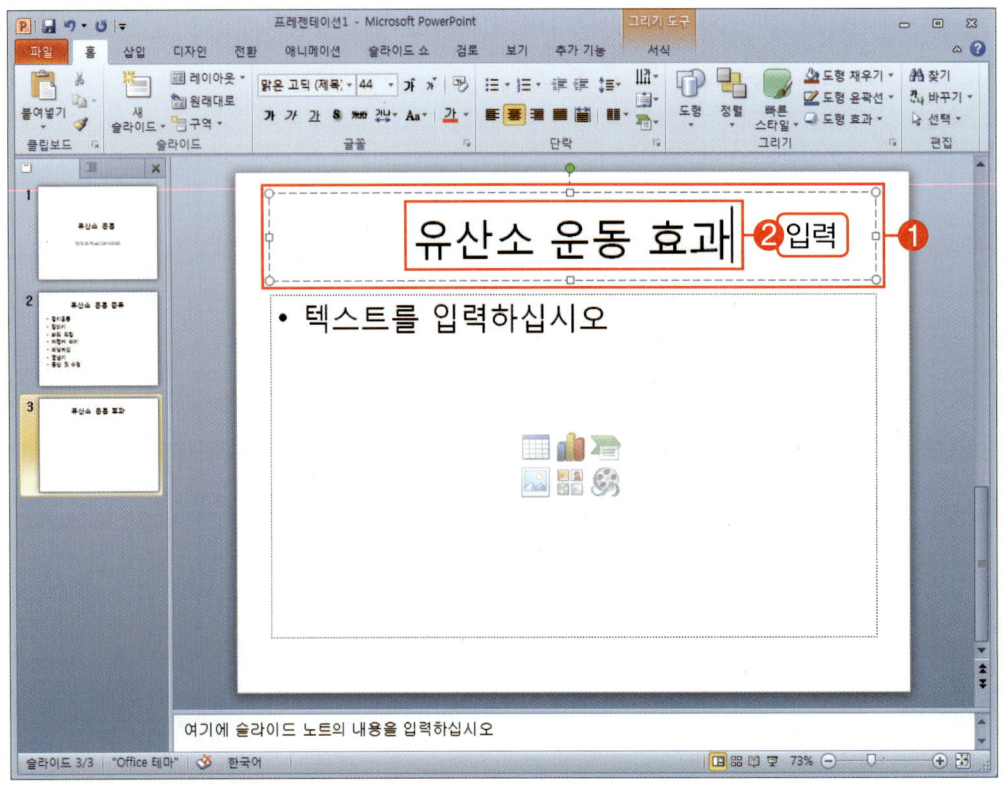

06 **"텍스트를 입력하십시오"를 클릭**한 후 그림과 같이 **내용을 입력**하여 [슬라이드 3]을 완성합니다.

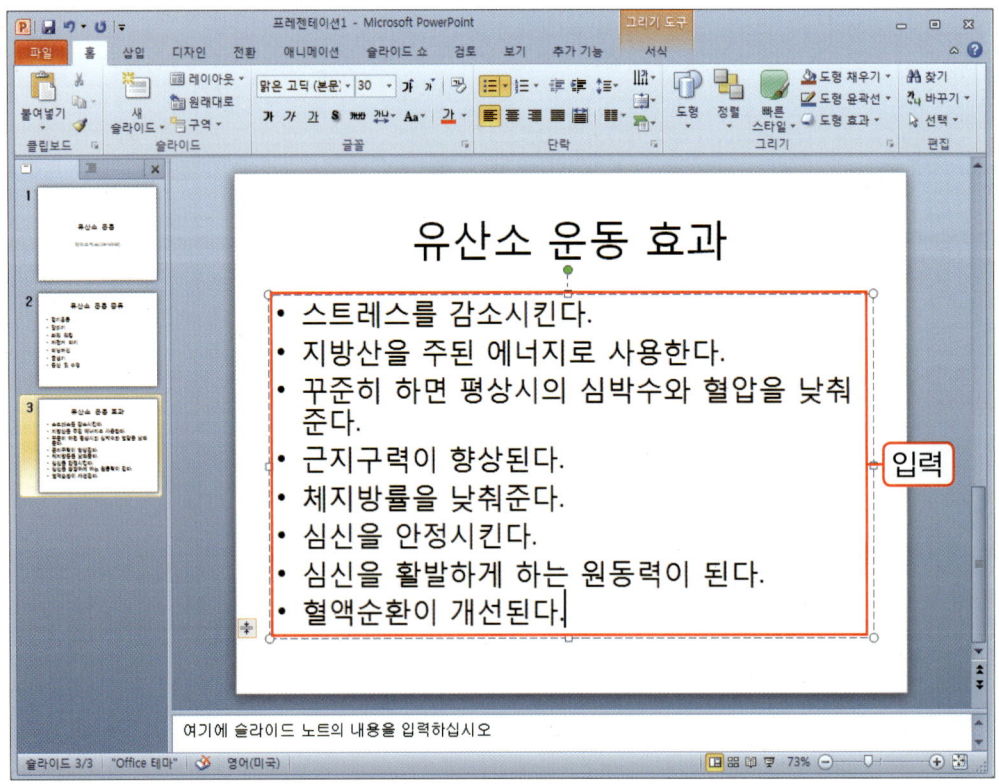

07 [슬라이드 3] 레이아웃을 변경하기 위해 [홈] 탭-[슬라이드] 그룹에서 [레이아웃](📄)을 클릭한 후 갤러리에서 [제목 및 세로 텍스트]를 선택합니다.

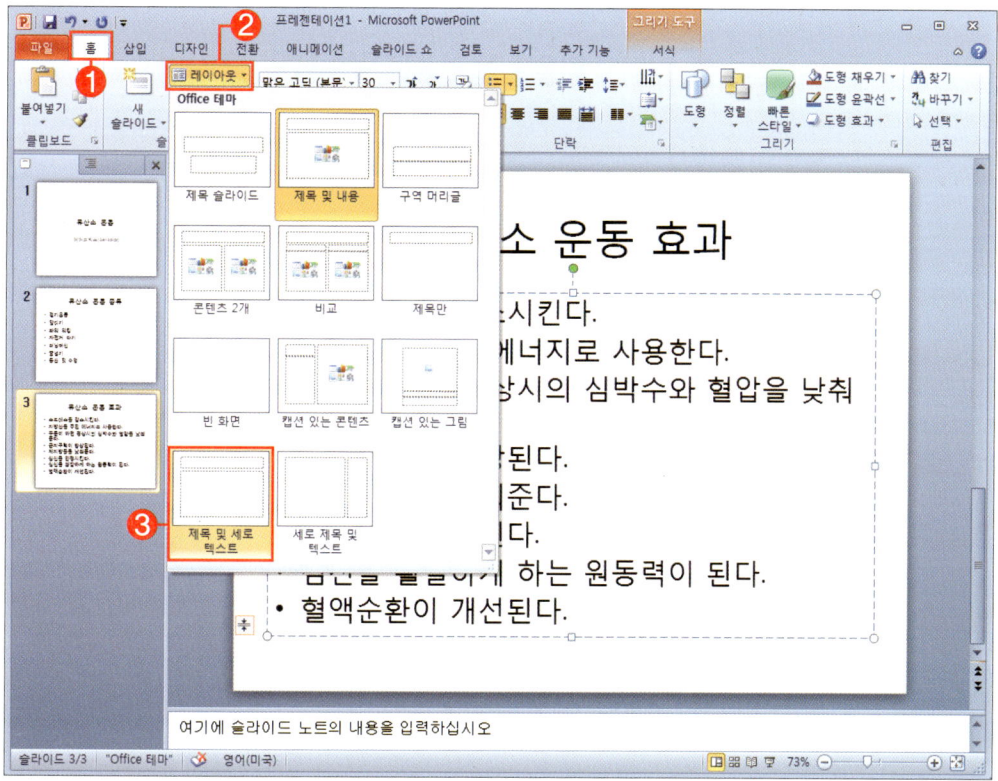

08 그림과 같이 변경된 레이아웃을 확인할 수 있습니다.

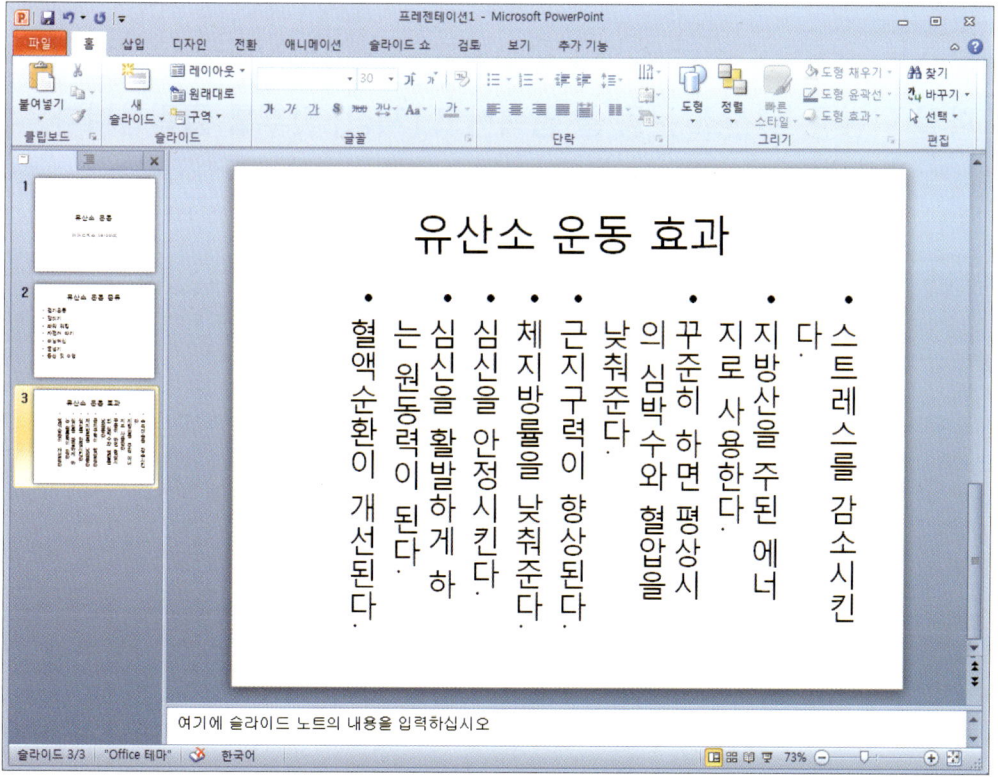

프레젠테이션 저장하기

01 완성된 슬라이드를 저장하기 위해 [파일] 탭-[저장](📁)을 클릭합니다.

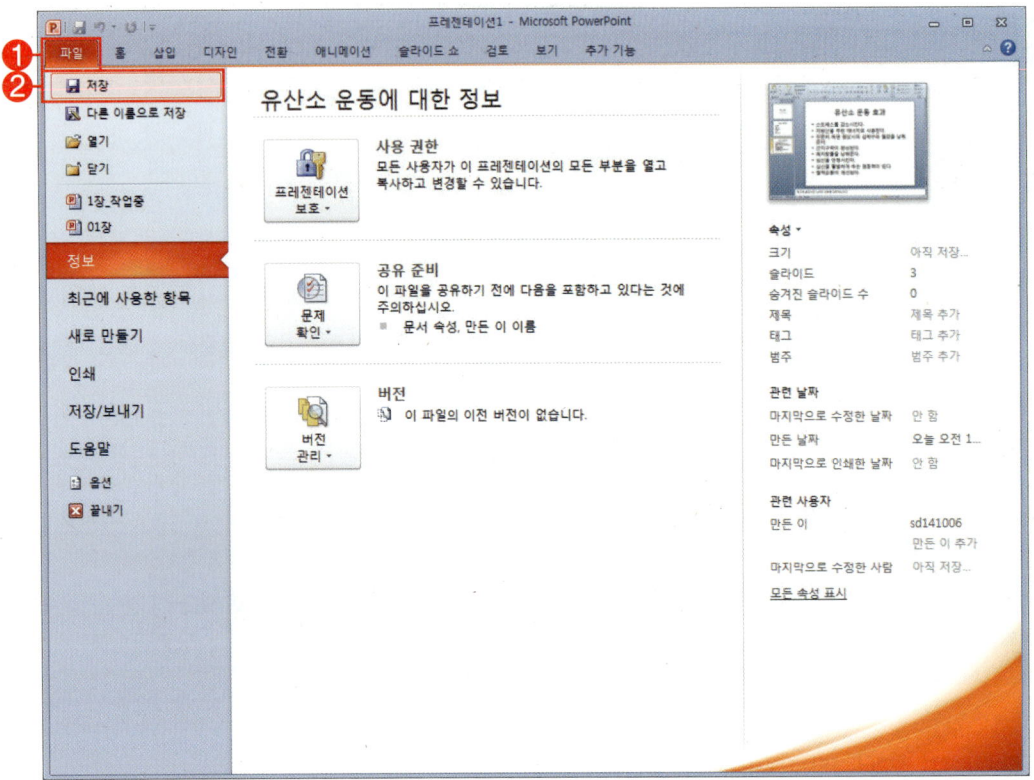

02 [다른 이름으로 저장] 창이 나타나면 저장할 위치를 [라이브러리]-[문서]로 선택합니다. 파일 이름은 '**유산소 운동**'을 입력하고 [저장] 단추를 클릭합니다.

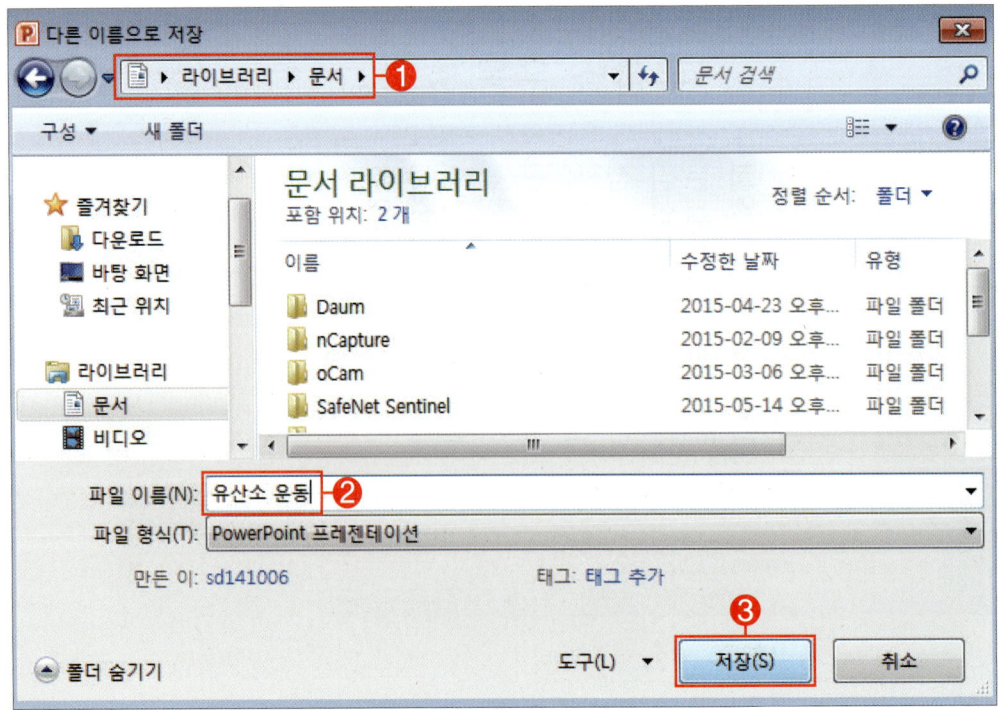

16 • 스마트한 생활을 위한 파워포인트 2010

03 저장이 완료되면 화면 위의 제목 표시줄에 저장된 파일 이름이 표시됩니다.

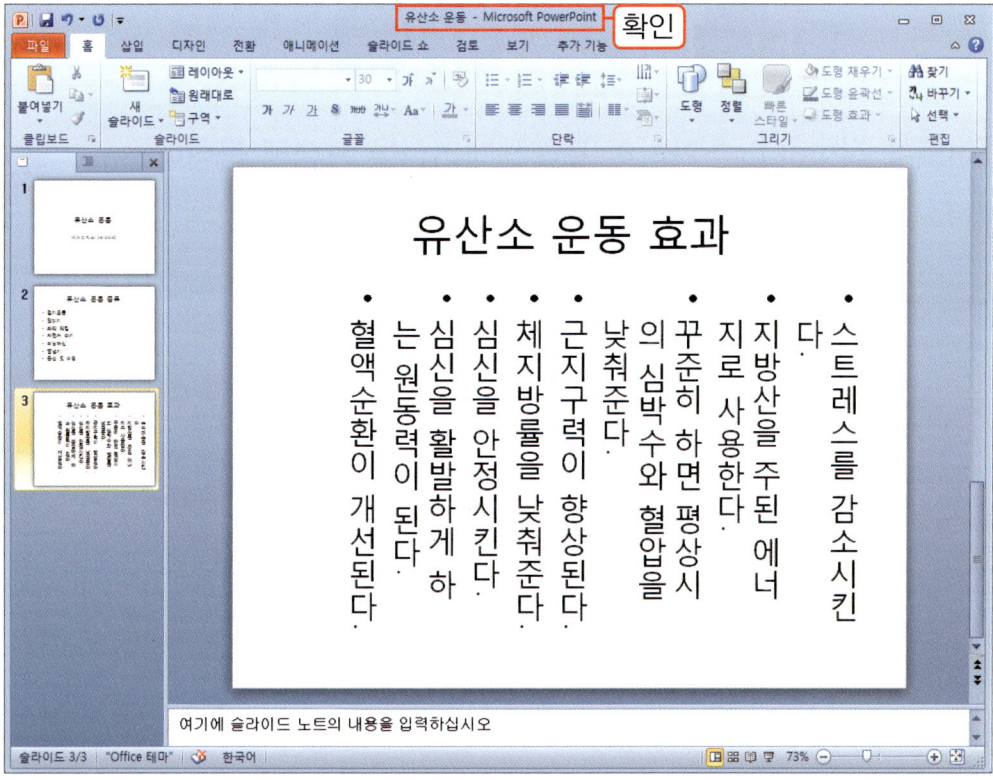

04 저장이 끝난 프레젠테이션을 닫기 위해 [파일] 탭-[닫기](📁)를 클릭합니다.

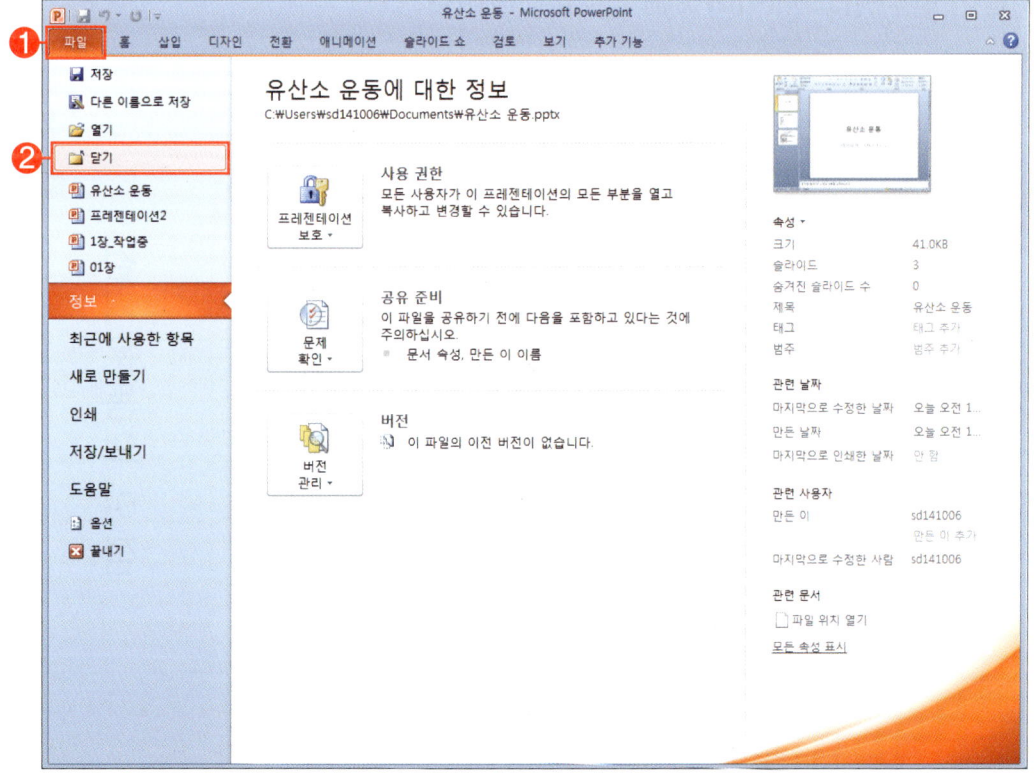

> **배움터** 닫기(📁) 메뉴는 파워포인트 끝내기(❌) 메뉴와 달리 현재 작업 중인 프레젠테이션만 닫힙니다.

1 새 슬라이드를 작성하고 추가하여 프레젠테이션을 완성해 봅니다.

걷기운동

파워 워킹(power walking)

▲ 제목 슬라이드

걷기운동의 이점
- 다리 근육 단련, 관절 기능 개선
- 군살을 제거하고 성인병을 예방
- 혈당 혈압 중성지방 등의 감소
- 심혈관계 질환 예방
- 당뇨병 예방
- 우울증 개선

▲ 제목 및 내용

2 그림과 같이 슬라이드 레이아웃을 변경해 봅니다.

파워 워킹(power walking)
걷기운동

▲ 구역 머리글

걷기운동의 이점
- 다리 근육 단련, 관절 기능 개선
- 군살을 제거하고 성인병을 예방
- 혈당 혈압 중성지방 등의 감소
- 심혈관계 질환 예방
- 당뇨병 예방
- 우울증 개선

▲ 세로 제목 및 텍스트

3 새 슬라이드를 작성하고 추가하여 프레젠테이션을 완성해 봅니다.

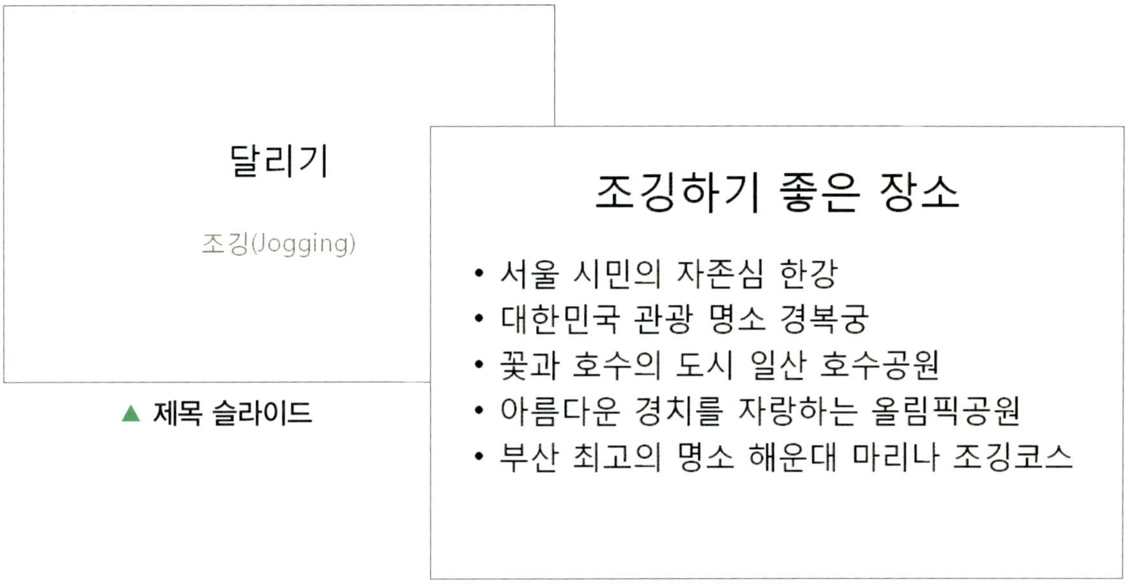

달리기

조깅(Jogging)

▲ 제목 슬라이드

조깅하기 좋은 장소
- 서울 시민의 자존심 한강
- 대한민국 관광 명소 경복궁
- 꽃과 호수의 도시 일산 호수공원
- 아름다운 경치를 자랑하는 올림픽공원
- 부산 최고의 명소 해운대 마리나 조깅코스

▲ 제목 및 내용

4 그림과 같이 레이아웃을 변경하고 저장해 봅니다.

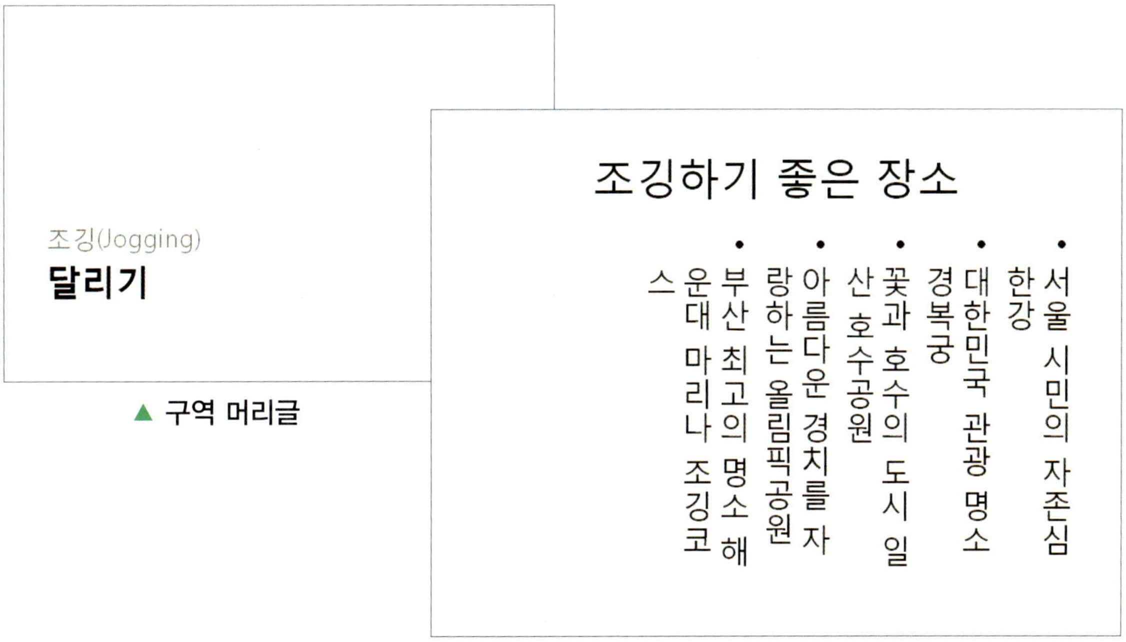

조깅(Jogging)
달리기

▲ 구역 머리글

조깅하기 좋은 장소

- 부산 최고의 명소 해운대 마리나 조깅코
- 아름다운 경치를 자랑하는 올림픽공원
- 꽃과 호수의 도시 일산 호수공원
- 대한민국 관광 명소 경복궁
- 서울 시민의 자존심 한강

▲ 제목 및 세로 텍스트

> **도움터** 프레젠테이션 저장 : [파일] 탭-[저장](💾)

02 슬라이드 편집하고 쇼 보기

슬라이드를 편집하는 방법과 프레젠테이션 보기를 통해 슬라이드 쇼를 설정하고 시작하는 방법에 대해 알아보도록 하겠습니다.

완성파일 : 02장 유산소 운동 효과.pptx

有酸素 운동

에어로빅스(Aerobics)

유산소 운동 효과

一 스트레스를 감소시킨다.
二 지방산을 주된 에너지로 사용한다.
三 꾸준히 하면 평상시의 심박수와 혈압을 낮춰준다.
四 근지구력이 향상된다.
五 체지방률을 낮춰준다.
六 심신을 안정시킨다.
七 심신을 활발하게 하는 원동력이 된다.
八 혈액순환이 개선된다.

 무엇을 배울까요?

··· 프레젠테이션 파일 열기
··· 한글/한자 변환하기
··· 글머리 기호 및 번호 매기기
··· 프레젠테이션 보기

저장된 파일 열기

01 저장된 파일을 열기 위해 **[파일] 탭-[열기]**(📂) **단추를 클릭**합니다.

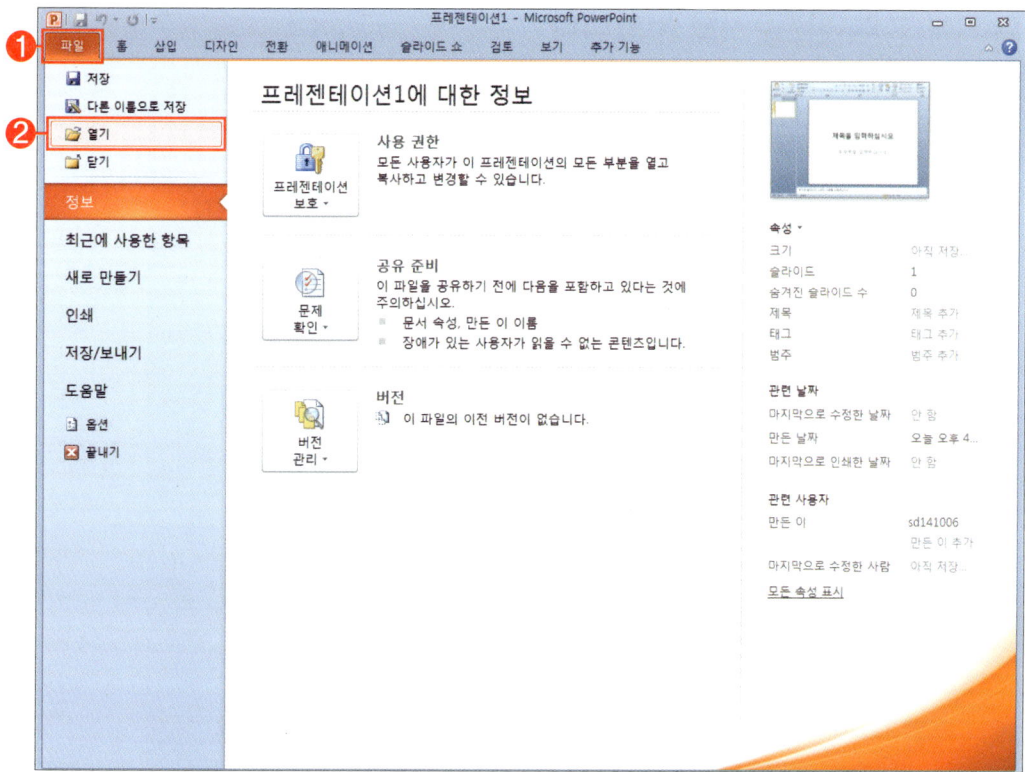

02 **[열기]** 창이 나타나면 **파일이 저장된 위치를 선택**합니다. 슬라이드에 불러올 **[유산소 운동] 파일을 선택**한 후 **[열기] 단추를 클릭**합니다.

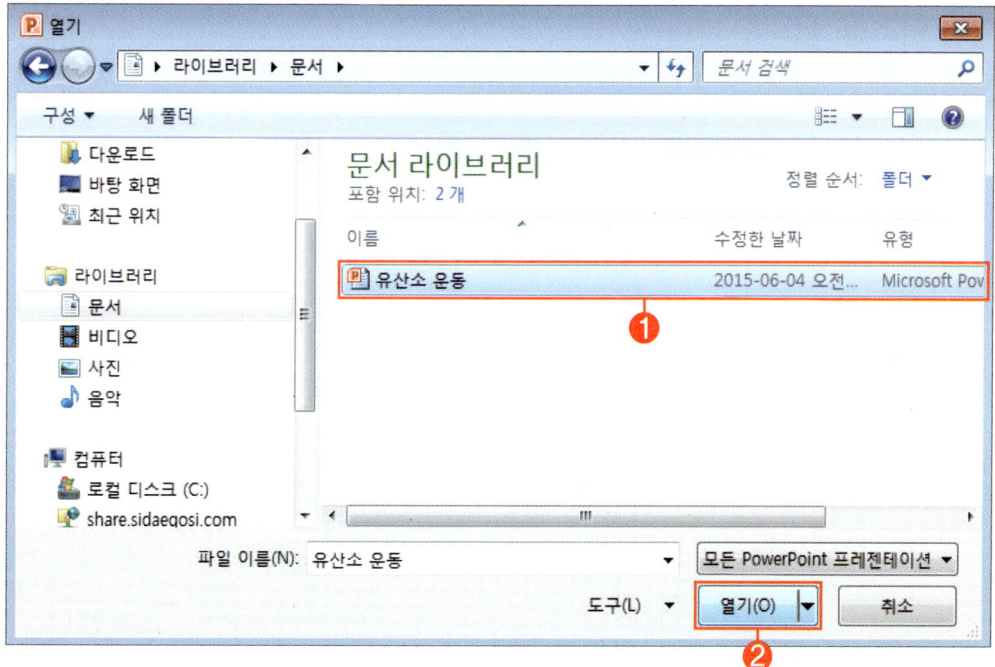

 ## 한글/한자 변환하기

01 제목의 "유산소"를 한자로 변환하기 위해 **단어 맨 앞부분을 클릭**하여 커서를 위치시킨 후 키보드의 **한자** 키를 누릅니다

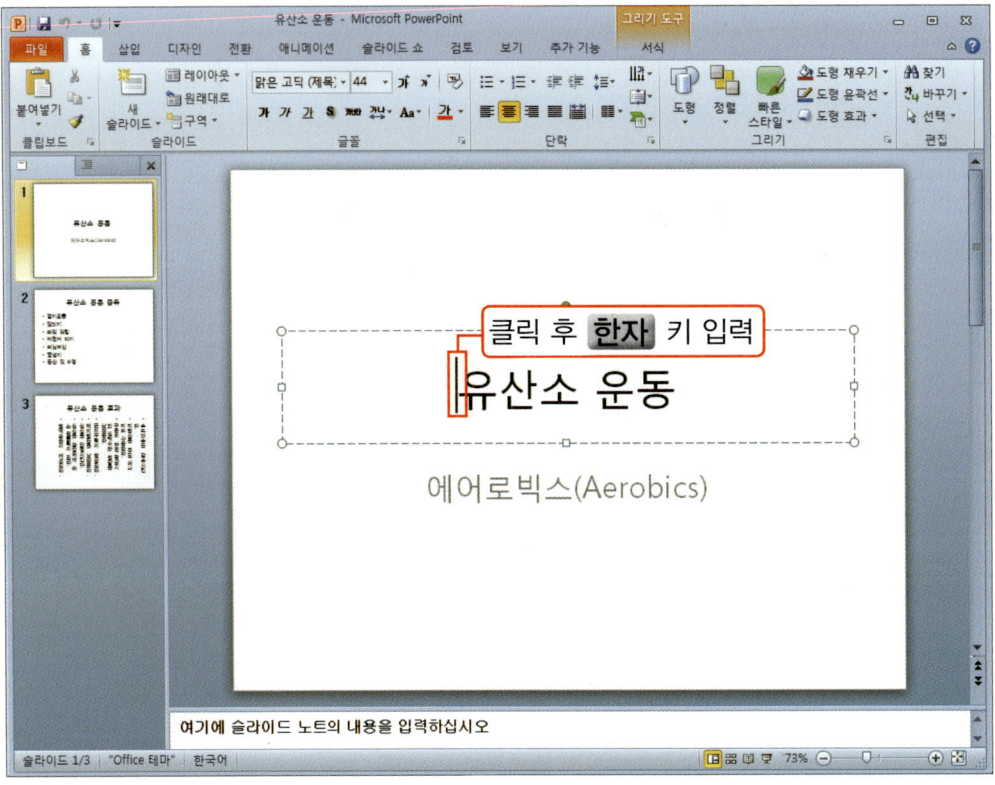

02 [한글/한자 변환] 창에서 **바꿀 한자를 선택**합니다. 입력 형태에서 [漢字]를 선택하고 [변환] 단추를 클릭합니다.

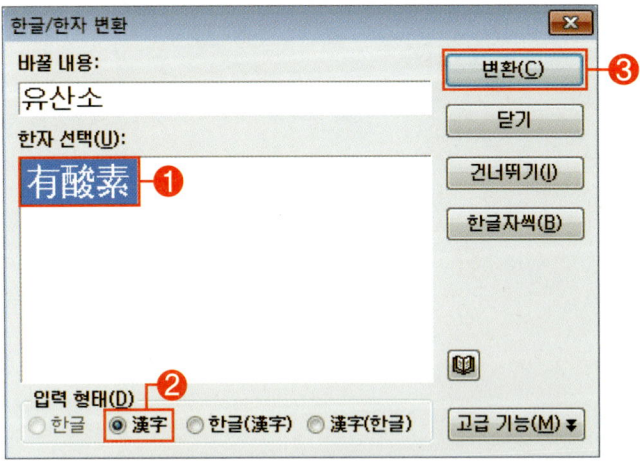

배움터 입력 형태에 따라 [한글], [漢字], [한글(漢字)], [漢字(한글)]로 나타낼 수 있습니다.

03 그림과 같이 "유산소"가 "有酸素"로 변환된 것을 확인할 수 있습니다.

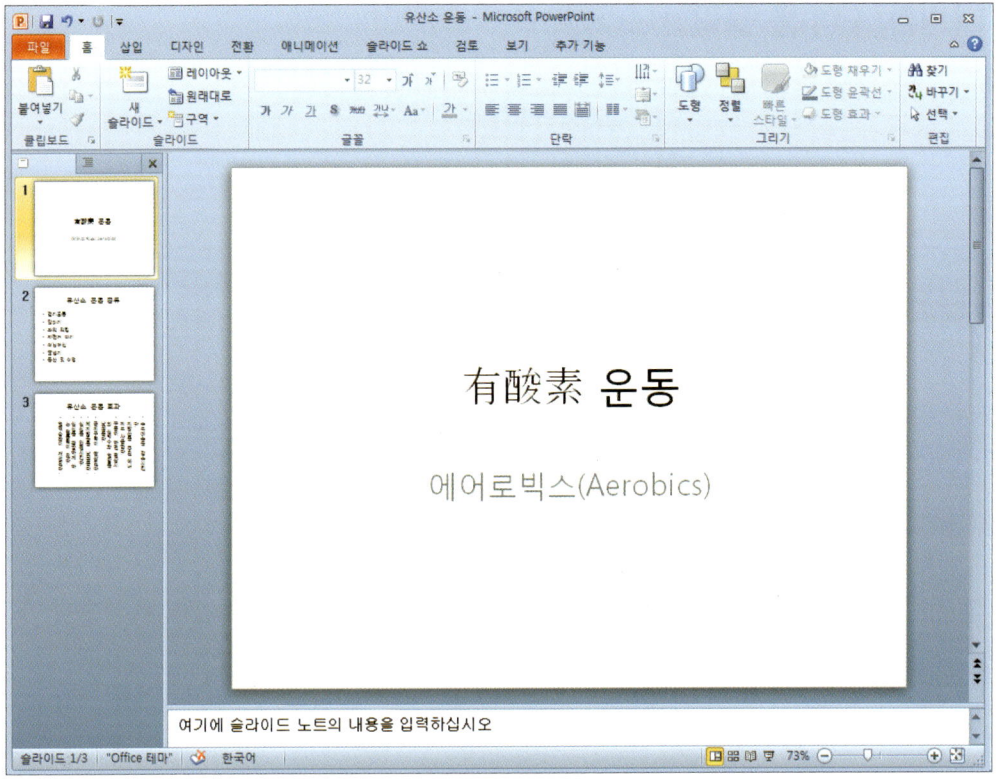

04 슬라이드 탭에서 [슬라이드 2]를 선택한 후 제목의 "종류" 앞부분을 클릭하여 커서를 위치시킨 후 키보드의 한자 키를 누릅니다.

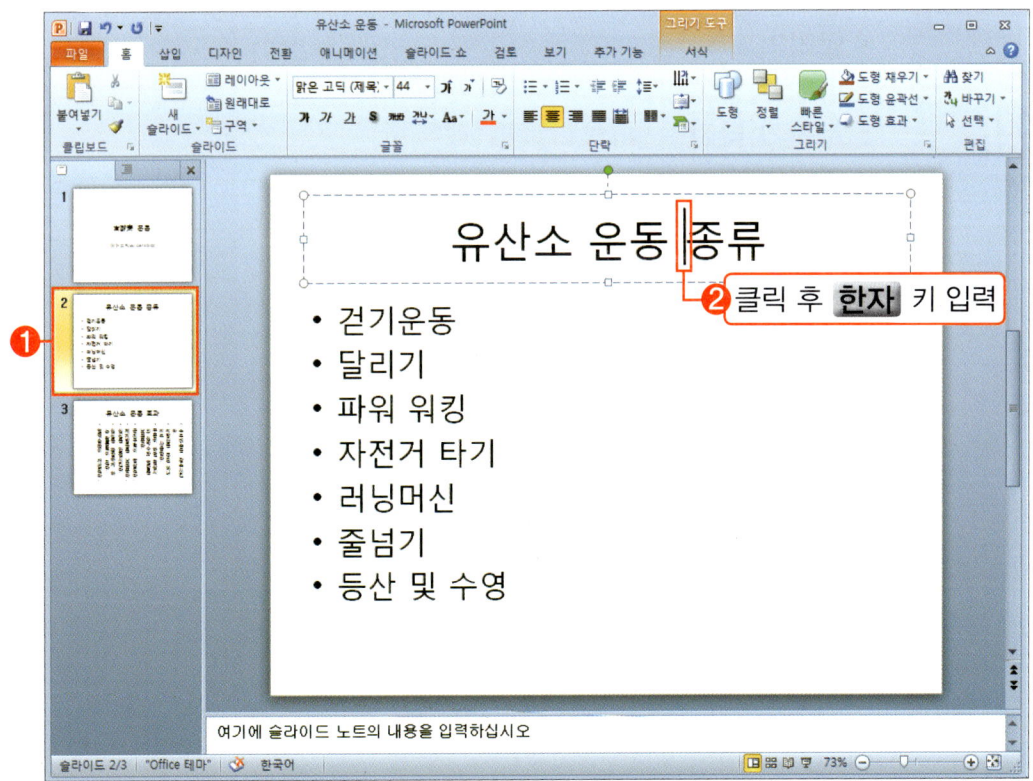

05 [한글/한자 변환] 창에서 **바꿀 한자를 선택**합니다. 입력 형태에서 [**한글(漢字)**]를 **선택**하고 [**변환**] 단추를 클릭합니다.

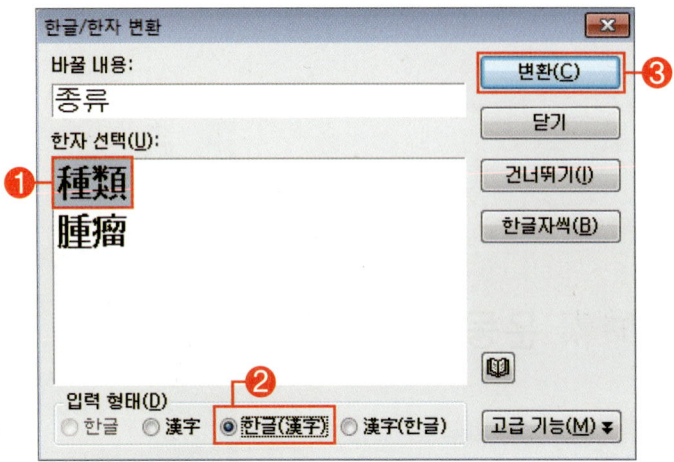

06 그림과 같이 "종류"가 "종류(種類)"로 변환된 것을 확인할 수 있습니다.

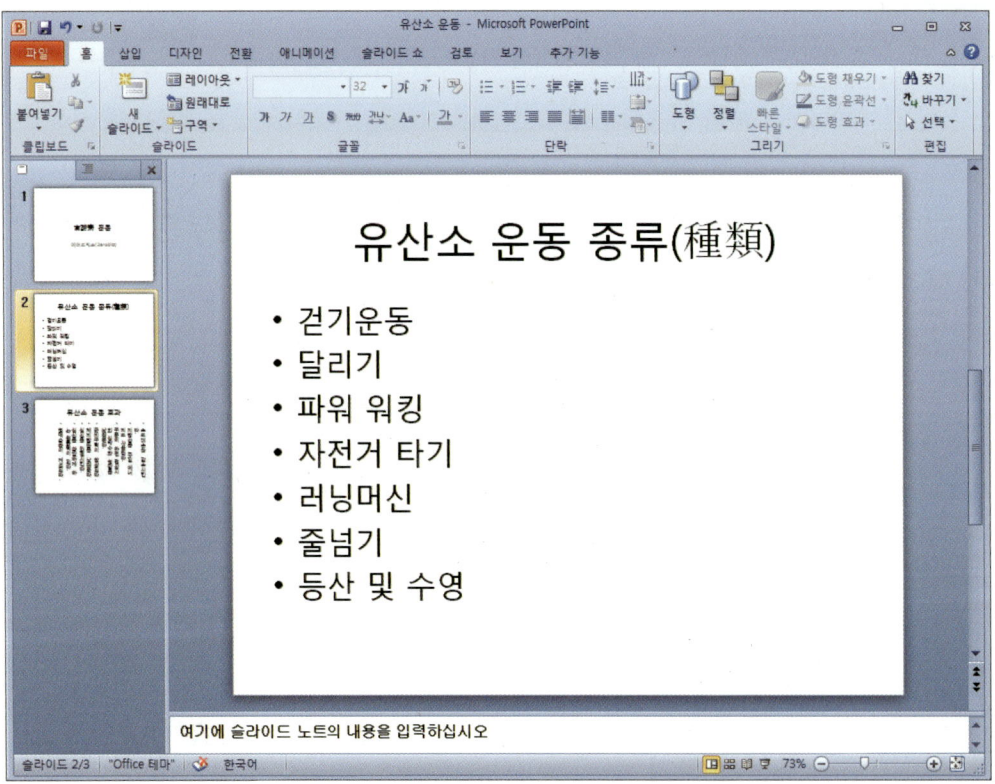

배움터 한글/한자 변환 창에서 [한자 사전](📖)을 사용할 수 있습니다.

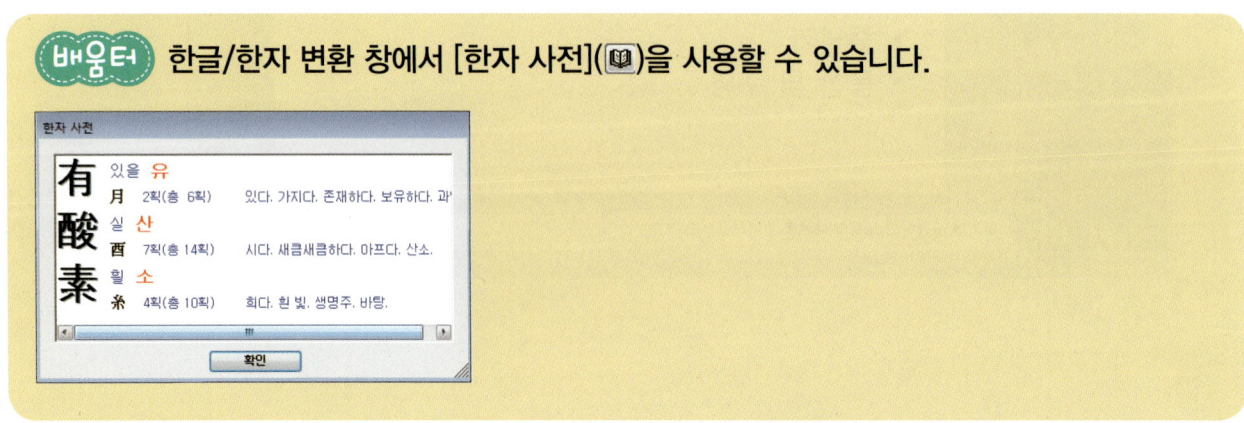

글머리 기호 및 번호 매기기

01 기호를 삽입하기 위해 **[슬라이드 1]을 선택**한 후 **제목의 맨 앞부분을 클릭하여 커서를 위치**시키고 **[삽입] 탭-[기호] 그룹에서 [기호](Ω)를 클릭**합니다.

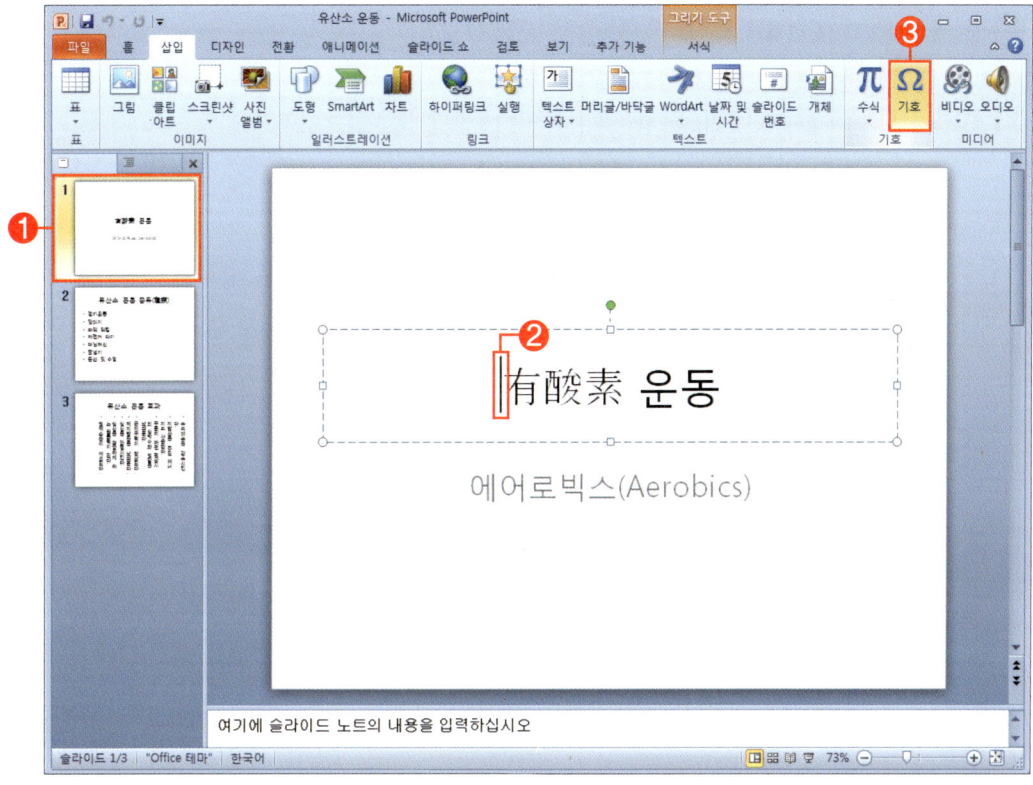

02 [기호] 대화상자가 나타나면 글꼴의 **펼침 메뉴(▼)를 클릭**하여 [Wingdings]를 선택합니다.

> **배움터** 자주 사용하는 기호는 '최근에 사용한 기호'에 표시되어 손쉽게 사용할 수 있습니다.

03 삽입할 **기호를 선택**하고 **[삽입] 단추를 클릭**한 후 **[닫기] 단추를 클릭**합니다.

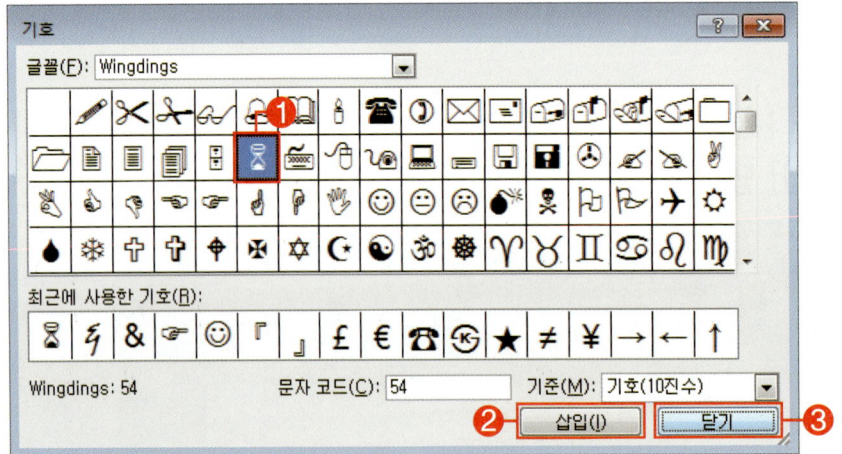

> **배움터** 기호 대화상자에서 [삽입] 단추를 누르면 [취소] 단추가 [닫기] 단추로 바뀝니다.

04 제목 슬라이드에 선택한 기호가 삽입되면, 위와 같은 방법으로 제목의 뒷부분도 기호를 삽입하여 완성해 봅니다.

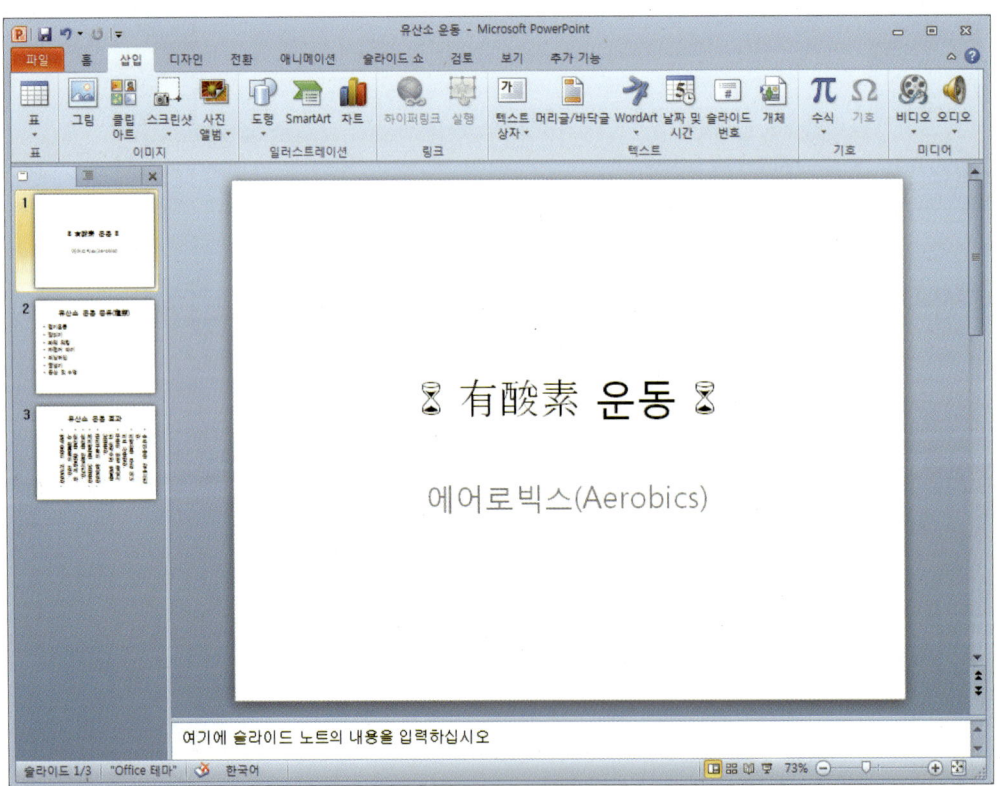

05 글머리 기호를 삽입하기 위해 [슬라이드 2]를 선택한 후 그림과 같이 **내용 전체를 드래그하여 블록을 지정**합니다.

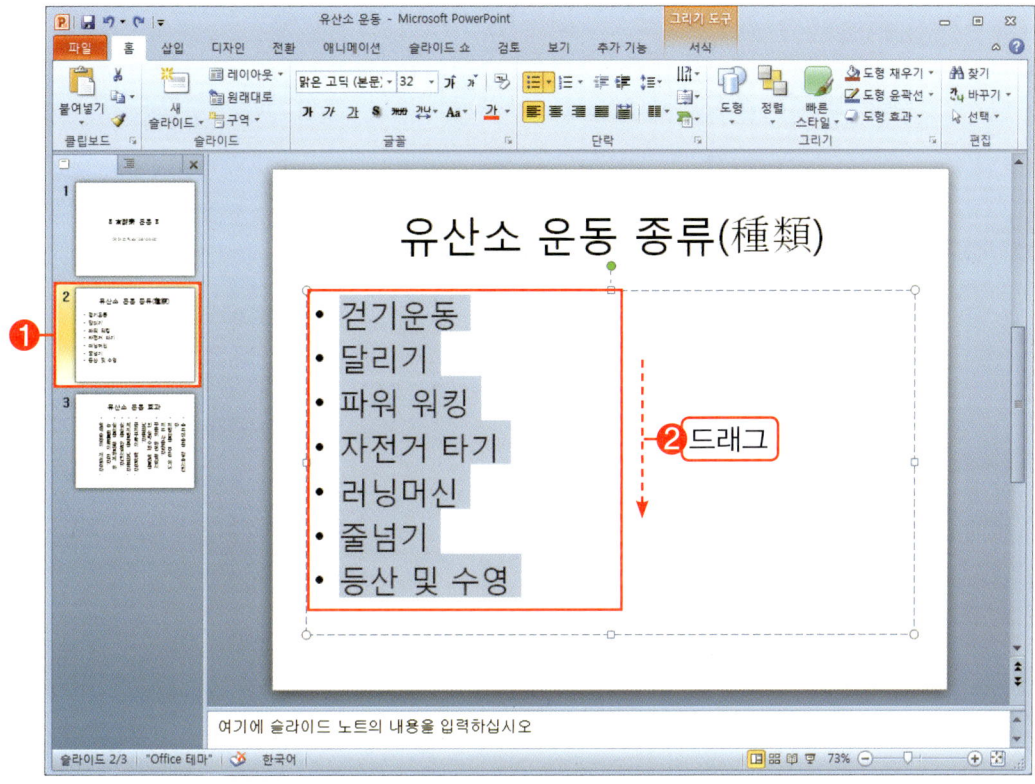

06 블록 지정이 끝나면 [홈] 탭-[단락] 그룹에서 [글머리 기호](≔ ·)를 클릭하여 [화살표 글머리 기호]를 선택합니다.

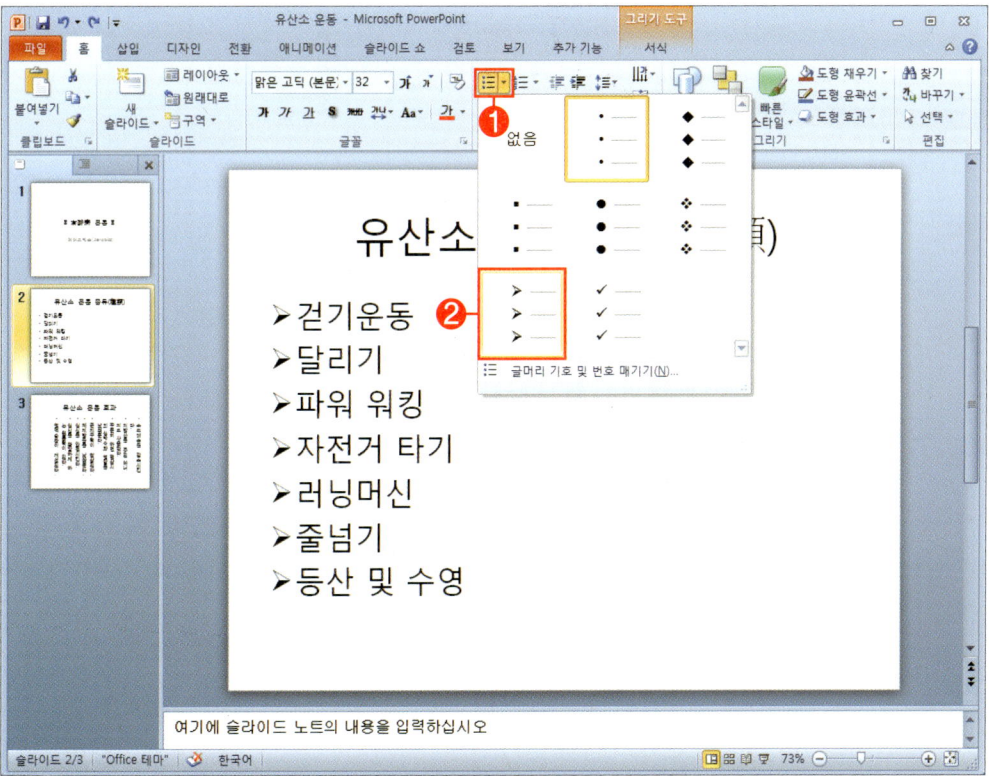

07 그림과 같이 화살표 글머리 기호가 삽입된 것을 확인할 수 있습니다.

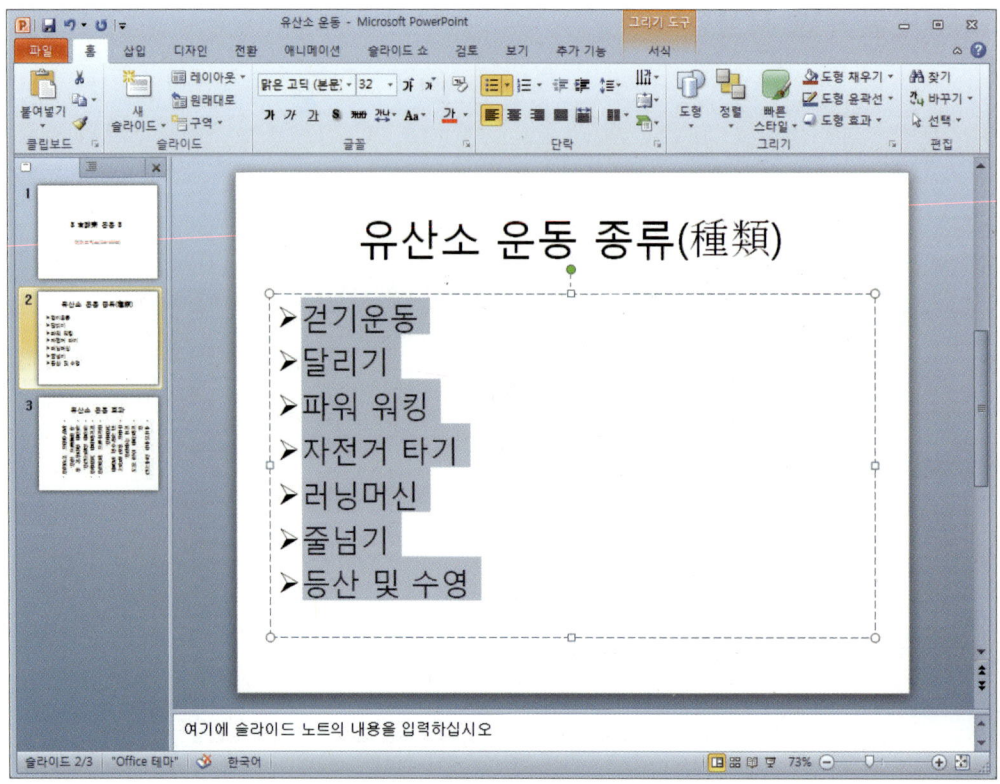

08 슬라이드 탭에서 [슬라이드 3]을 선택하고 제목을 클릭합니다. [홈] 탭-[단락] 그룹에서 [글머리 기호](≡▼)를 클릭한 후 [글머리 기호 및 번호 매기기]를 선택합니다.

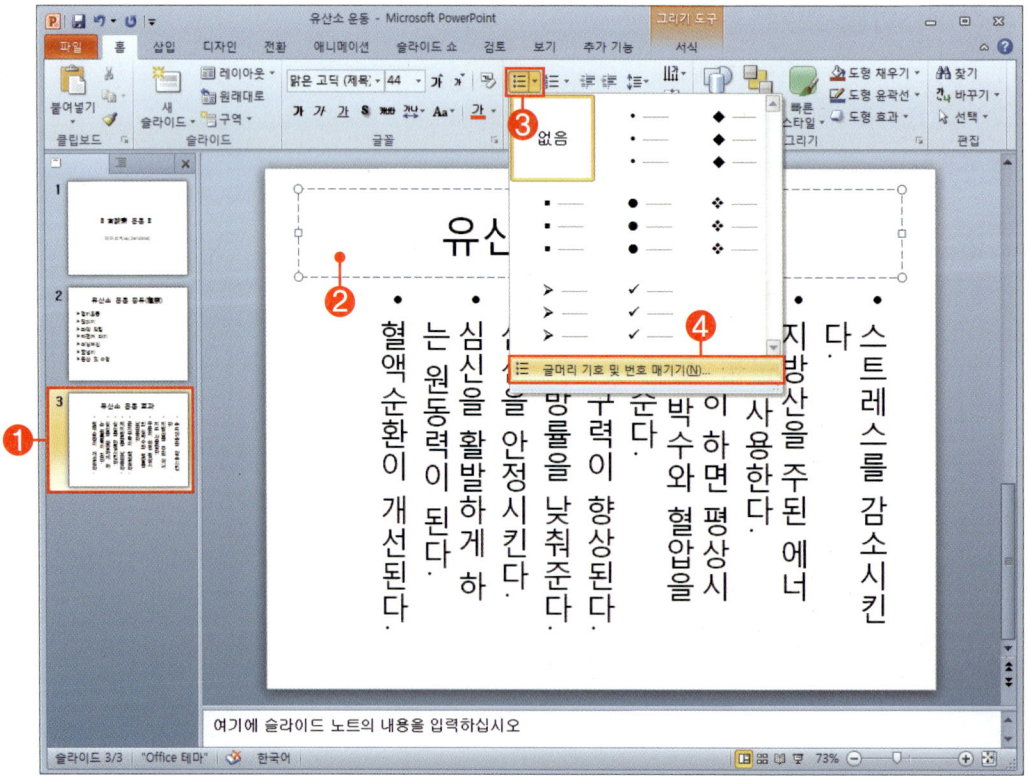

09 [글머리 기호 및 번호 매기기] 대화상자가 나타나면 [그림] 단추를 클릭합니다. [그림 글머리 기호] 대화상자에서 **[그림 기호]를 선택**한 후 [확인] 단추를 클릭합니다.

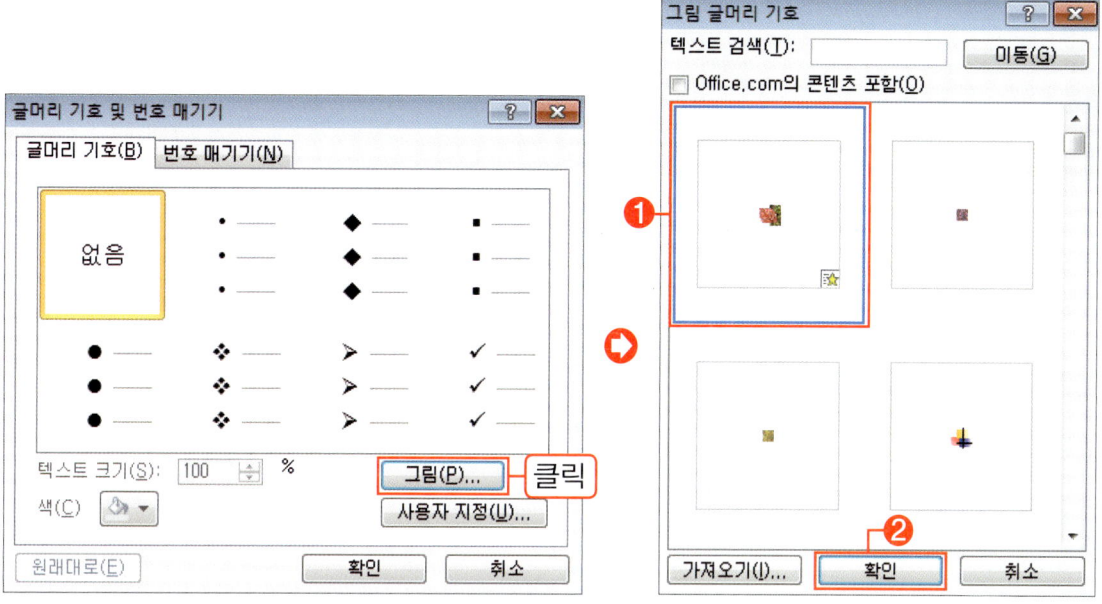

10 내용 텍스트에 번호를 삽입하기 위해 그림과 같이 **내용 전체를 드래그**하여 블록을 지정합니다.

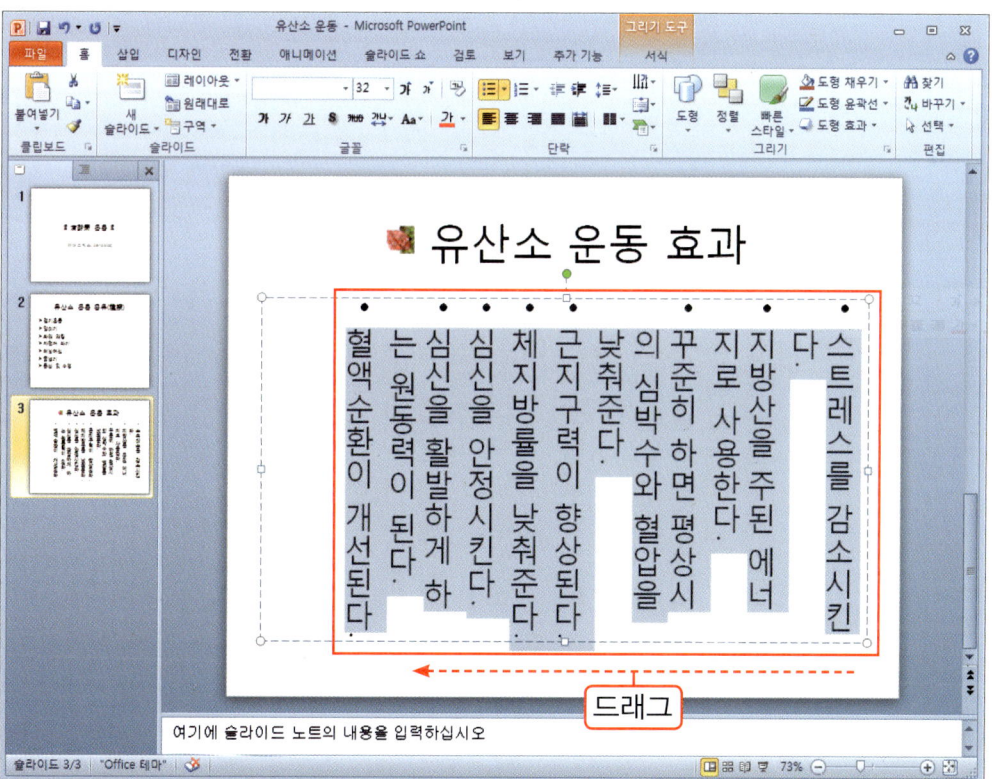

11 [홈] 탭-[단락] 그룹에서 [번호 매기기](≡·)를 클릭한 후 [一.二.三]을 선택합니다.

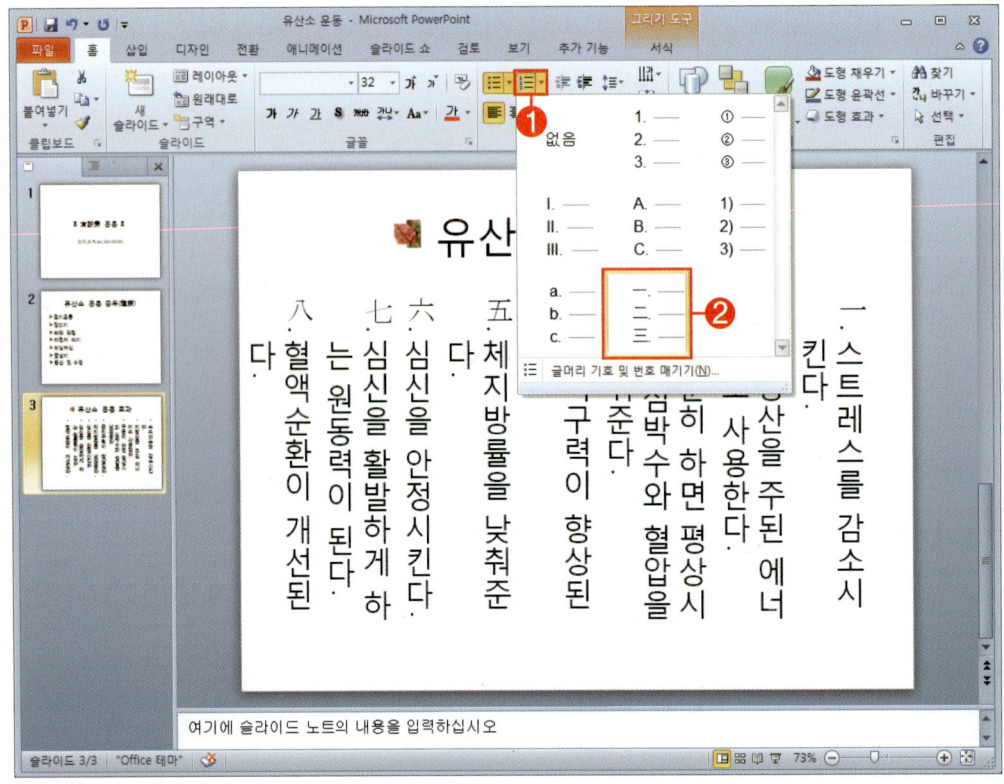

12 그림과 같이 글머리 기호가 번호로 변경된 것을 확인할 수 있습니다.

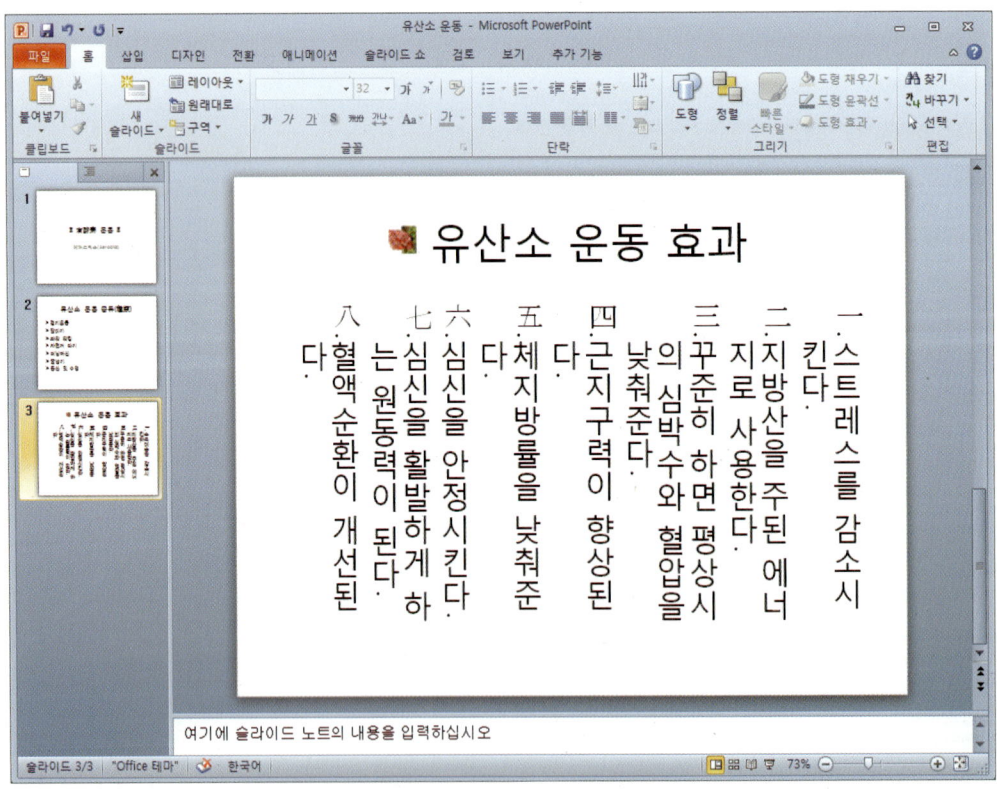

04 프레젠테이션 보기

01 완성된 프레젠테이션을 다양한 형식으로 보기 위해 [**슬라이드 1**]을 **선택**한 후 [**보기**] **탭**-[**프레젠테이션 보기**] **그룹**에서 [**여러 슬라이드**](■)를 **클릭**합니다.

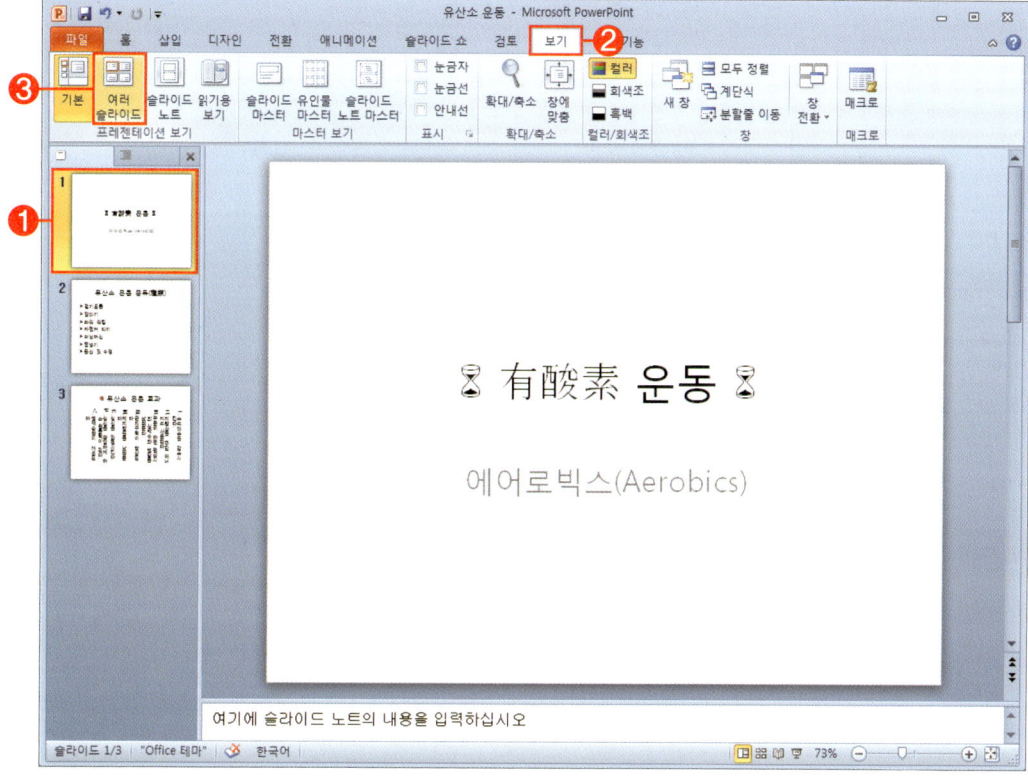

02 그림과 같이 여러 슬라이드 보기로 표시된 프레젠테이션을 확인한 후 [**보기**] **탭**-[**프레젠테이션 보기**] **그룹**에서 [**슬라이드 노트**](■)를 **클릭**합니다.

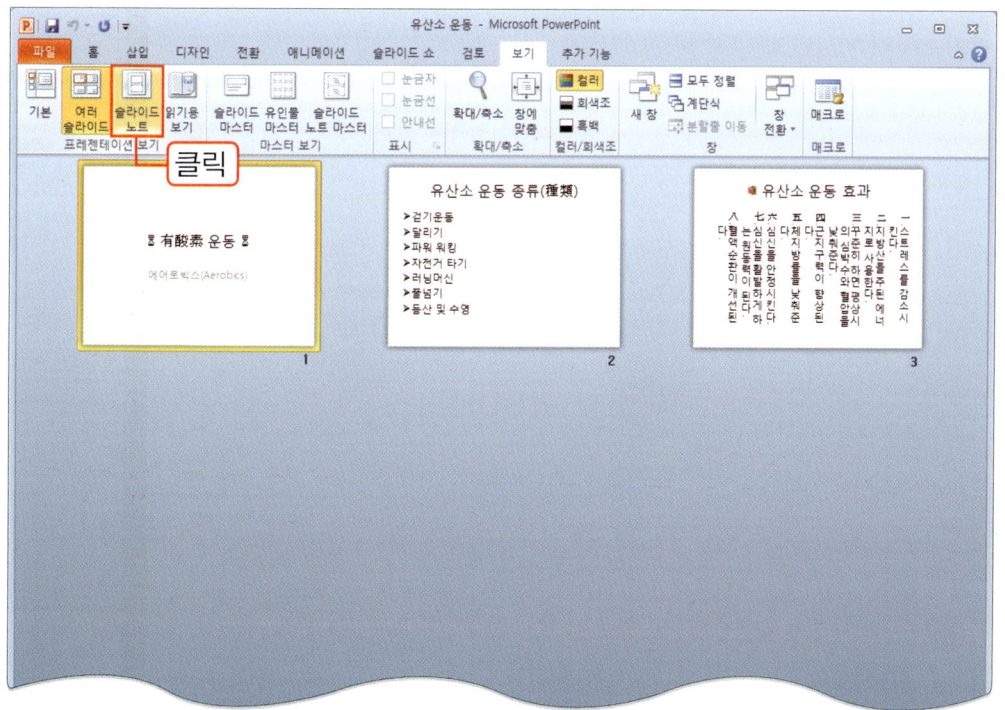

03 표시된 슬라이드 노트를 확인한 후 [보기] 탭-[프레젠테이션 보기] 그룹에서 [읽기용 보기](📖)를 클릭합니다.

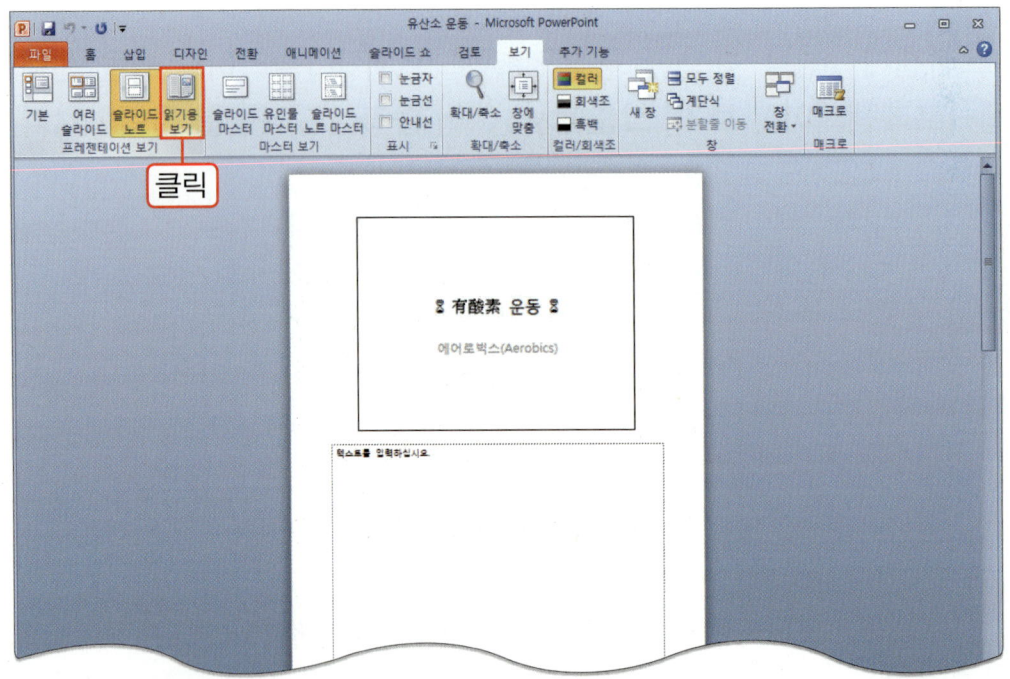

> **배움터** 인쇄될 때 표시되는 모양으로 발표자 노트를 편집하려면 슬라이드 노트(📄)를 표시합니다.

04 [슬라이드 쇼] 화면으로 전환되면 다음 슬라이드를 보기위해 [다음](➡) 단추를 클릭합니다.

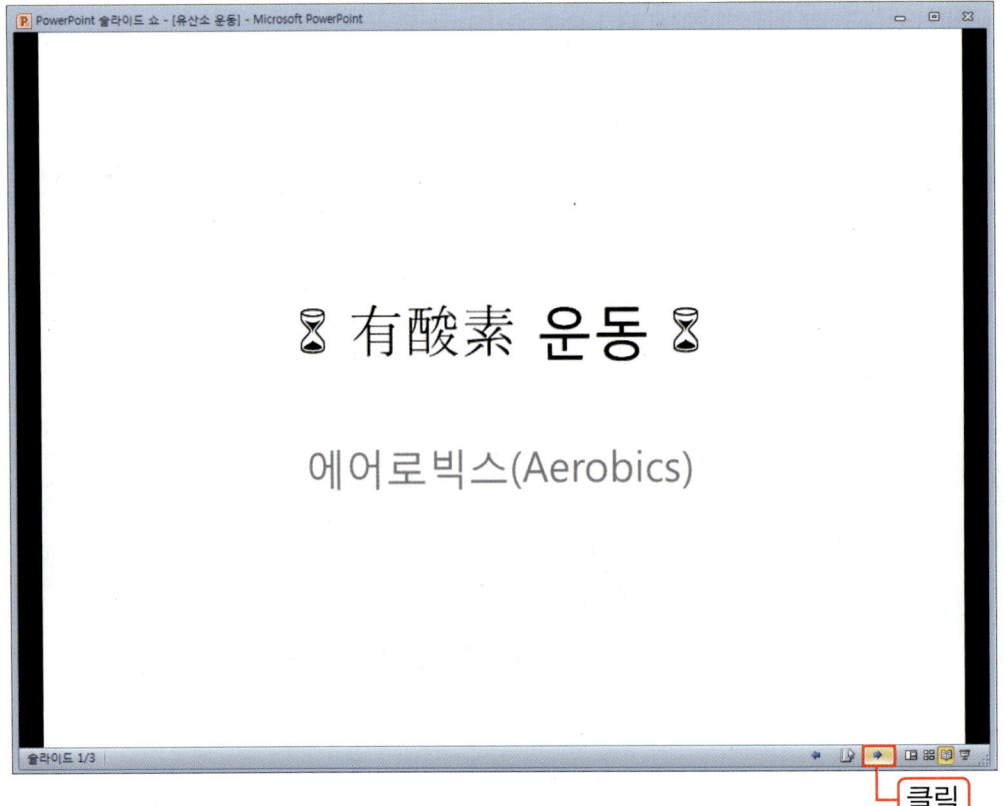

05 슬라이드 쇼를 이용해 프레젠테이션을 살펴본 후 쇼를 끝내기 위해 [메뉴](📄) 단추를 클릭해 [쇼 마침]을 선택합니다.

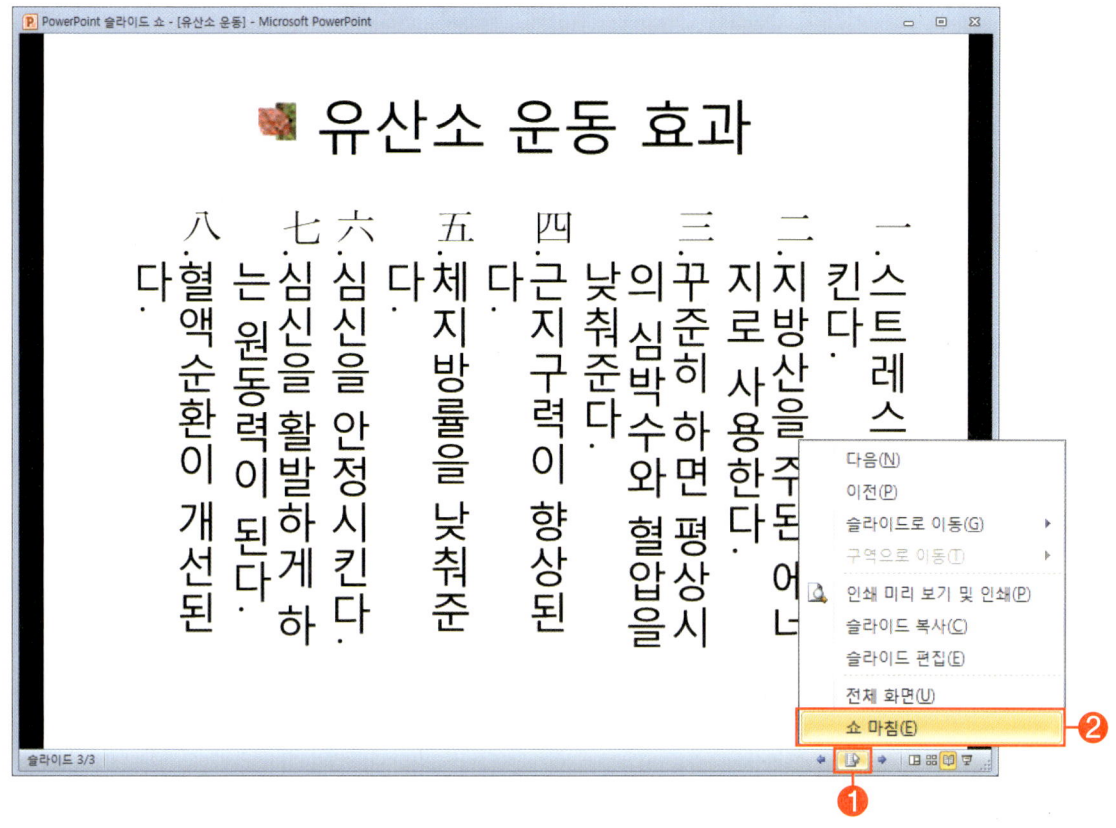

06 쇼 마침이 끝나면 [보기] 탭-[프레젠테이션 보기] 그룹에서 [기본](🖼)을 클릭합니다.

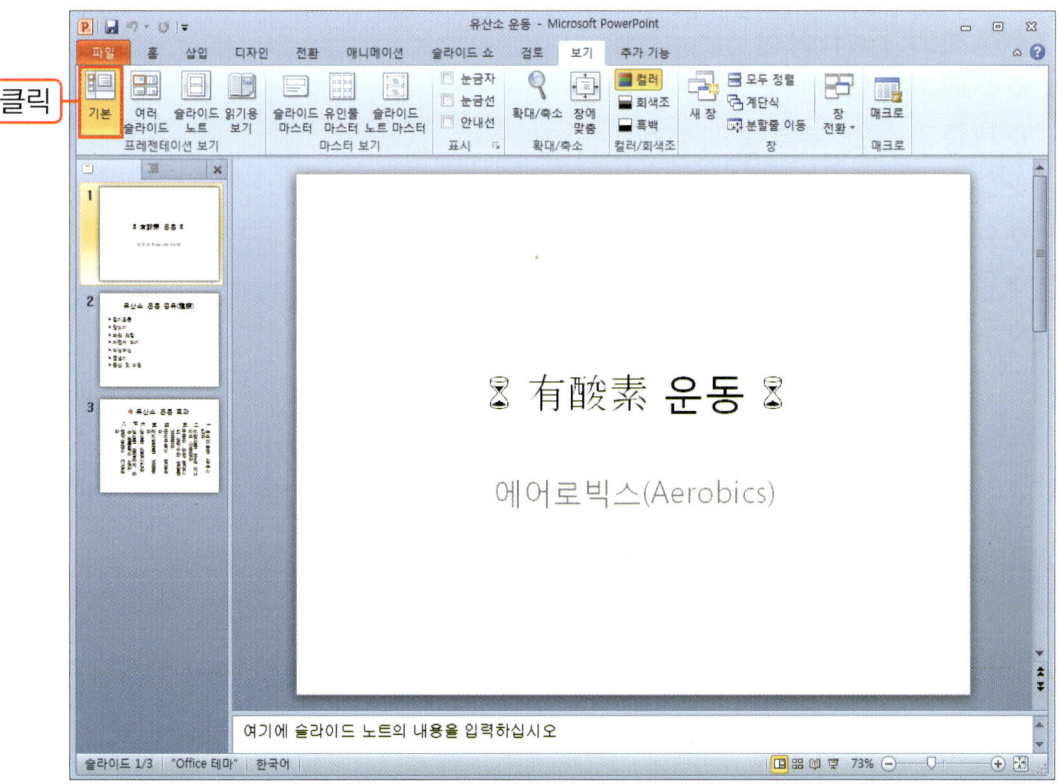

1 한글을 한자로 변환하고 기호를 삽입하여 제목 슬라이드를 작성해 봅니다.

✌ 운동과 生活 ✌

자전거(bicycle)

▲ 제목 슬라이드

2 글머리 기호 기능을 이용해 제목 및 내용 슬라이드를 작성해 봅니다.

❋ 자전거 운동의 효과

❖ 하체의 근력 향상
❖ 심폐지구력 개선
❖ 체중감소와 복부둘레감소
❖ 혈중 콜레스테롤 수치 저하
❖ 요통과 무릎 통증 완화
❖ 유연성 향상
❖ 우울과 불안개선

▲ 제목 및 내용

도움터 글머리 기호 : 그림, 별표 글머리 기호

3 한글을 한자로 변경하고 번호 매기기 기능을 이용해 슬라이드를 작성해 봅니다.

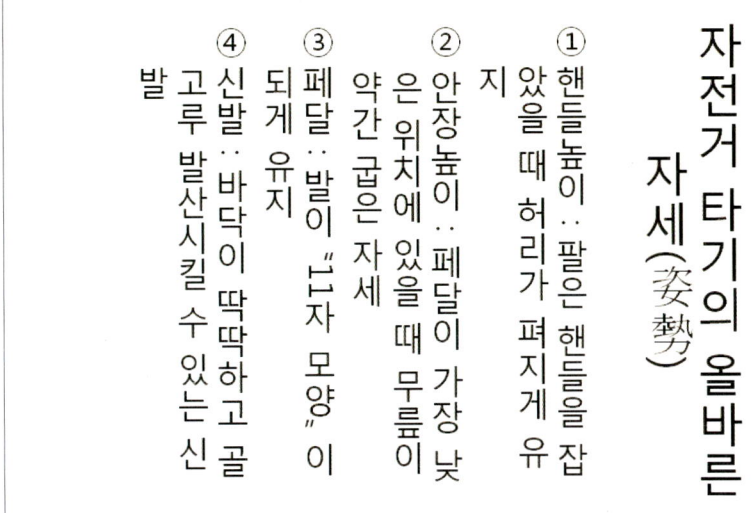

▲ 세로 제목 및 텍스트

도움터 • 입력 형태 [한글(漢字)]   • 번호 매기기( ) – [원 숫자]

4 프레젠테이션 보기를 통해 다양한 방법으로 슬라이드를 화면에 표시해 봅니다.

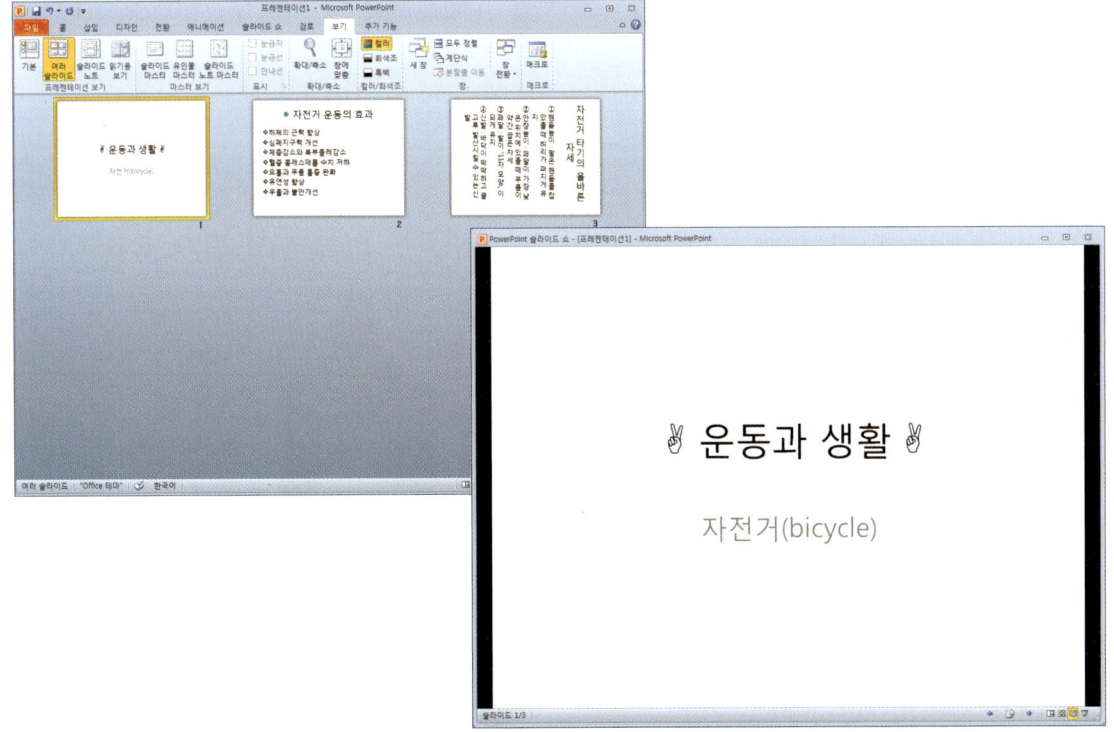

도움터 프레젠테이션 보기 : 여러 슬라이드( ), 읽기용 보기( )

03 워드아트 및 클립아트 삽입하기

텍스트 스타일 갤러리라고도 불리며 그림자 또는 반사 텍스트와 같은 장식 효과 기능을 갖추고 있는 워드아트를 삽입하는 방법과 특정 개념을 그림이나 사진 등으로 나타낼 수 있는 클립아트를 삽입하는 방법에 대해 알아보도록 하겠습니다.

📁 완성파일 : 03장 디톡스.pptx

무엇을 배울까요?

⋯ 글꼴 및 워드아트 설정하기
⋯ 클립아트 삽입하기

글꼴 및 워드아트 설정하기

01 **제목 슬라이드를 작성**한 후 글자 서식을 변경하기 위해 **[제목 텍스트 상자]**를 선택합니다.

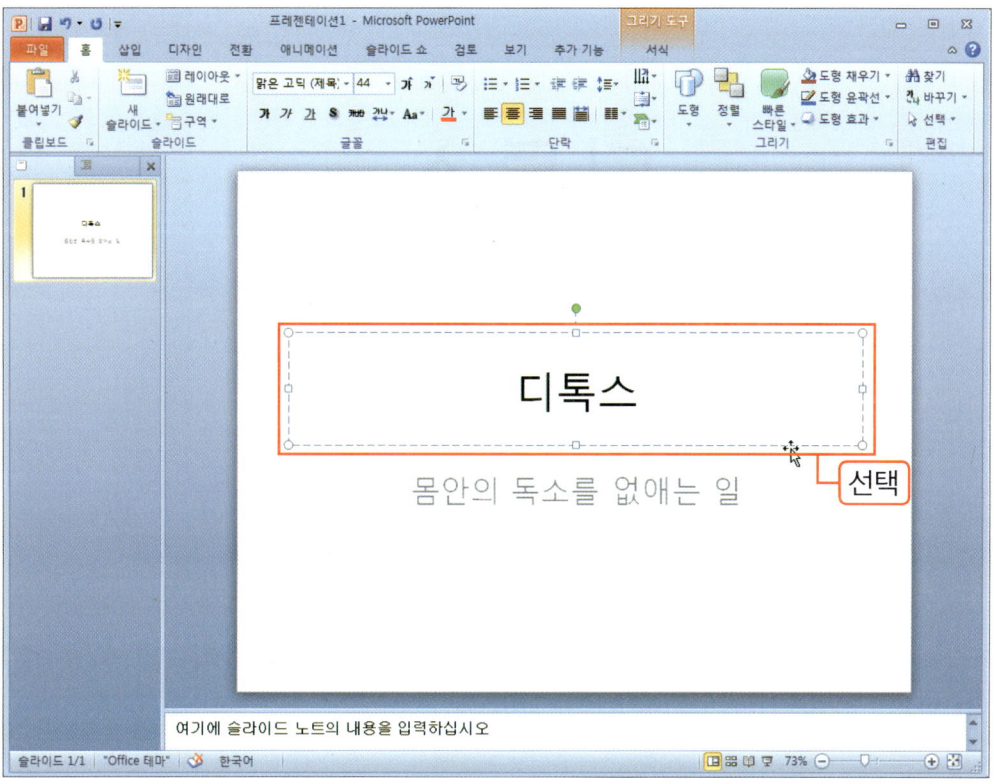

> 배움터 텍스트 상자를 선택하면 테두리가 점선에서 실선으로 바뀝니다.

02 글꼴 크기를 변경하기 위해 **[홈] 탭-[글꼴] 그룹**에서 **[글꼴 크기]**(▼)를 클릭합니다.

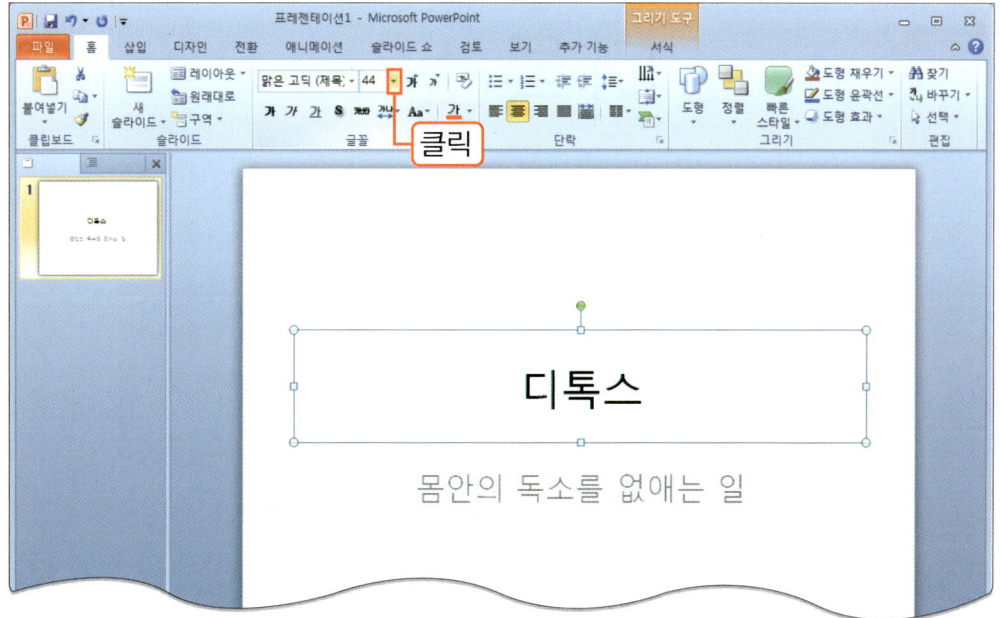

03 글꼴 크기 항목이 나타나면 '96'을 선택합니다.

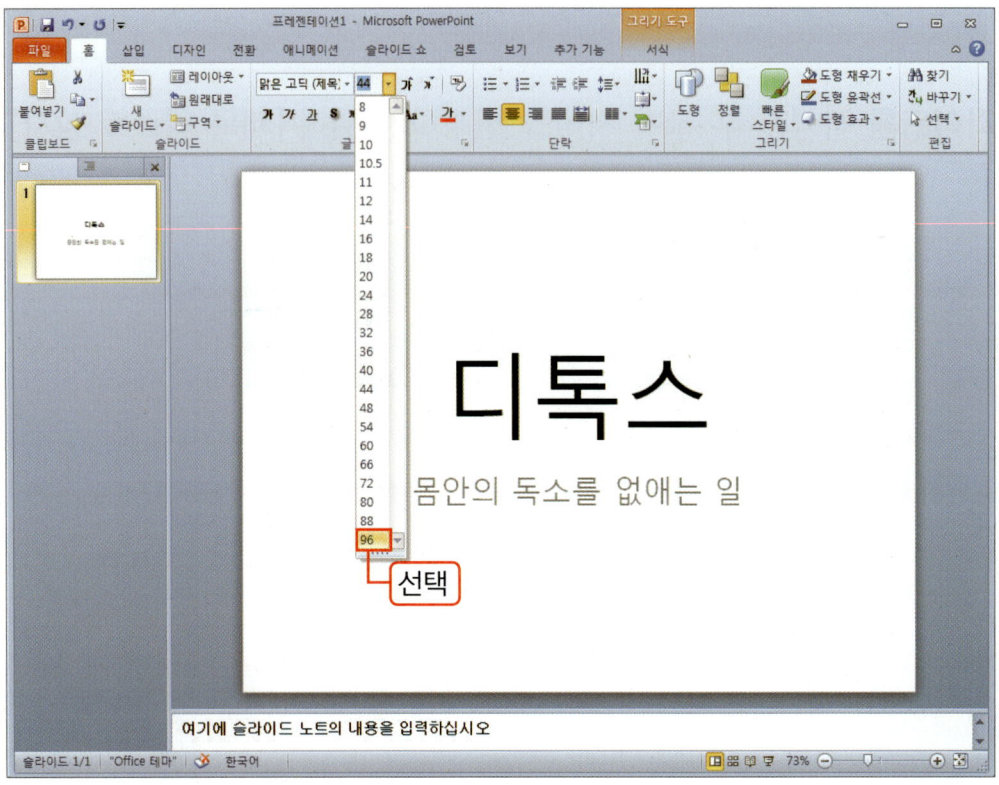

04 워드아트 스타일을 적용하기 위해 [그리기 도구] 아래의 [서식] 탭-[WordArt 스타일] 그룹에서 [자세히]( )를 클릭합니다.

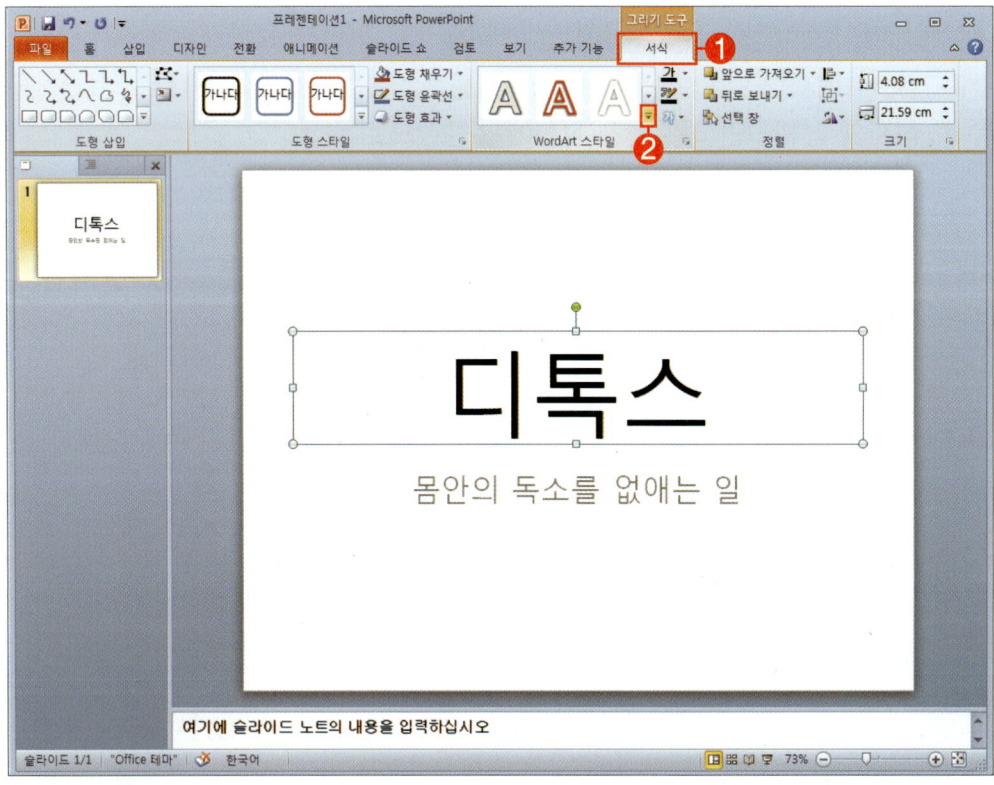

05 그림과 같이 갤러리에서 [그라데이션 채우기 – 자주, 강조 4, 반사]를 선택합니다.

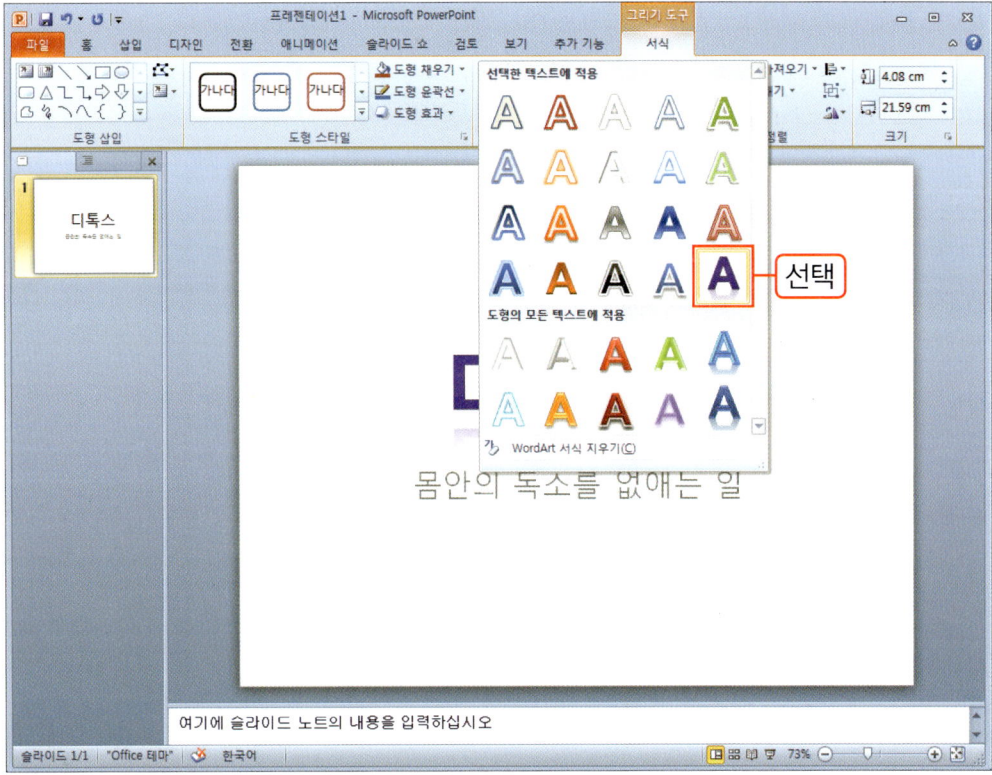

06 부제목 서식을 설정하기 위해 [부제목 텍스트 상자]를 선택한 후 [홈] 탭-[글꼴] 그룹에서 [글꼴 크기](▼)를 클릭합니다.

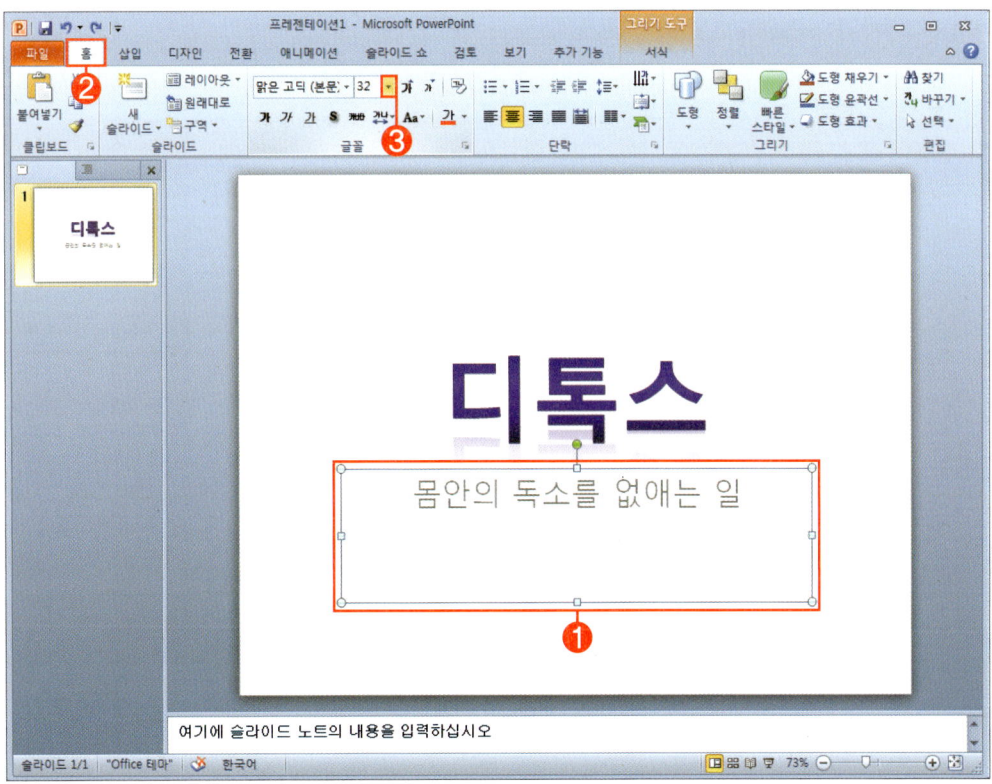

07 글꼴 크기 항목이 나타나면 '24'를 선택합니다.

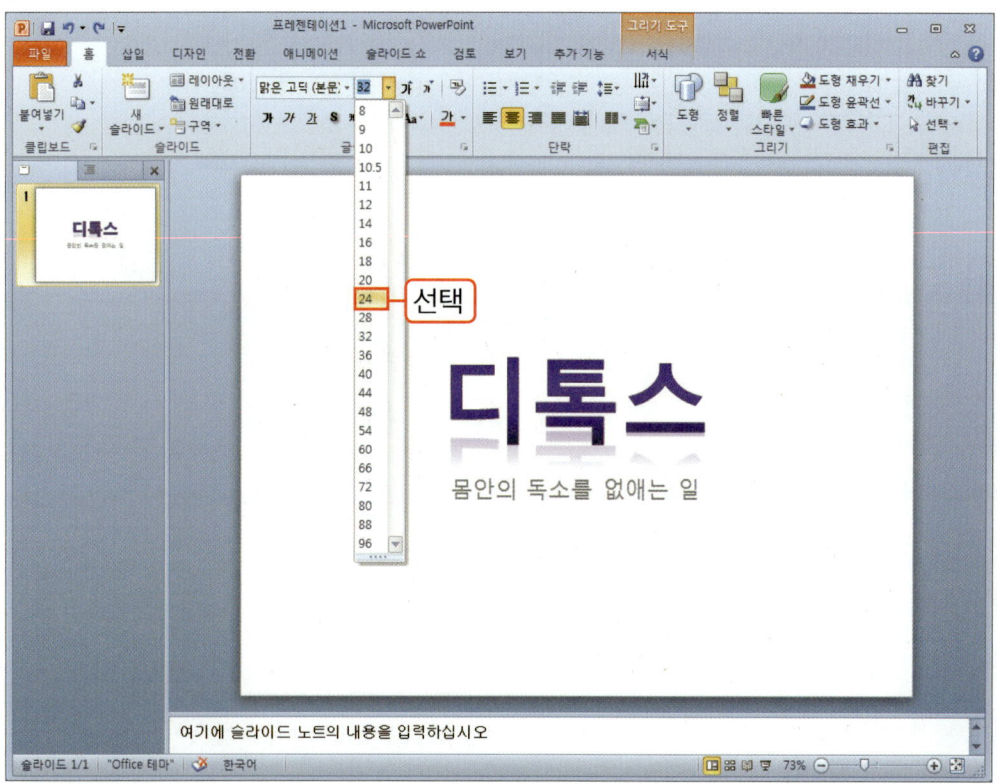

08 부제목을 굵게 표시하기 위해 [홈] 탭-[글꼴] 그룹에서 [굵게](가)를 선택합니다.

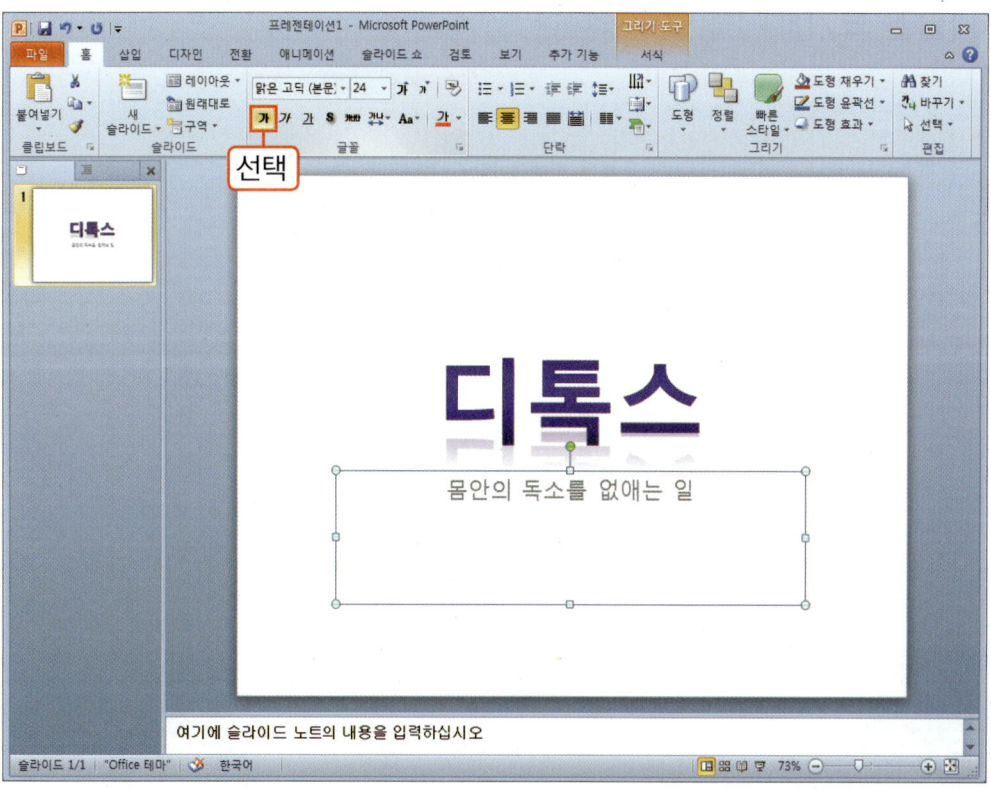

09 글꼴 색을 설정하기 위해 [홈] 탭-[글꼴] 그룹에서 [글꼴 색](가▼)을 클릭한 후 테마 색에서 [자주, 강조 4, 40% 더 밝게]를 선택합니다.

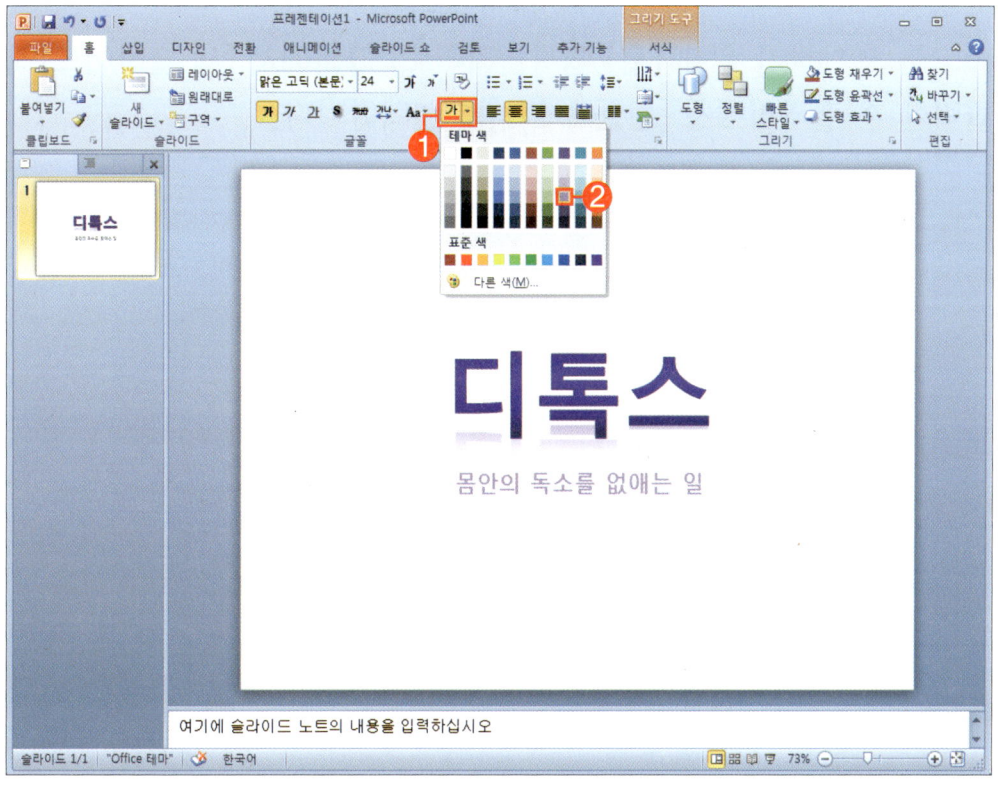

10 글꼴 설정이 끝나면 [홈] 탭-[단락] 그룹에서 [텍스트 오른쪽 맞춤](≡)을 선택합니다.

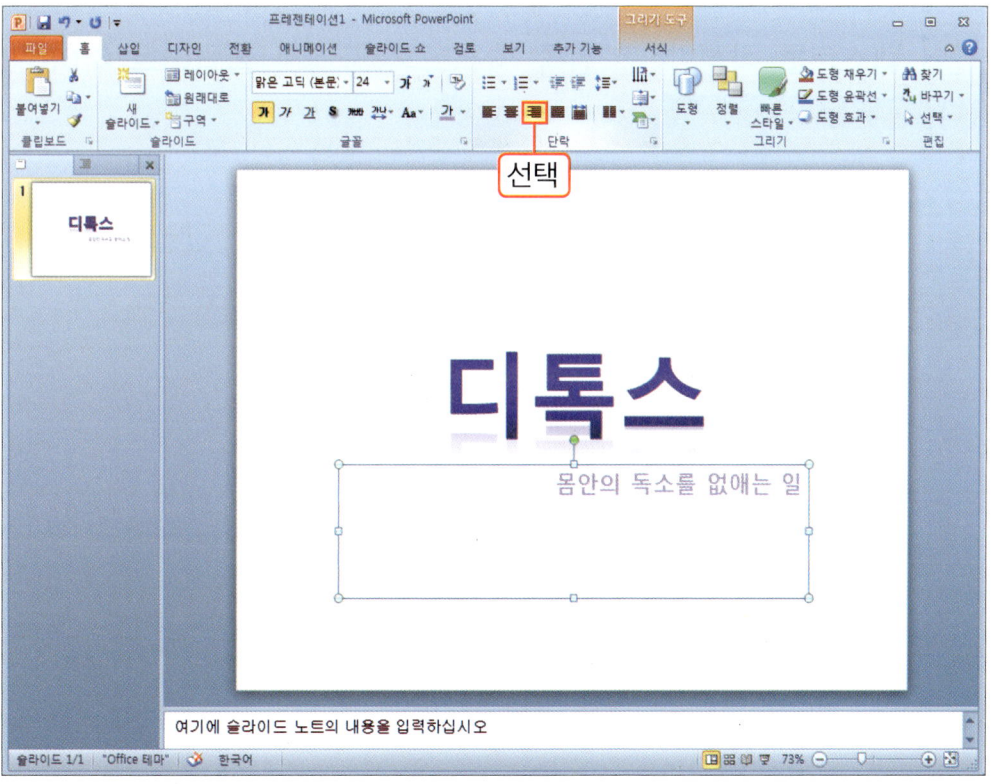

클립아트 삽입하기

01 새 슬라이드를 추가하기 위해 **[홈] 탭–[슬라이드] 그룹**에서 **[새 슬라이드]의 글자 부분을 클릭**한 후 갤러리에서 **[콘텐츠 2개]를 선택**합니다.

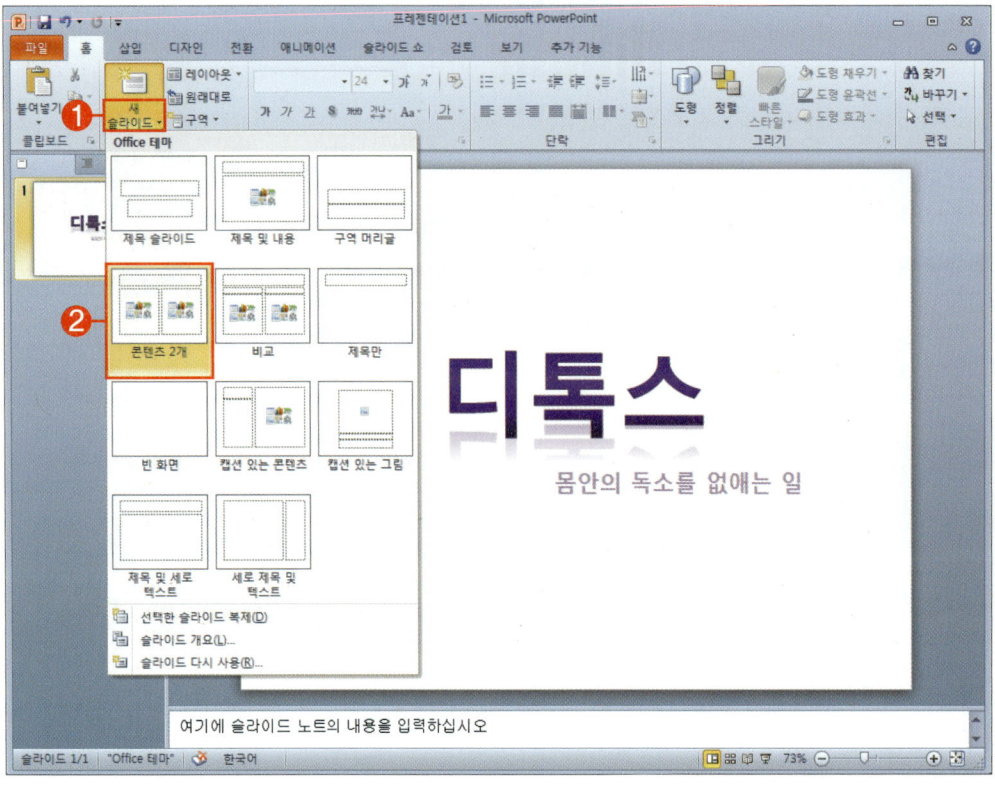

02 그림과 같이 **텍스트를 작성**한 후 왼쪽 텍스트 상자에서 **클립아트 아이콘(🖼)을 클릭**합니다.

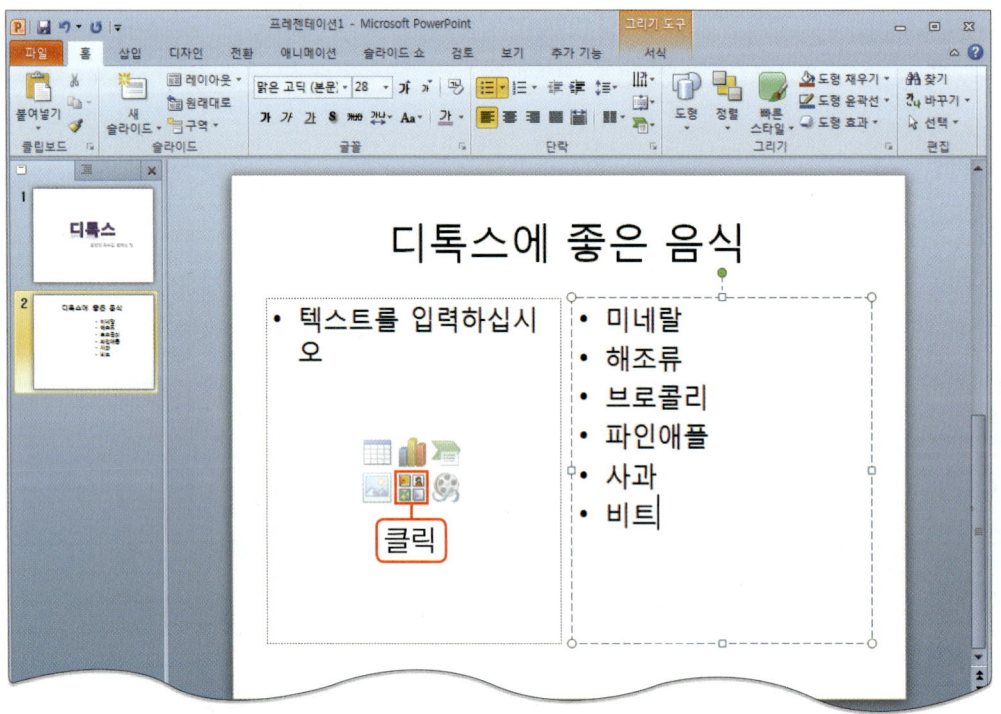

03 [클립아트] 창이 나타나면 검색 대상에 **'의사'를 입력**합니다. [이동] 단추를 클릭한 후 **[내과 의사]를 선택**합니다.

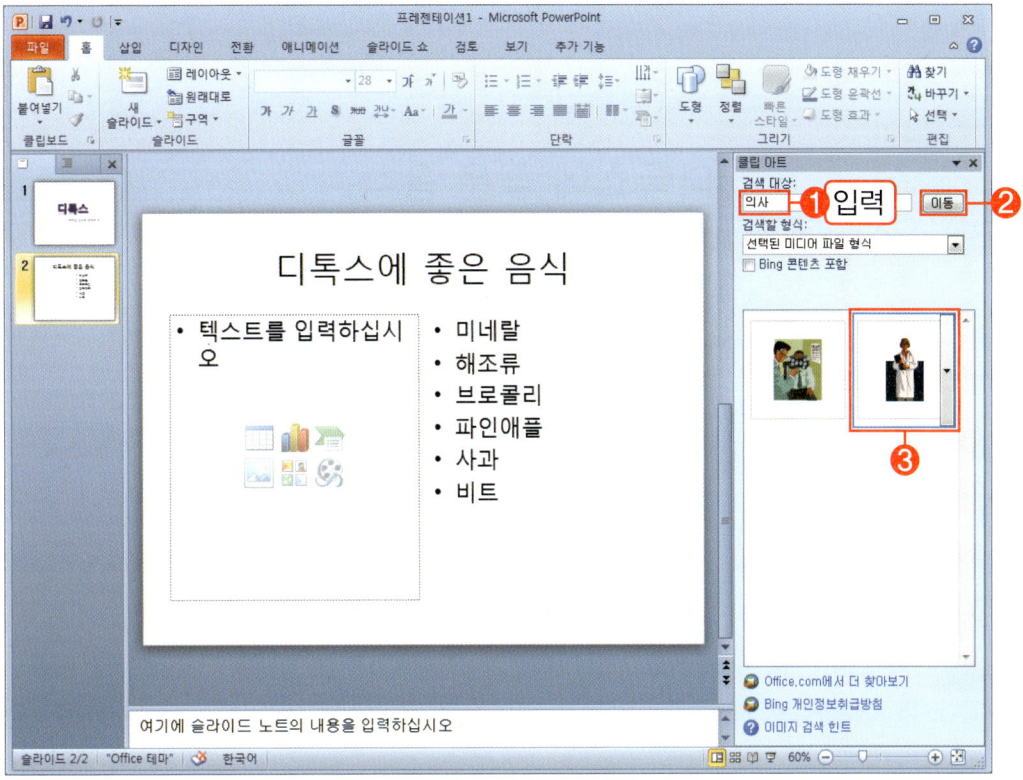

04 클립아트가 삽입되면 **이미지 조절점(○) 위에** 그림과 같이 **마우스 커서를 위치**시킵니다.

> 이미지 조절점 위에 마우스 커서를 위치시키면, 커서 모양이 양쪽 화살표 모양으로 바뀝니다.

05 마우스 포인터 모양이 변경되면 삽입하려는 위치에 **클립아트를 드래그**합니다.

06 제목 텍스트 상자를 선택한 후 [홈] 탭-[글꼴] 그룹에서 [기울임꼴](가)을 선택합니다.

07 오른쪽 **내용 텍스트 상자를 선택**한 후 **[홈] 탭-[단락] 그룹에서 [줄 간격]**( )을 **클릭**합니다.

08 **줄 간격 항목을 [1.5]로 선택**하여 그림과 같이 프레젠테이션을 완성합니다.

1 워드아트 스타일을 이용하여 제목 슬라이드를 작성해 봅니다.

만성 피로 증후군
피로감이 주된 증상

▲ 제목 슬라이드

도움터 WordArt 스타일 – (채우기 – 파랑, 강조1, 무광택 입체, 반사)

2 클립아트를 삽입하여 콘텐츠 2개 슬라이드를 작성해 봅니다.

만성피로에 좋은 음식

- 딸기
- 한방차
- 등푸른 생선
- 발효식품
- 구기자
- 전복

▲ 콘텐츠 2개

도움터 • 클립아트() – 음식   • 줄 간격( ) – 1.5

3 글꼴 및 단락 서식을 지정하여 비교 슬라이드를 작성해 봅니다.

몸속 독소제거법

디톡스 원인　　**독소제거법**

- 스트레스
- 인스턴트 음식
- 몸의 피로

- 물을 마시기
- 운동하기
- 목욕하기

▲ 비교

> **도움터**　• 가운데 맞춤()　• 줄 간격() – 2.0

4 클립아트를 삽입하여 콘텐츠 2개 슬라이드를 작성해 봅니다.

하이힐 건강하게 신는 법

- 먼 거리는 피하라
- 끝이 뾰족한 구두는 피하라
- 내려가는 계단은 가급적 피하라
- 미끄러운 양말이나 타이츠는 금물

▲ 콘텐츠 2개

> **도움터**　• 줄 간격() – 1.5　• 클립아트() – 여자

04 도형 서식 적용하기

텍스트 또는 도형과 같은 다양한 개체를 슬라이드에 삽입하고 선택한 개체를 복사하여 붙여넣는 방법에 대해 알아보도록 하겠습니다.

📁 완성파일 : 04장 풀, 하프 마라톤.pptx

풀, 하프 마라톤

| 월드런 마라톤 6월 6일 | 경포 마라톤 7월 5일 | 부산 마라톤 8월 15일 |

5km   15km   20km

 무엇을 배울까요?
- 도형 텍스트 만들기
- 도형 복사하고 변형하기
- 텍스트 상자 삽입하기

도형 텍스트 만들기

01 레이아웃을 변경하기 위해 [홈] 탭-[슬라이드] 그룹에서 [레이아웃](▦)을 클릭한 후 갤러리에서 [빈 화면]을 선택합니다.

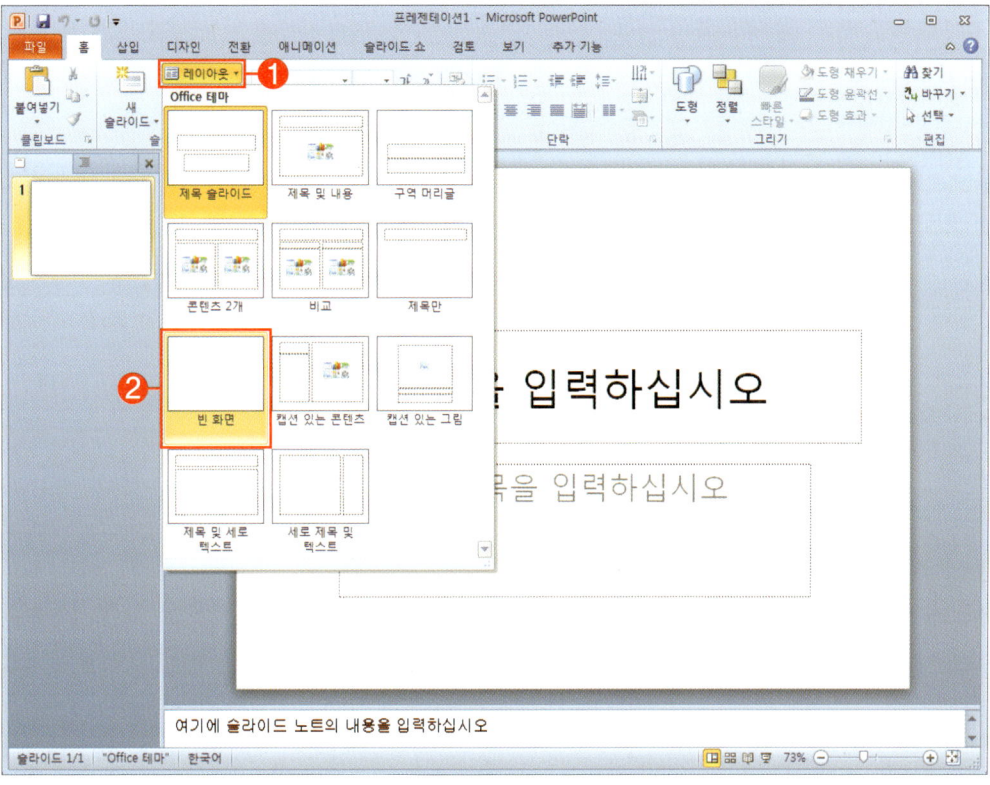

02 도형을 삽입하기 위해 [홈] 탭-[그리기] 그룹에서 [도형](▢)을 클릭한 후 갤러리에서 [십자형](✚)을 선택합니다.

> 배움터   도형은 [삽입] 탭-[일러스트레이션] 그룹의 [도형](▢)에서도 삽입할 수 있습니다.

03 삽입하려는 위치에 **드래그하여** 십자형을 삽입합니다.

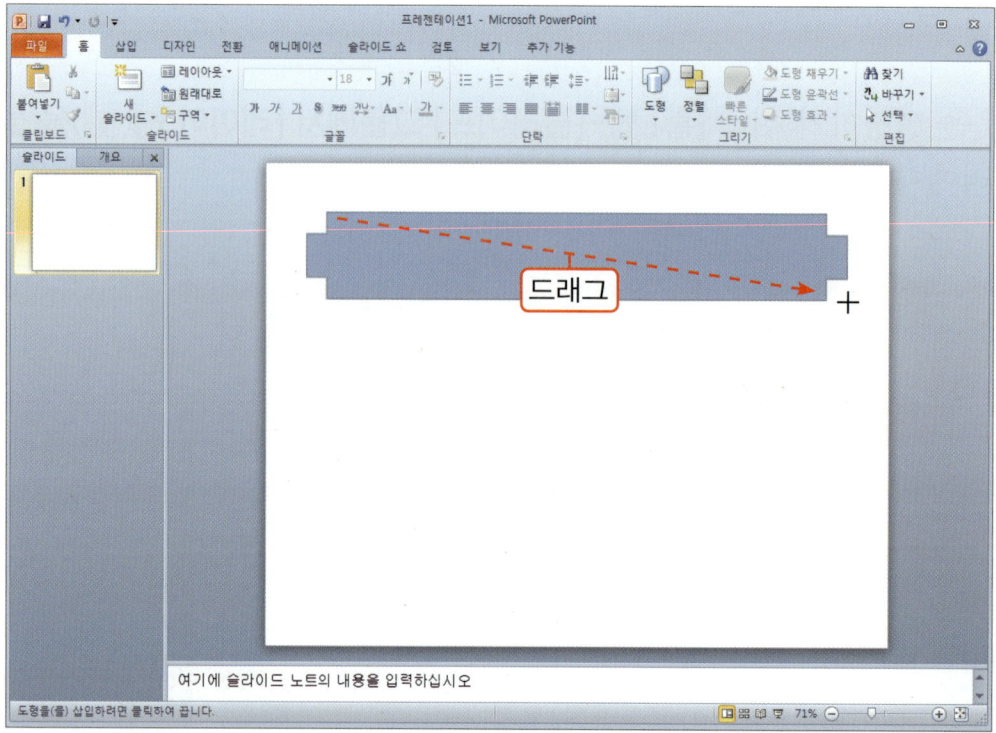

04 **도형을 선택**하고 **마우스 오른쪽 버튼을 클릭**한 후 바로가기 메뉴에서 [**텍스트 편집**]을 **선택**합니다.

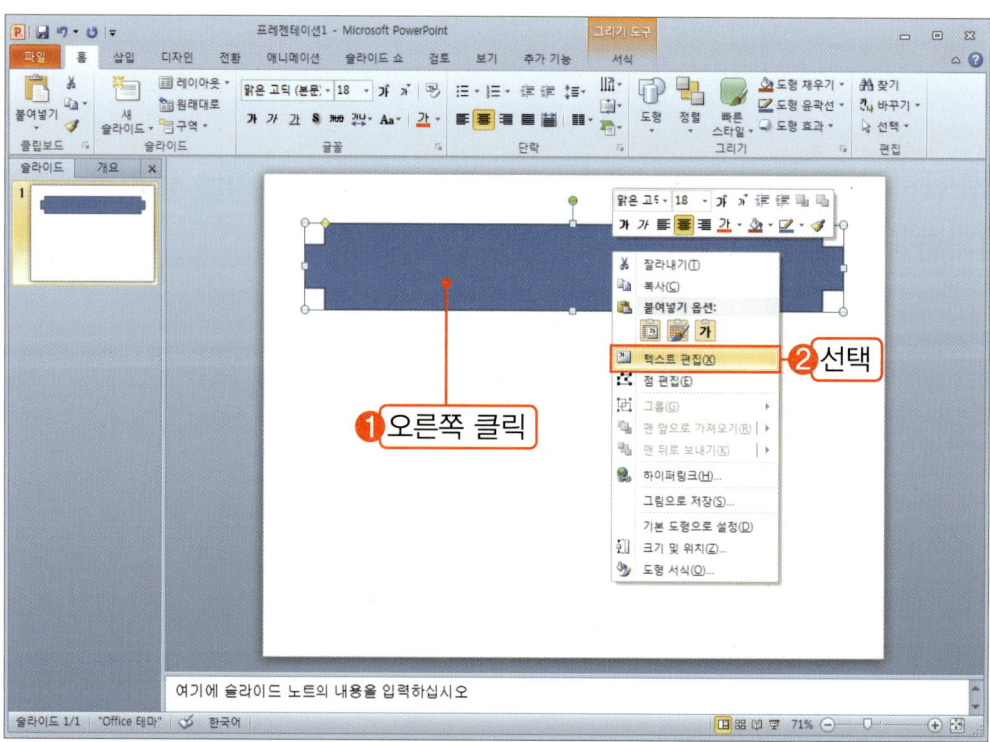

05 텍스트를 입력할 수 있는 커서가 나타나면 '**풀, 하프 마라톤**'을 **입력**합니다.

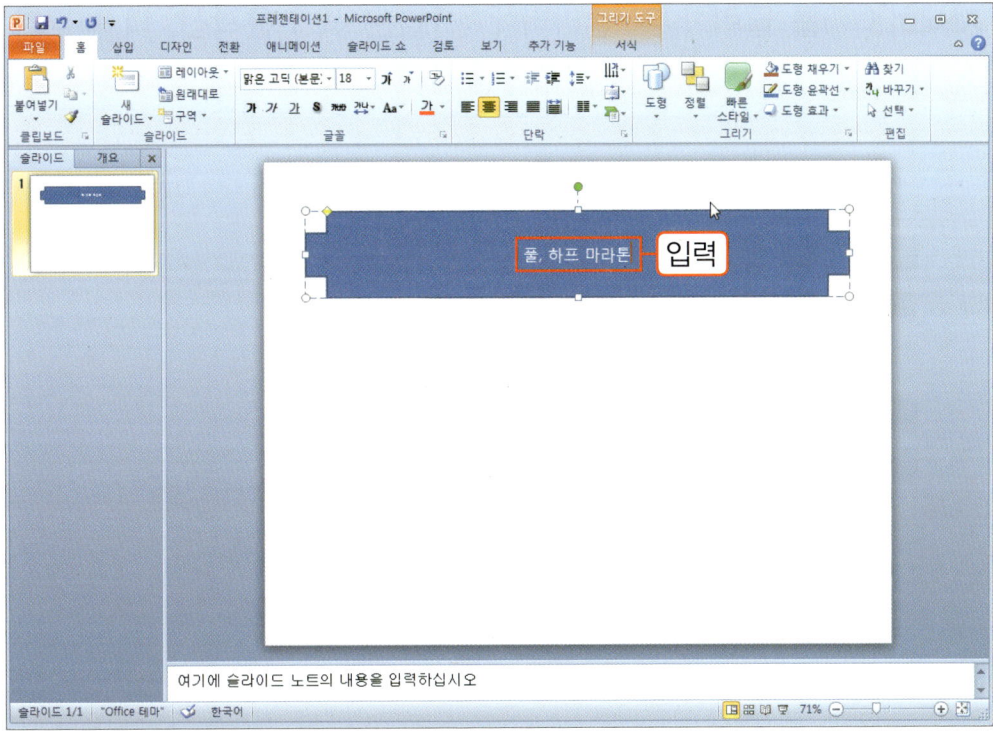

06 글꼴 크기를 변경하기 위해 **도형을 선택**한 후 [홈] 탭-[글꼴] 그룹에서 [글꼴 크기]를 **클릭**한 후 항목에서 '**54**'를 **선택**합니다.

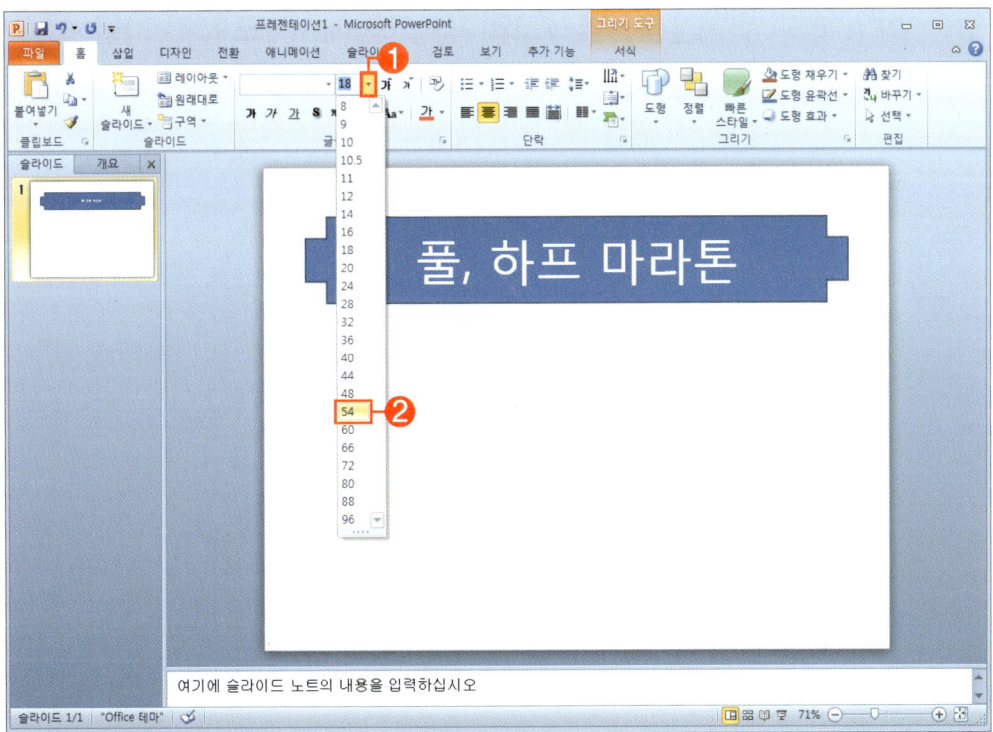

07 도형에 다른 색을 채우기 위해 [그리기 도구] 아래의 [서식] 탭-[도형 스타일] 그룹에서 [자세히](▼)를 클릭한 후 갤러리에서 [밝은 색 1 윤곽선, 색 채우기 – 바다색, 강조 5]를 선택합니다.

08 다른 도형을 삽입하기 위해 [홈] 탭-[그리기] 그룹에서 [도형](▼)을 클릭한 후 갤러리에서 [오각형](▷)을 선택합니다.

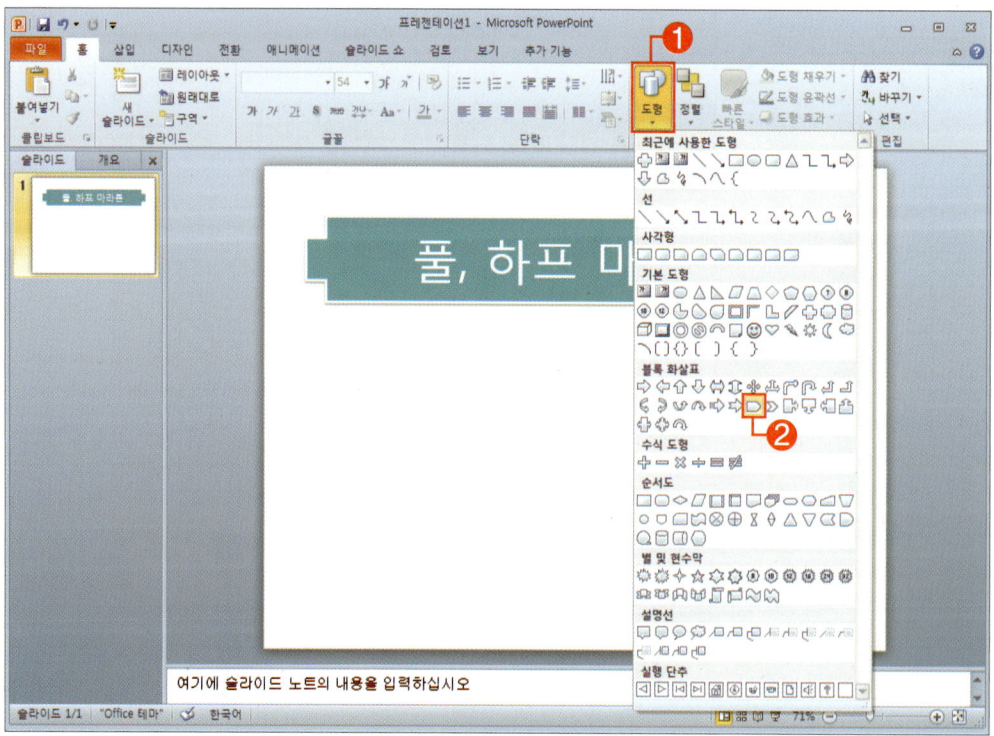

09 삽입된 도형을 **드래그하여** 그림과 같이 크기를 조절합니다.

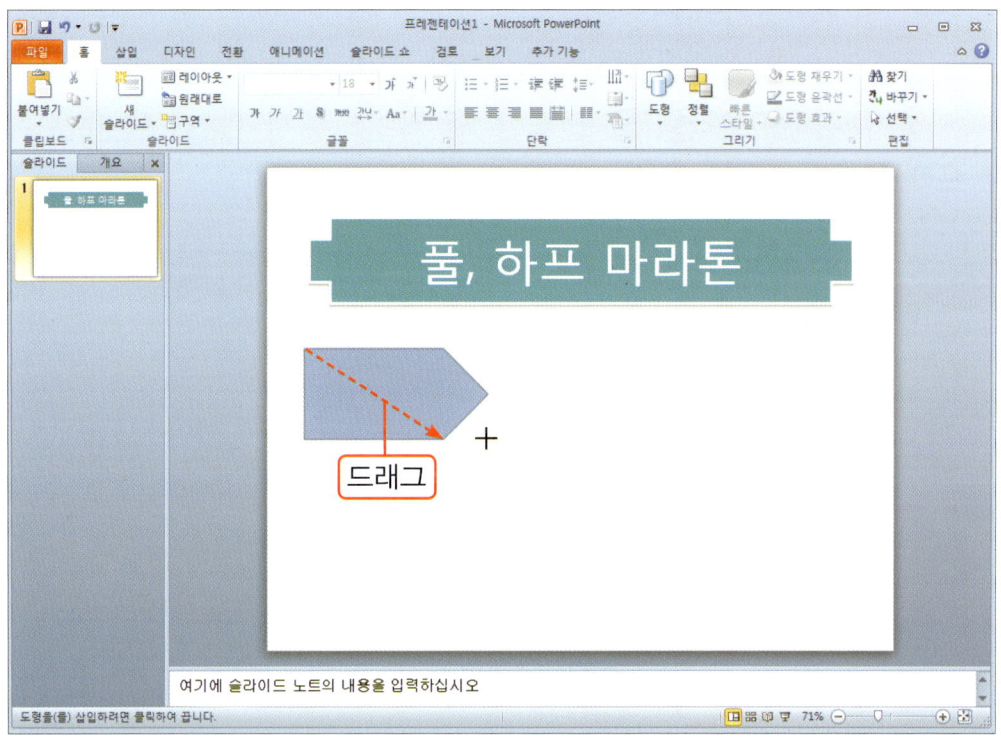

10 도형에 다른 색을 채우기 위해 [그리기 도구] 아래의 [서식] 탭-[도형 스타일] 그룹에서 [자세히]( )를 클릭한 후 갤러리에서 [강한 효과 – 주황, 강조 6]을 선택합니다.

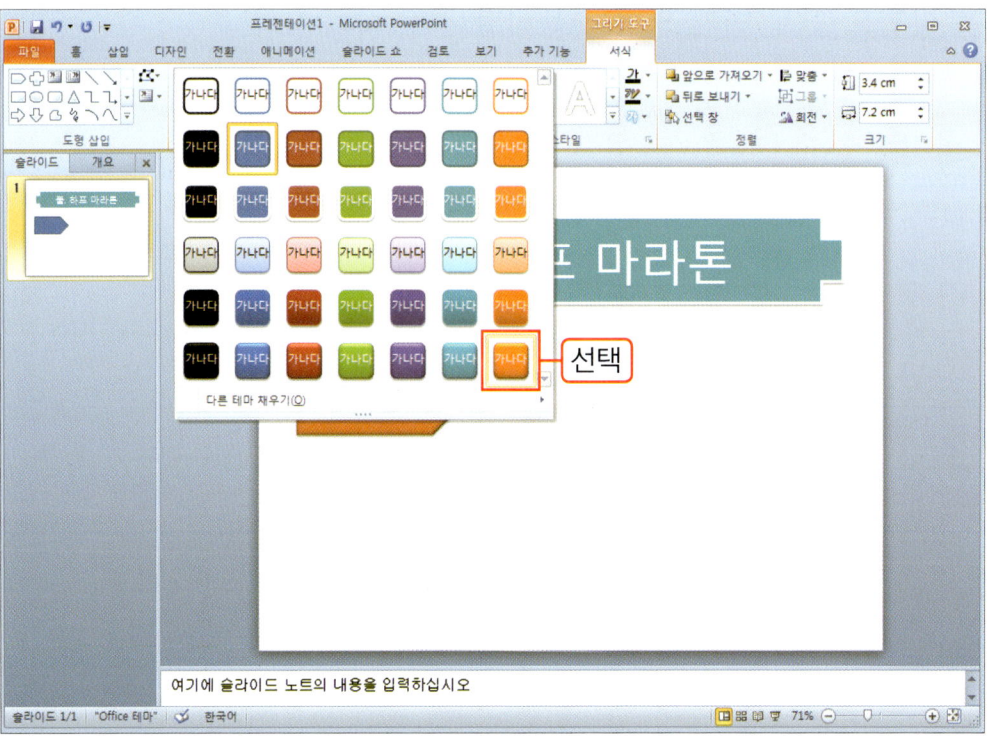

 **도형 복사하고 변형하기**

01 도형을 복사하기 위해 **"오각형"을 선택**한 후 키보드에서 Ctrl + Shift 를 누르고 **마우스로 드래그**하여 이동합니다.

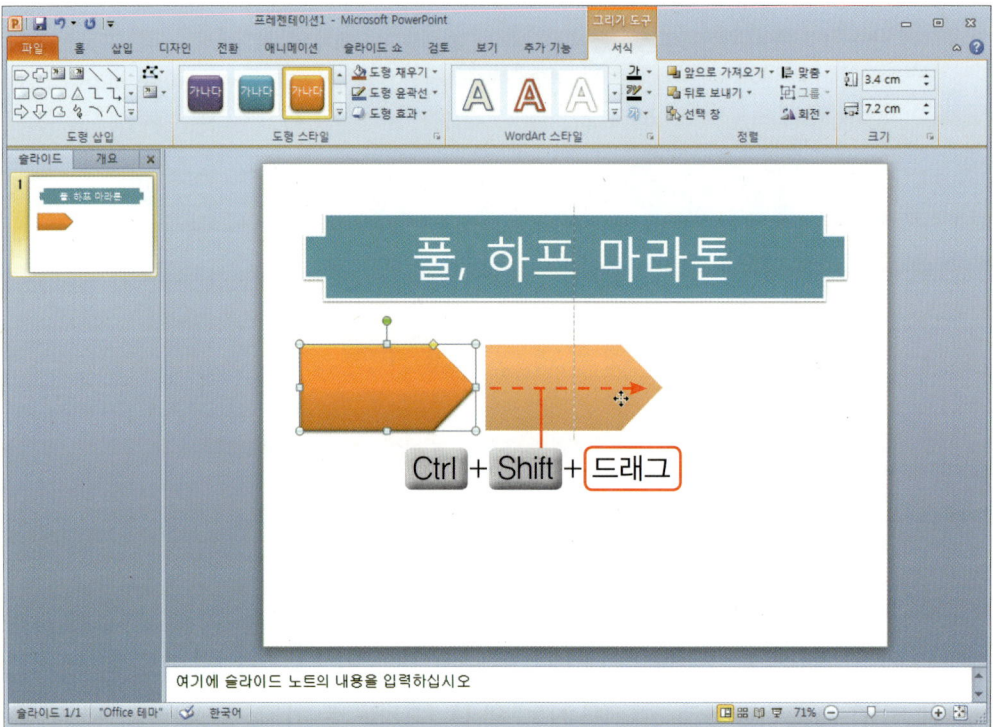

02 위와 같은 방법으로 세 번째 도형도 복사합니다.

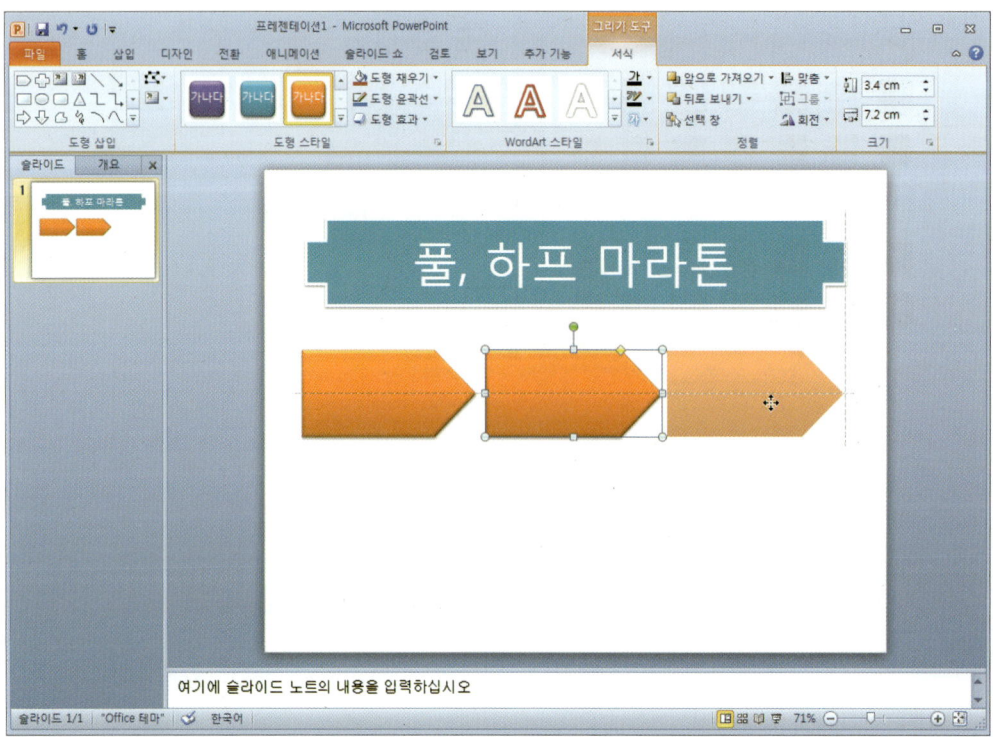

03 텍스트를 삽입하기 위해 **"오각형"을 선택**하고 **마우스 오른쪽 버튼을 클릭**한 후 바로가기 메뉴에서 **[텍스트 편집]을 선택**합니다.

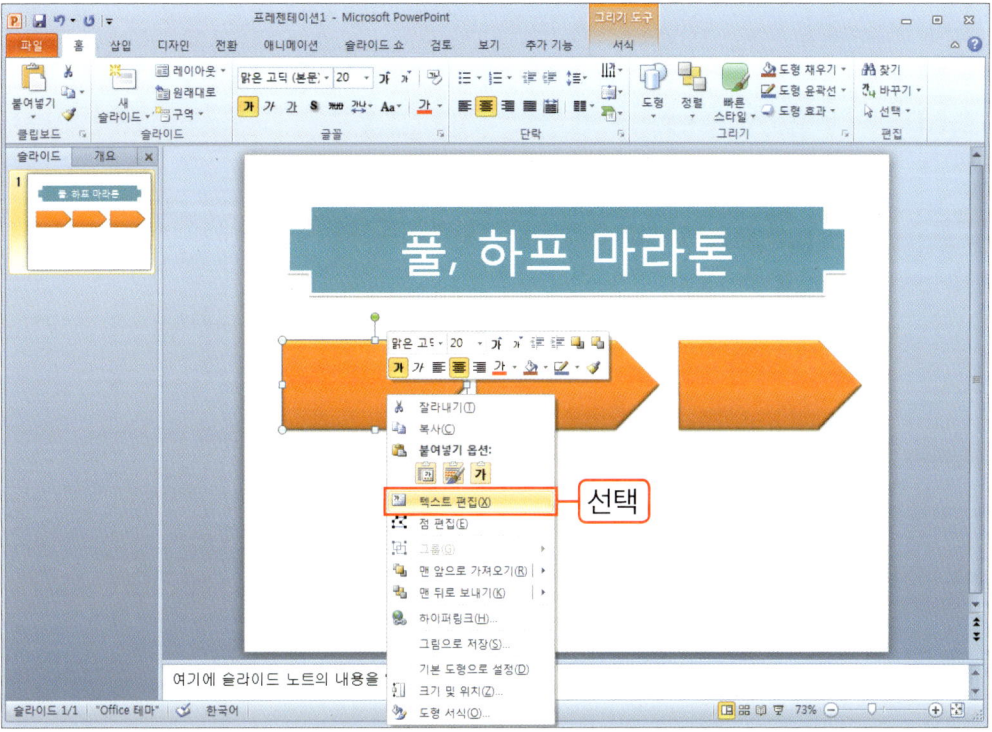

04 그림과 같이 **텍스트를 입력**하여 오각형을 완성합니다.

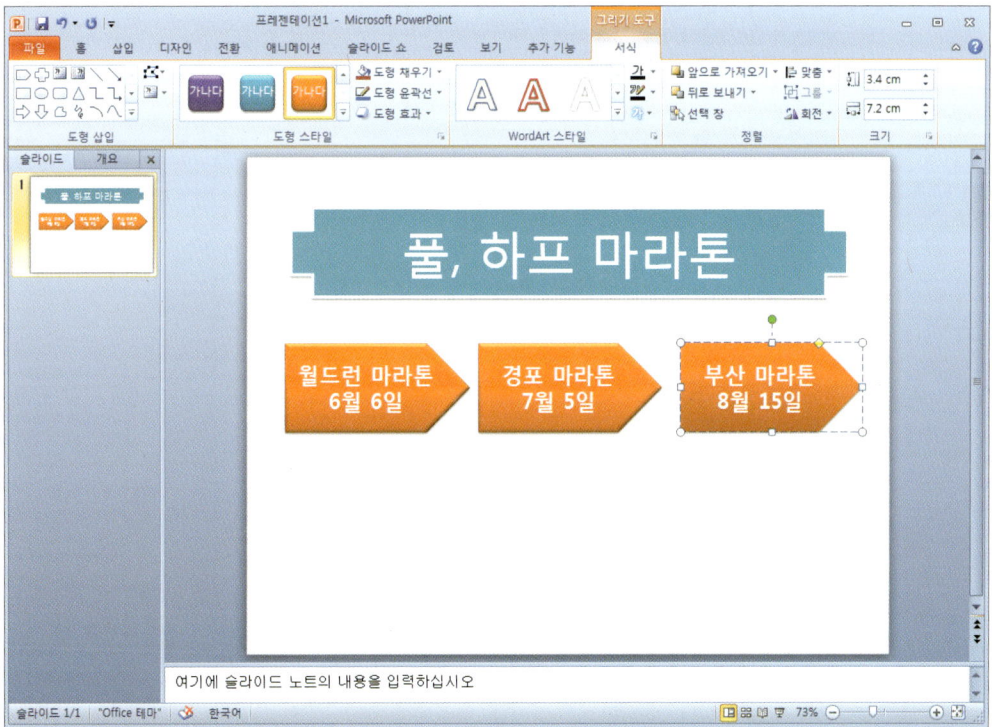

05 다른 도형을 삽입하기 위해 [홈] 탭-[그리기] 그룹에서 [도형](📷)을 클릭한 후 갤러리에서 [위쪽 화살표](⇧)를 선택합니다.

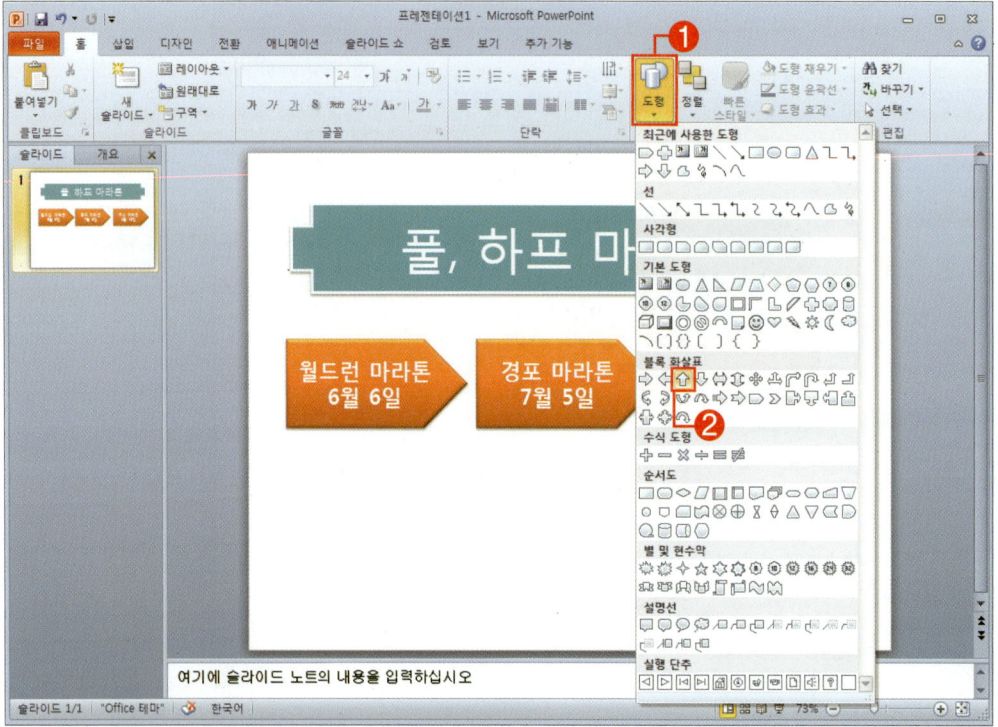

06 삽입하려는 위치에 **드래그하여** 위쪽 화살표를 삽입합니다.

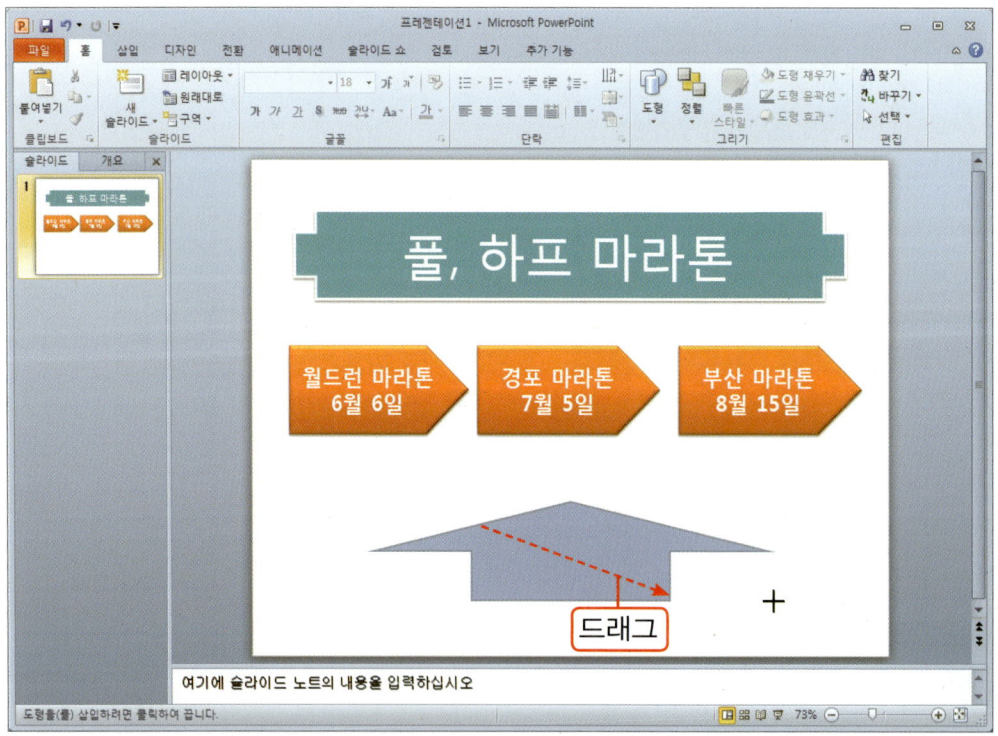

07 도형을 변형하기 위해 그림과 같이 [노란색 조절점](◆)을 선택하여 아래로 드래그합니다.

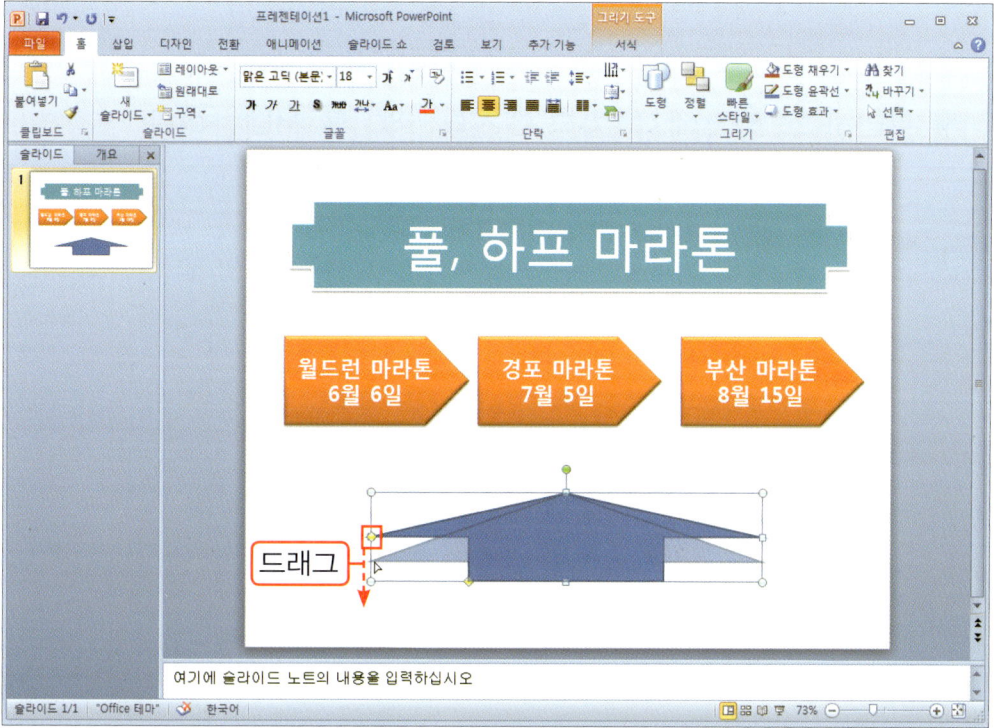

08 도형에 다른 색을 채우기 위해 [그리기 도구] 아래의 [서식] 탭-[도형 스타일] 그룹에서 [자세히](▽)를 클릭한 후 갤러리에서 [미세 효과 – 황록색, 강조 3]을 선택합니다.

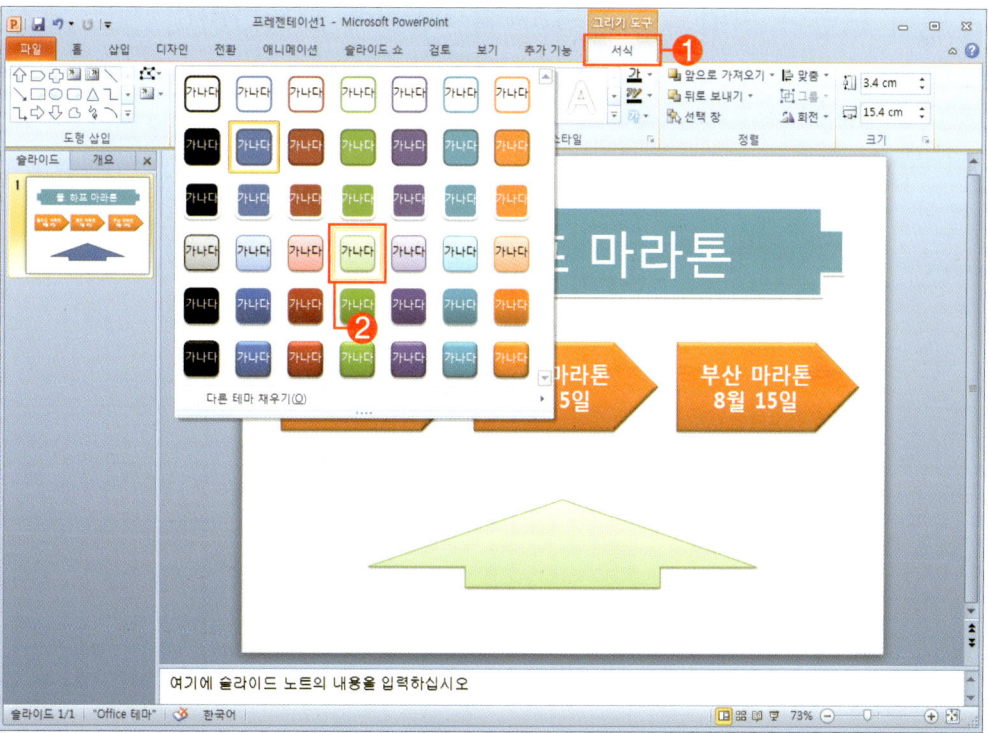

04 도형 서식 적용하기 • **57**

텍스트 상자 삽입하기

01 슬라이드에 텍스트 상자를 삽입하기 위해 **[삽입] 탭-[텍스트] 그룹**에서 **[텍스트 상자]**(가)를 **클릭**한 후 항목에서 **[가로 텍스트 상자]**를 **선택**합니다.

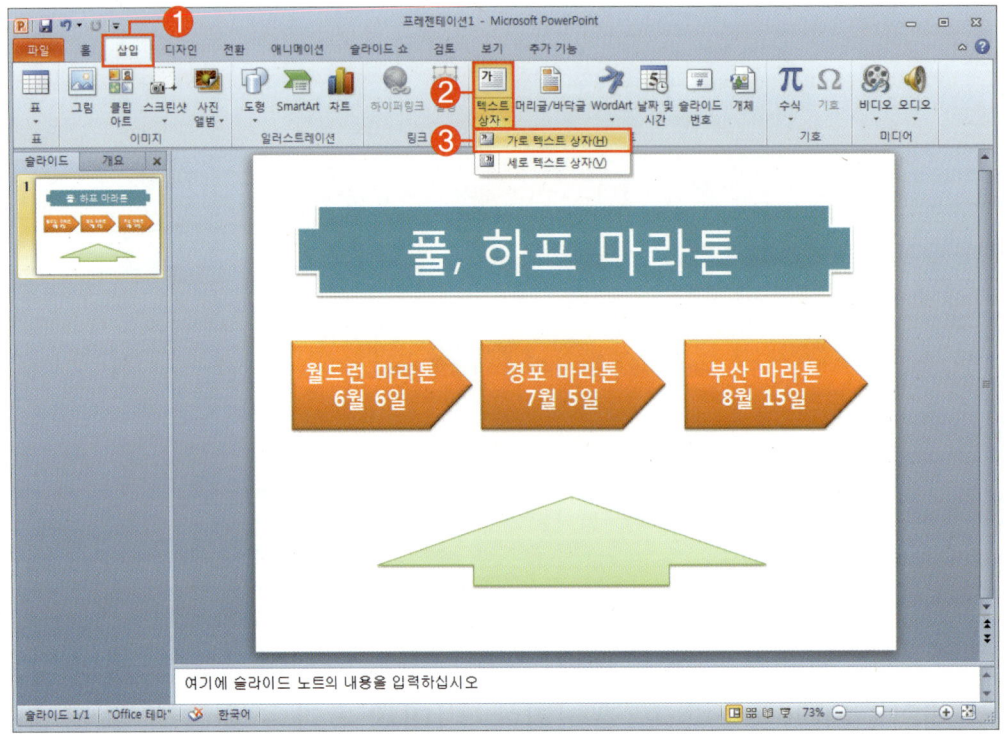

02 마우스 포인터 모양이 변경되면 삽입하려는 위치에 **드래그하여** 가로 텍스트 상자를 삽입합니다.

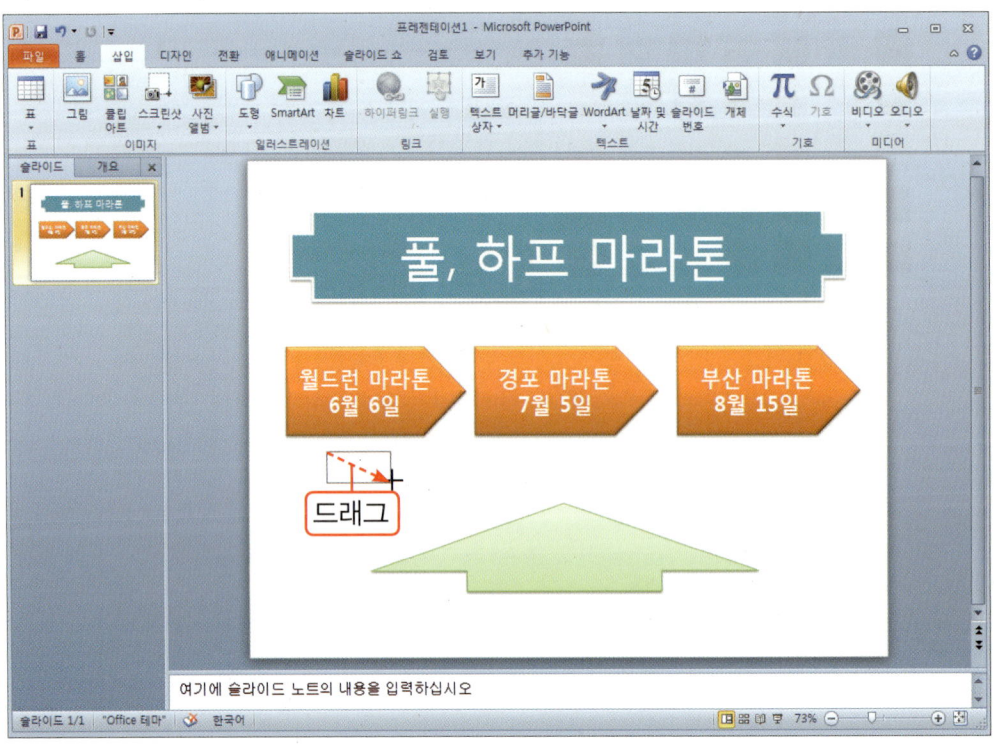

03 그림과 같이 삽입된 가로 텍스트 상자에 '**5km**'를 **입력**합니다.

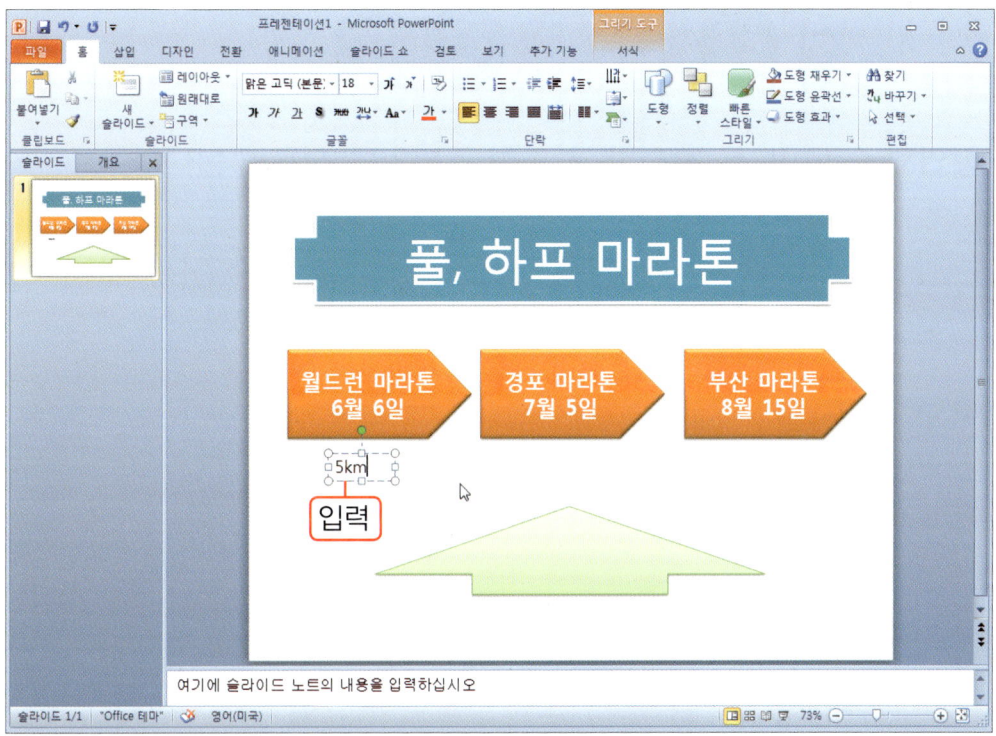

04 위와 같은 방법으로 [**가로 텍스트 상자**]를 **삽입**해 '15km', '20km'를 **입력**하여 "풀, 하프 마라톤" 프레젠테이션을 완성합니다.

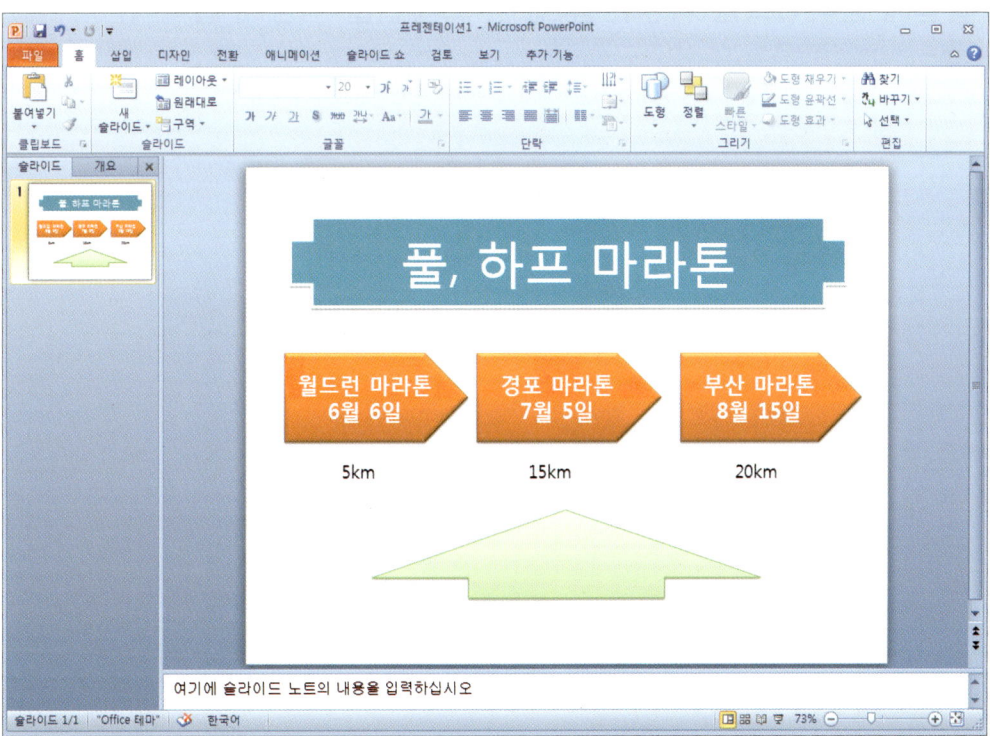

1 도형을 삽입해 슬라이드를 작성한 후 도형 스타일을 적용해 봅니다.

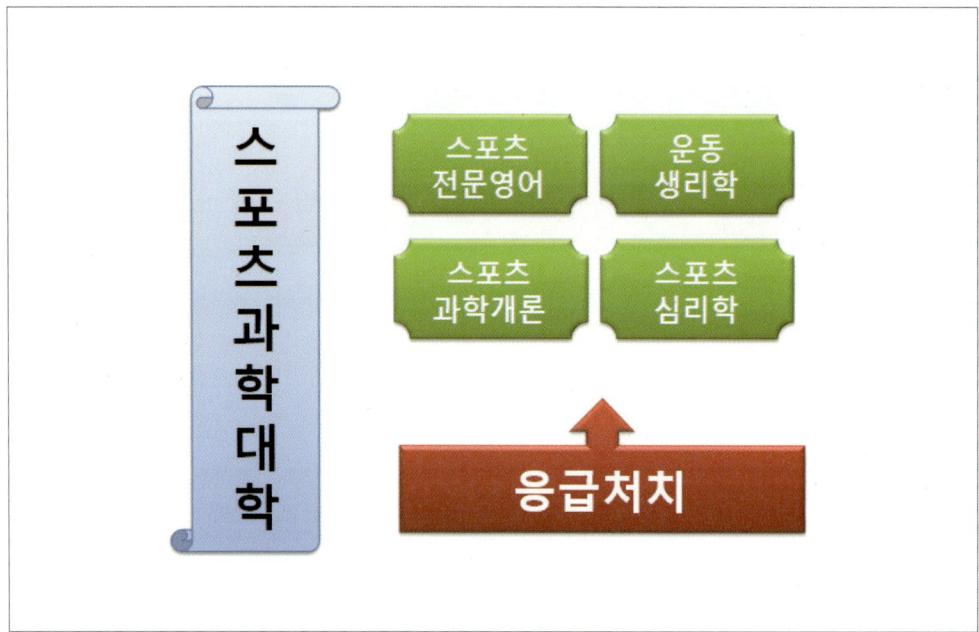

2 도형을 삽입해 슬라이드를 작성한 후 도형 스타일을 적용해 봅니다.

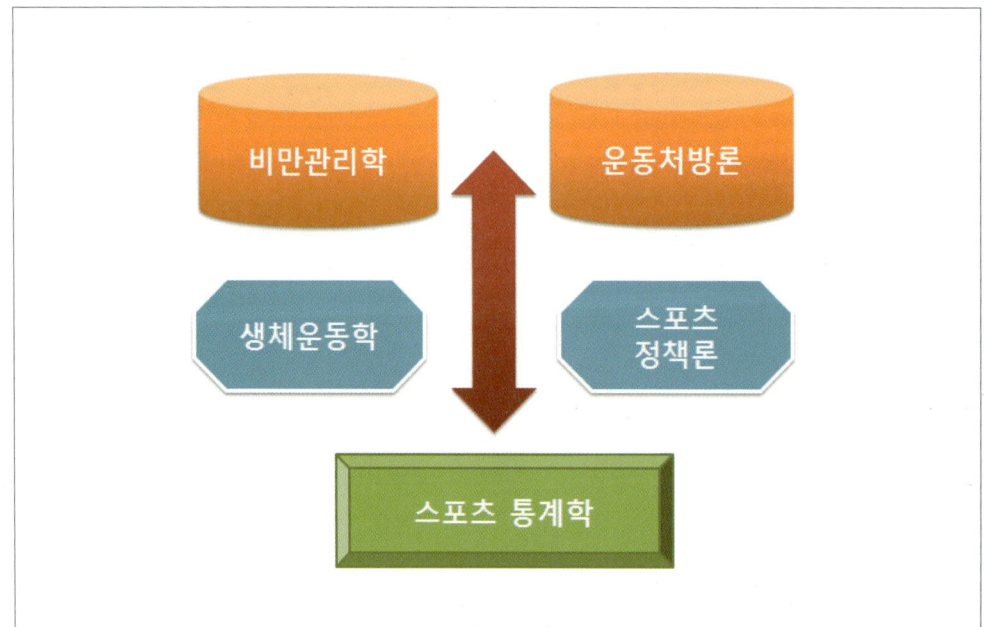

3 도형을 삽입해 슬라이드를 작성한 후 제목 도형을 변형해 봅니다.

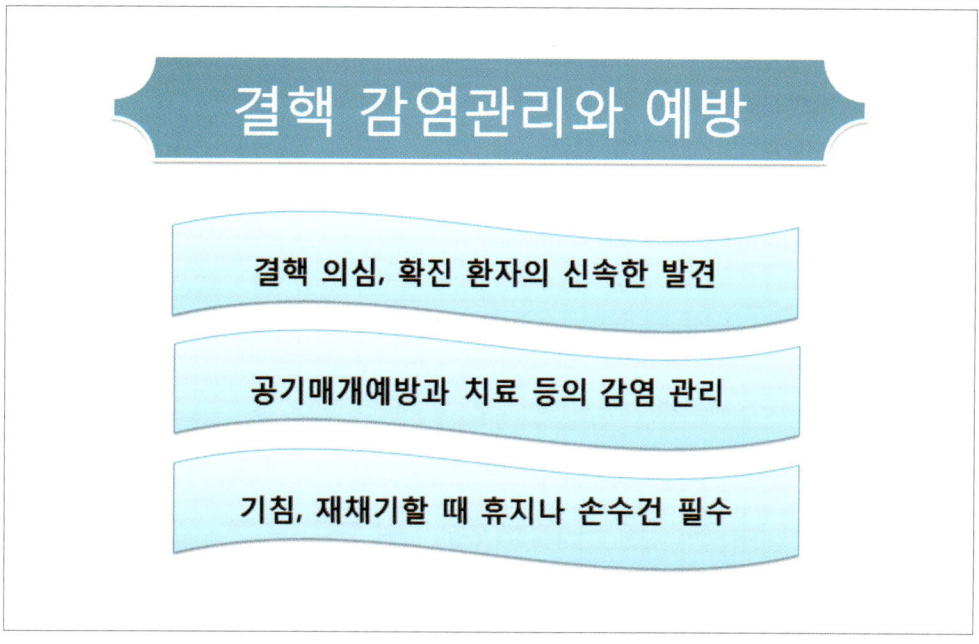

> **도움터** 제목 도형 : [배지](⬯)

4 도형과 가로 텍스트 상자를 삽입해 슬라이드를 작성해 봅니다.

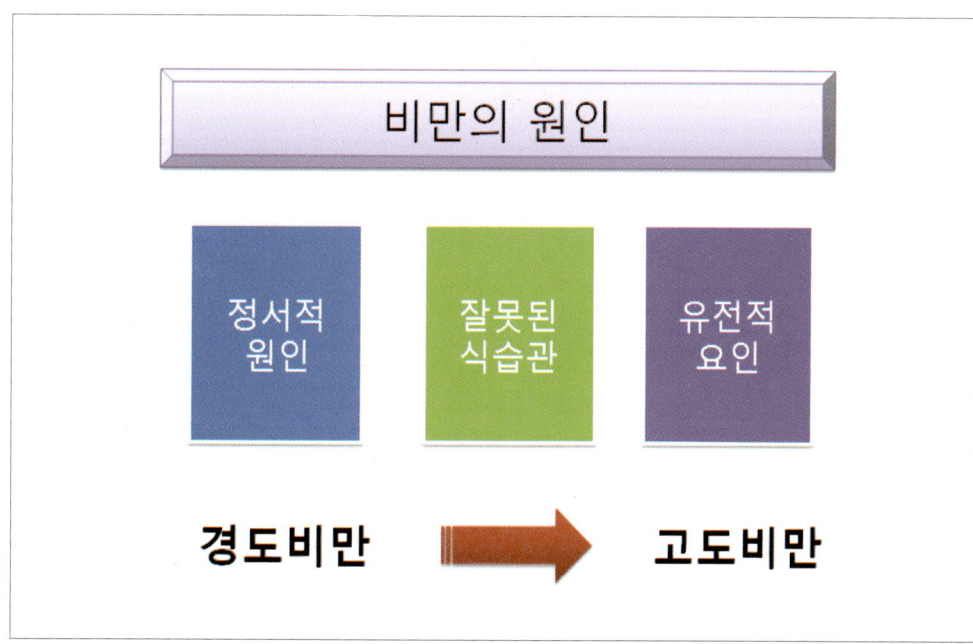

05. 표 스타일 디자인하기

슬라이드에 표를 삽입하여 작성하는 방법과 서식 옵션 및 표 스타일 갤러리를 활용하는 방법에 대해 알아보도록 하겠습니다.

완성파일 : 05장 외식별 나트륨 함량.pptx

외식별 나트륨 함량

외식 종류	나트륨 함량	비고
짬뽕	4000mg	세계보건기구 (WHO) 하루 섭취 나트륨 권고량: 2000mg
열무 냉면	3152mg	
소고기 육개장	2853mg	
알탕	2642mg	
선짓국	2519mg	

 무엇을 배울까요?

→ 슬라이드에 표 삽입하기
→ 표 디자인하기

슬라이드에 표 삽입하기

01 레이아웃을 변경하기 위해 [홈] 탭-[슬라이드] 그룹에서 [레이아웃](▤)을 클릭한 후 갤러리에서 [제목 및 내용]을 선택합니다.

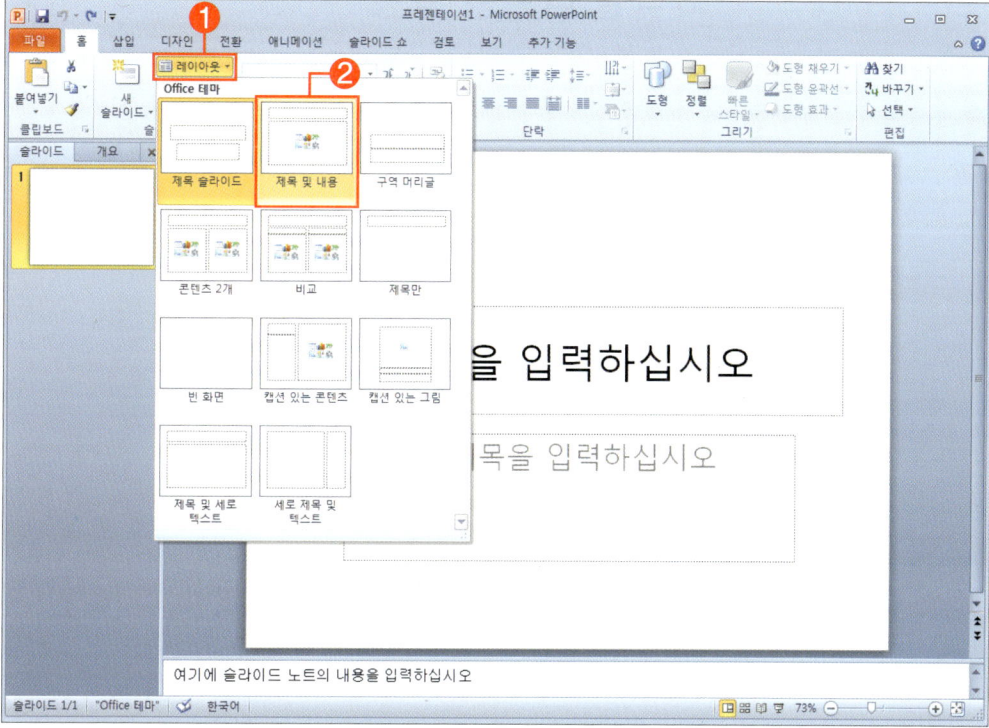

02 제목 텍스트 상자에 '**외식별 나트륨 함량**'을 **입력**합니다.

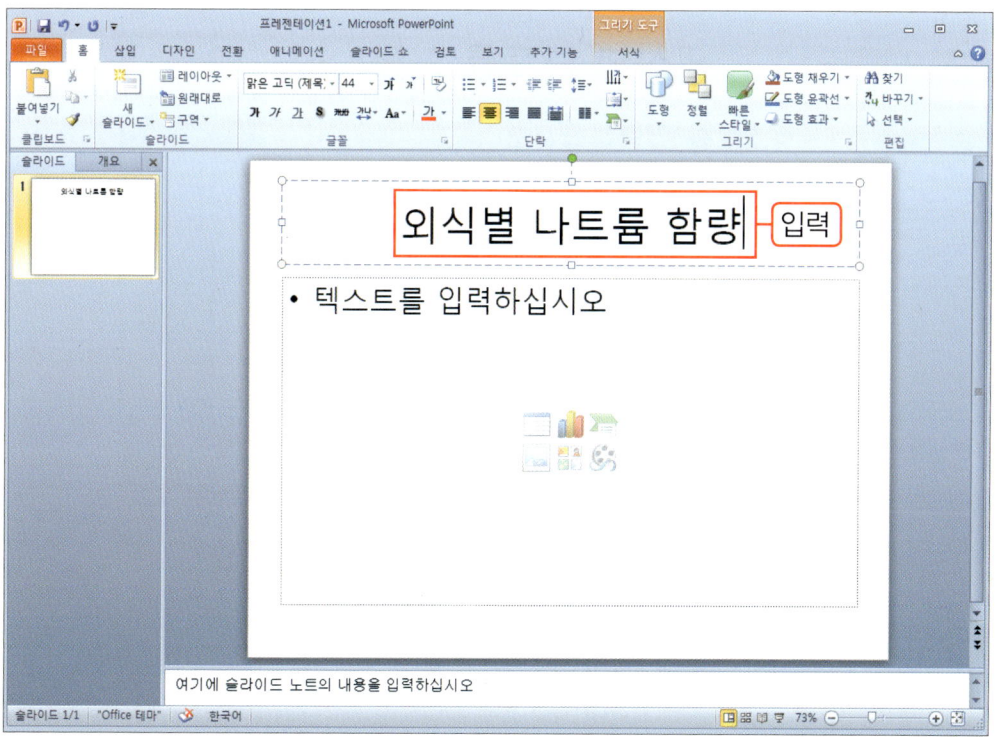

03 슬라이드에 표를 삽입하기 위해 **표 삽입 아이콘( )을 클릭**합니다.

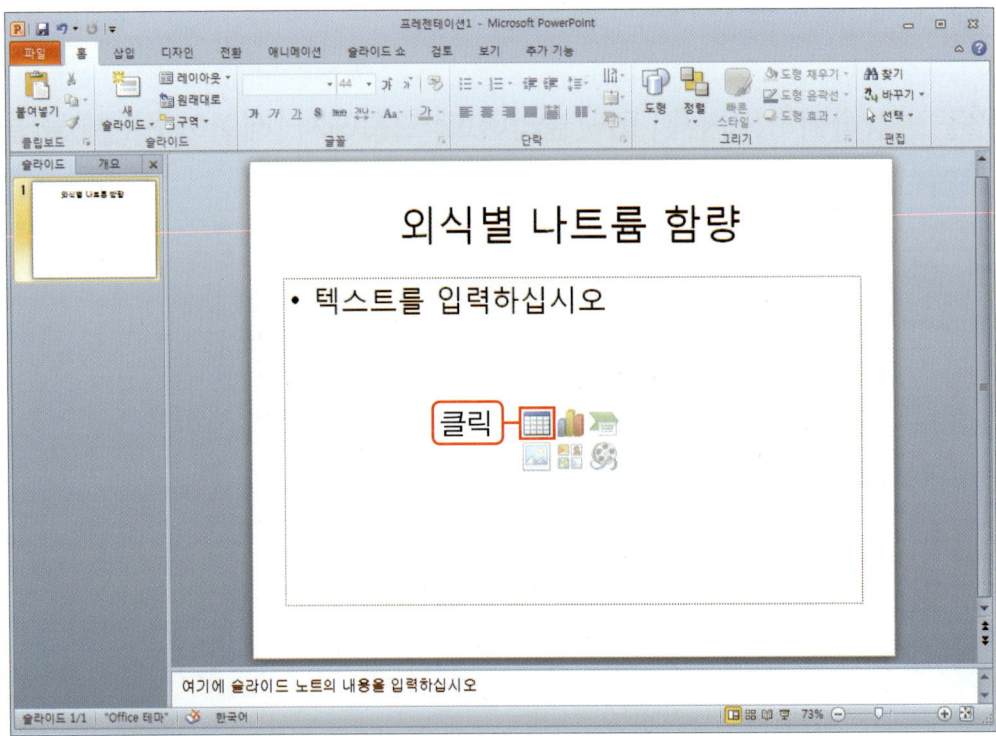

04 표 삽입 대화상자가 나타나면 **열 개수 '3', 행 개수 '6'을 입력**한 후 **[확인] 단추를 클릭**합니다.

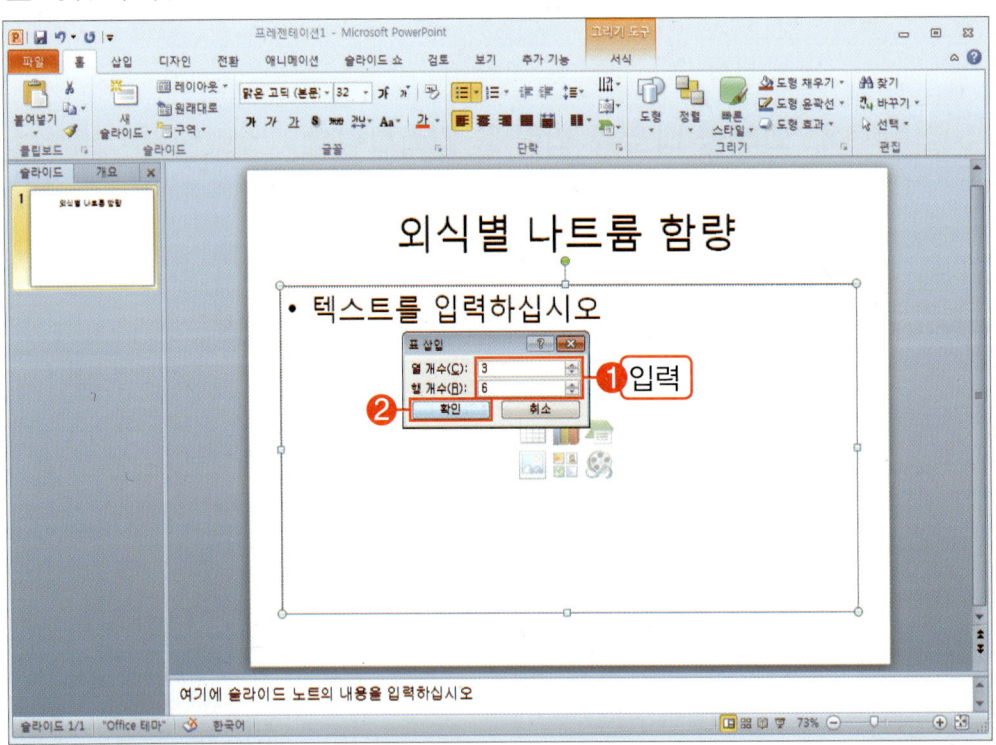

> **배움터** 표 삽입에서 열은 '세로 칸'을 의미하고, 행은 '가로 줄'을 의미합니다.

05 표 테두리를 지우기 위해 [표 도구] 아래의 [디자인] 탭-[테두리 그리기] 그룹에서 [지우개](📇)를 클릭한 후 지우개 도구(✐)로 그림과 같이 **지울 선을 클릭**합니다.

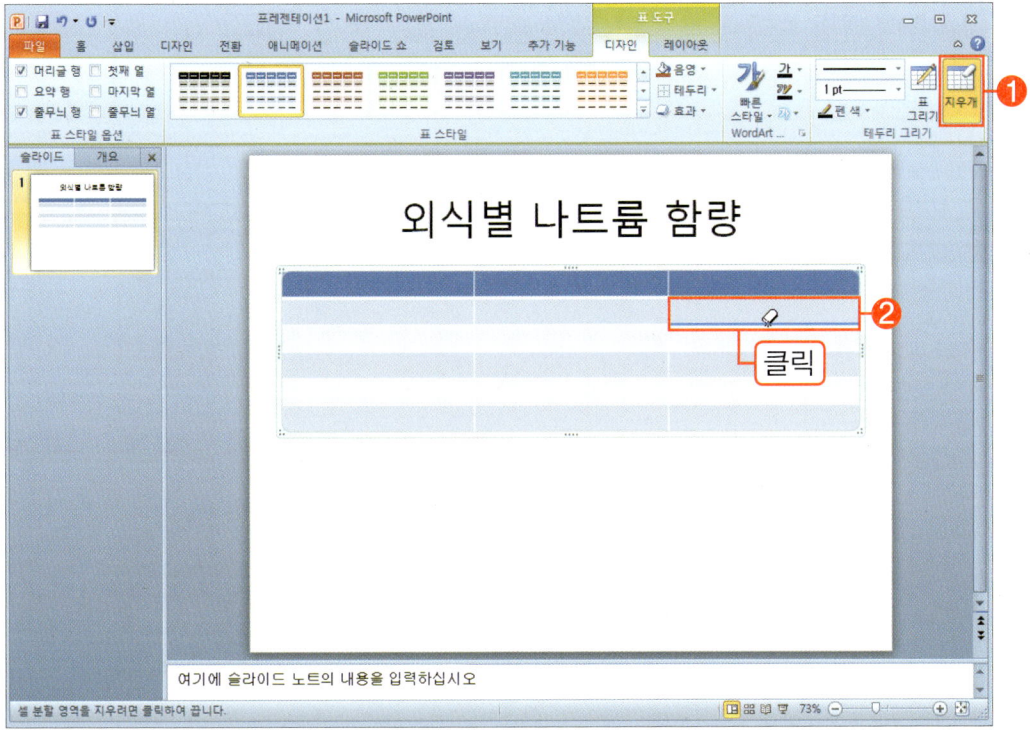

배움터 지우개 아이콘(📇)을 클릭하면 마우스 포인터가 표 그리기에 사용되는 지우개 모양 도구(✐)로 바뀝니다.

06 위와 같은 방법으로 지우개 도구(✐)를 이용해 세 번째 칸의 머리글 행을 제외한 나머지 테두리를 모두 지웁니다.

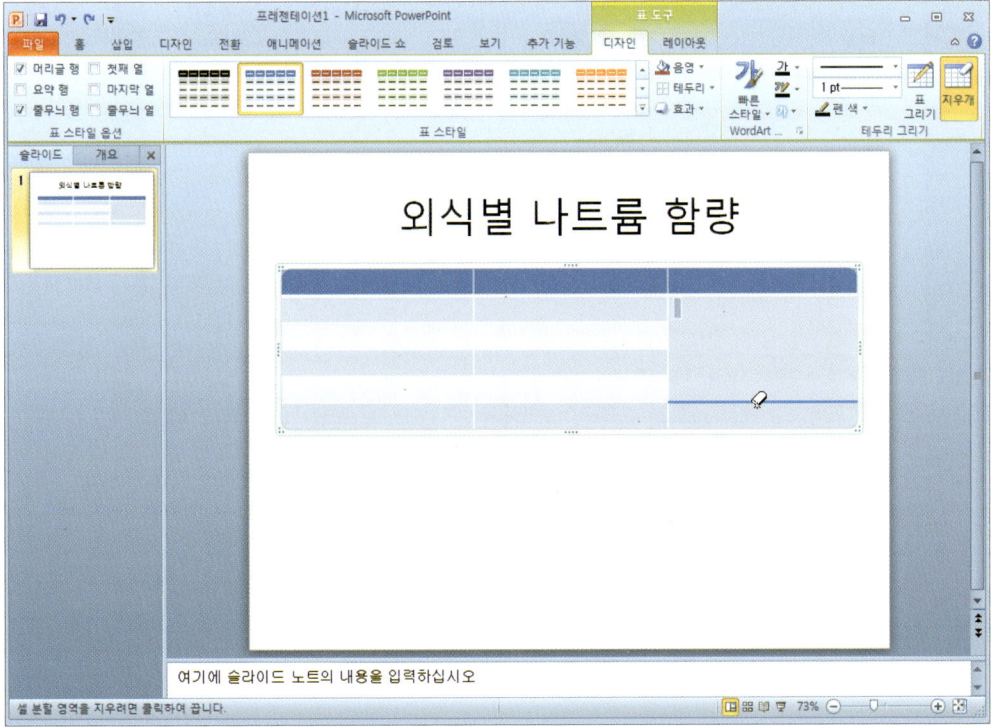

07 첫 번째 칸의 머리글 행에 커서를 이동한 후 **'외식 종류'를 입력**합니다.

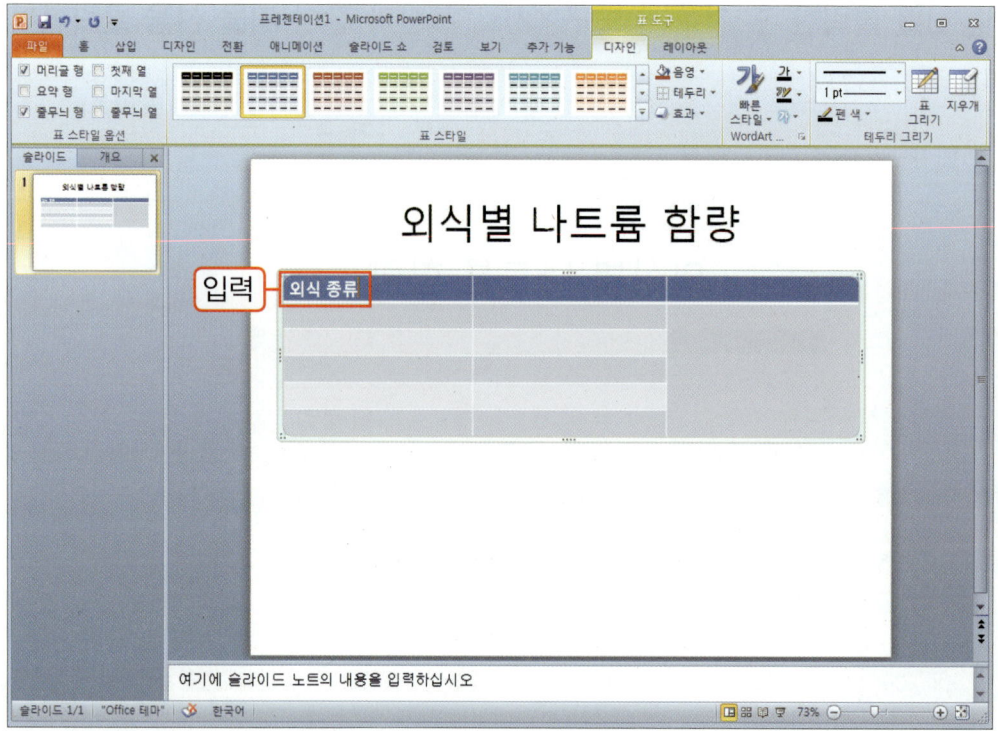

08 그림과 같이 표의 셀에 **텍스트를 입력**합니다.

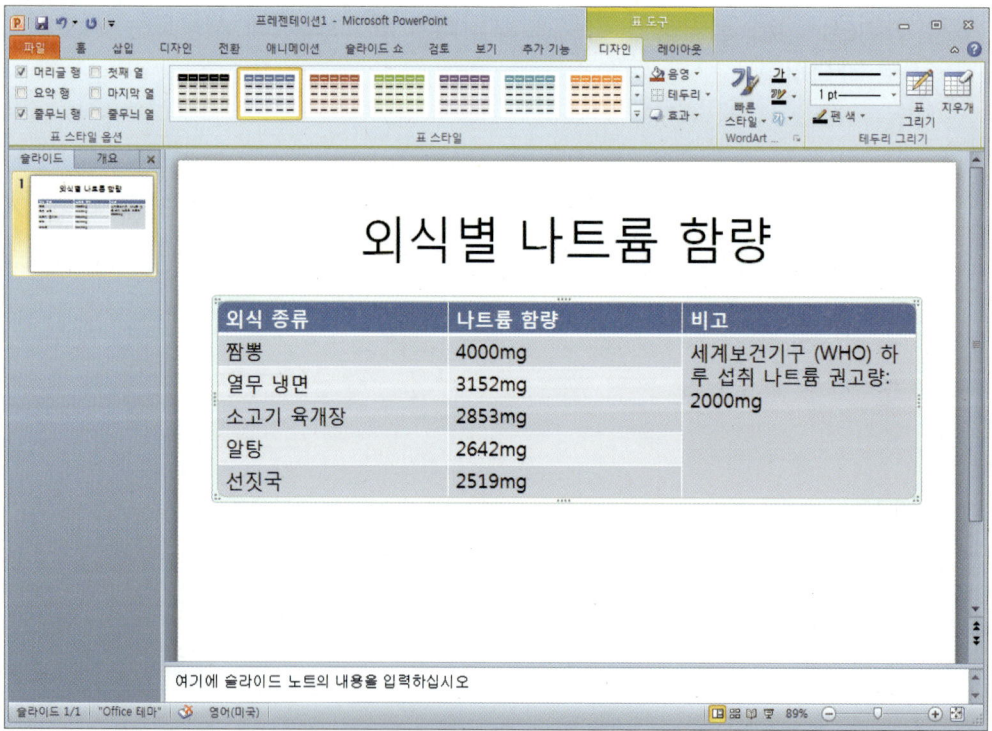

도형 복사하고 변형하기

01 표 전체에 스타일을 변경하기 위해 **표의 셀을 선택**합니다.

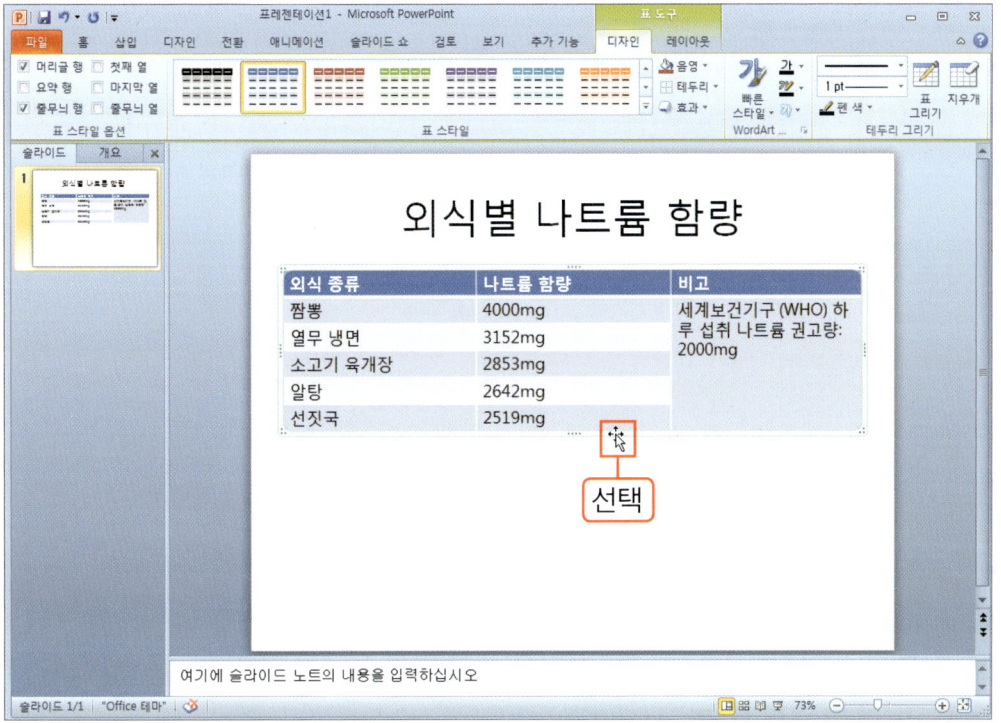

> **배움터** 표의 셀을 선택하지 않으면 [표 도구] 탭이 나타나지 않아 디자인을 변경할 수 없습니다.

02 [표 도구] 아래의 [디자인] 탭-[표 스타일] 그룹에서 [자세히](▼)를 **클릭**한 후 갤러리에서 [**밝은 스타일 2 - 강조 2**]를 **선택**합니다.

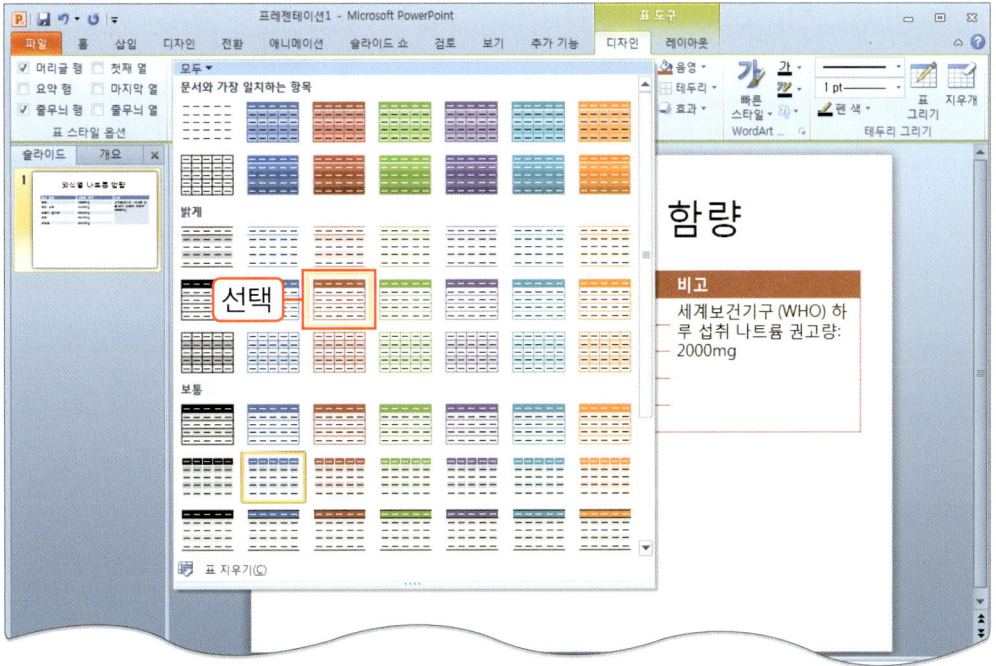

05 표 스타일 디자인하기 • **67**

03 효과를 지정하기 위해 머리글 행을 **드래그하여 블록을 지정**합니다.

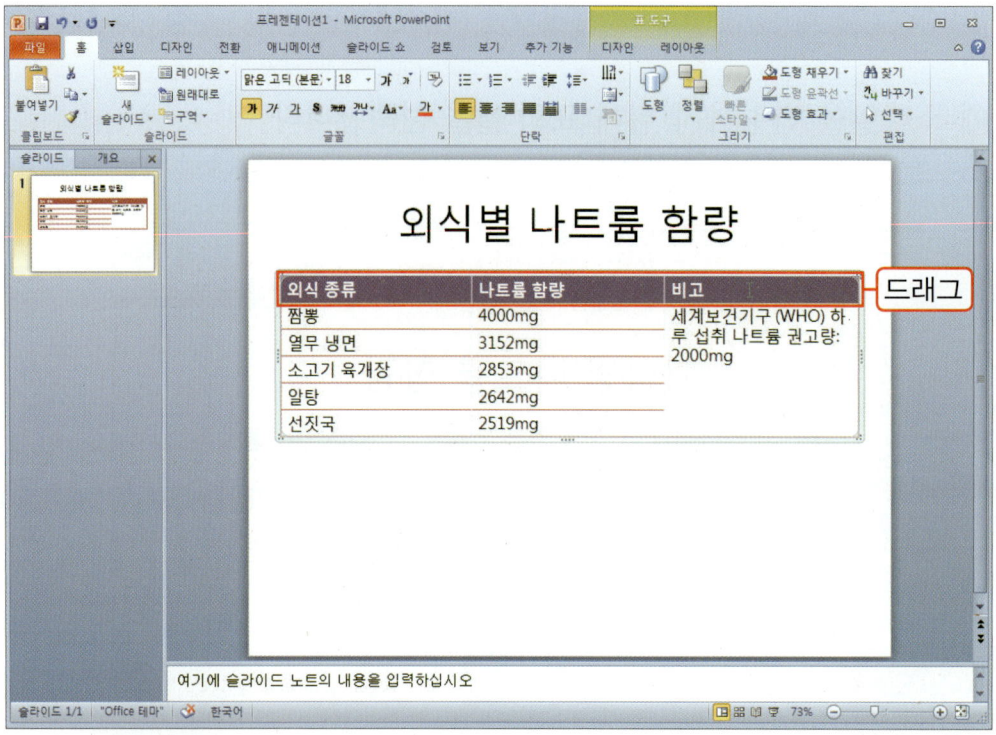

04 [표 도구] 아래의 [디자인] 탭-[표 스타일] 그룹에서 [효과]( )를 클릭한 후 [셀 입체 효과]-[볼록하게]( )를 선택합니다.

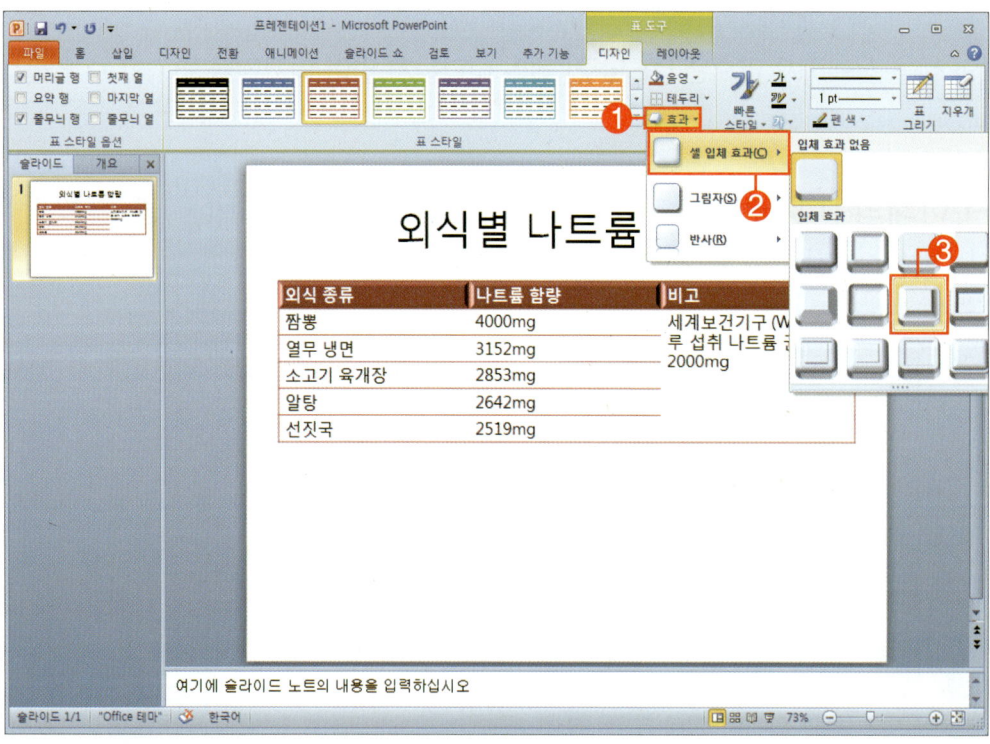

05 [표 도구] 아래의 [디자인] 탭–[표 스타일] 그룹에서 [효과]( )를 클릭한 후 [그림자]–[오프셋 위쪽]( )을 선택합니다.

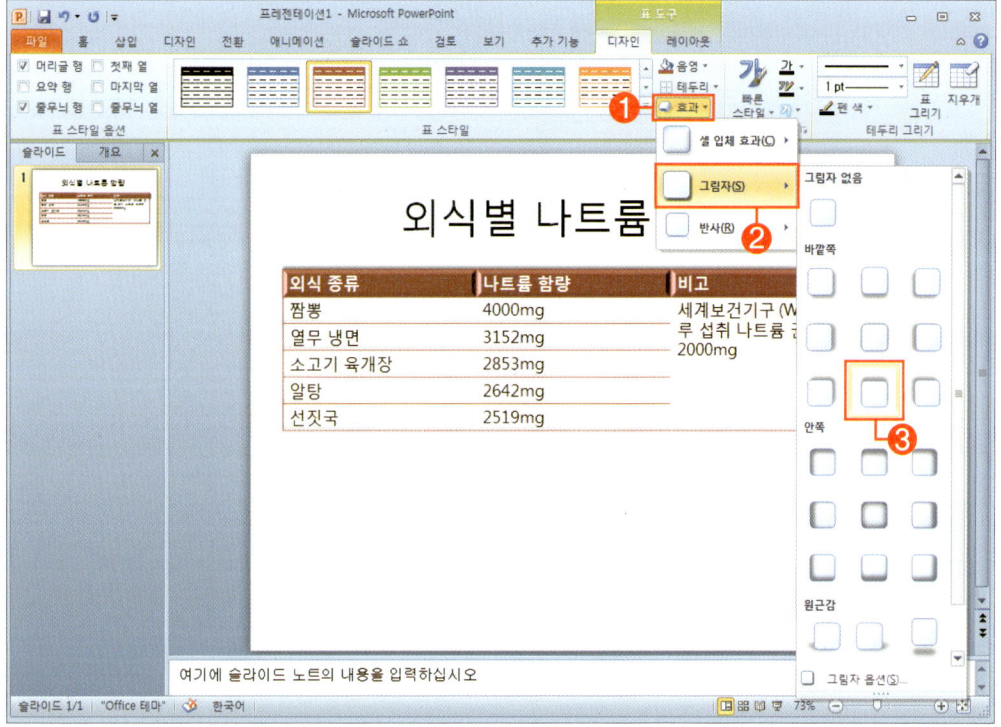

06 머리글 행에 입체 효과와 그림자 효과가 적용된 것을 확인할 수 있습니다.

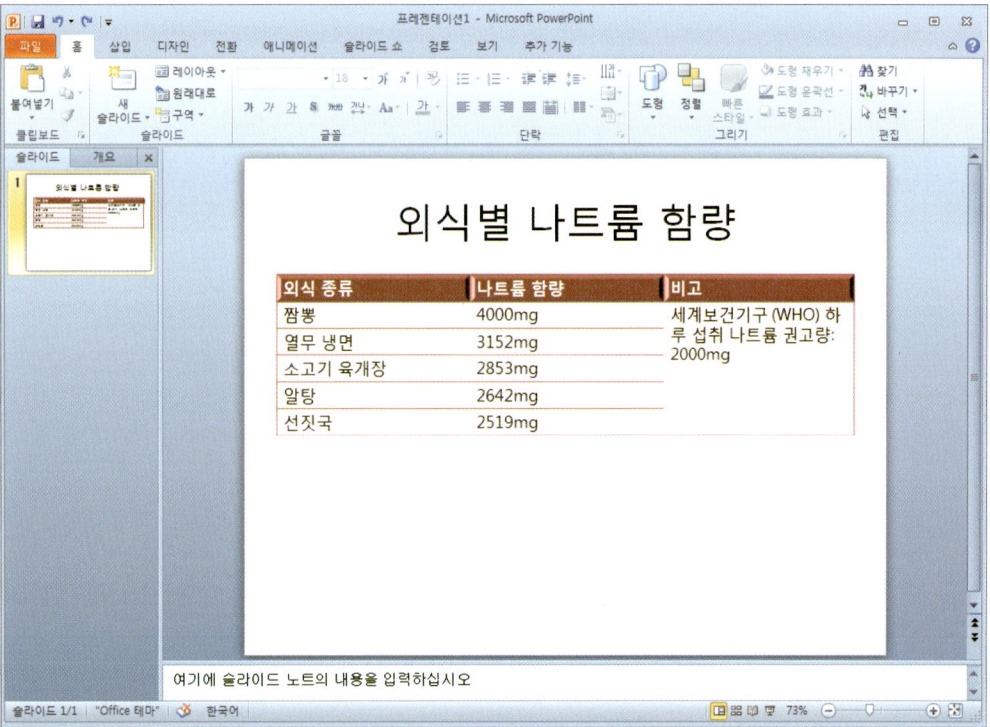

07 표를 선택한 후 [표 도구] 아래의 [레이아웃] 탭-[맞춤] 그룹에서 [가운데 맞춤](≡)을 클릭합니다.

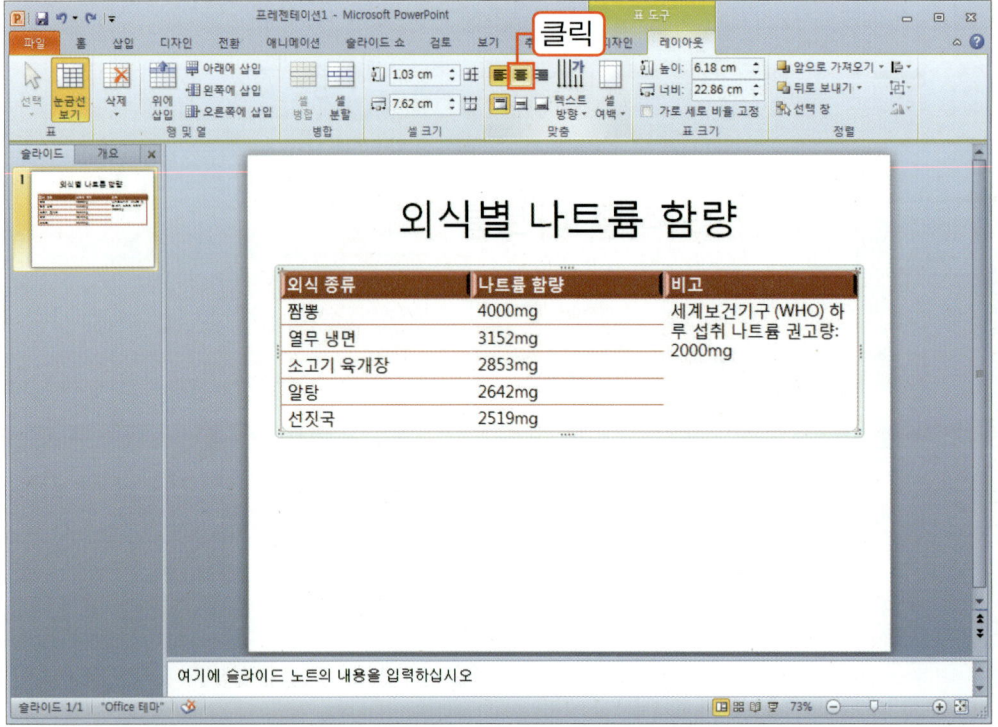

08 [표 도구] 아래의 [레이아웃] 탭-[맞춤] 그룹에서 [세로 가운데 맞춤](≡)을 클릭합니다.

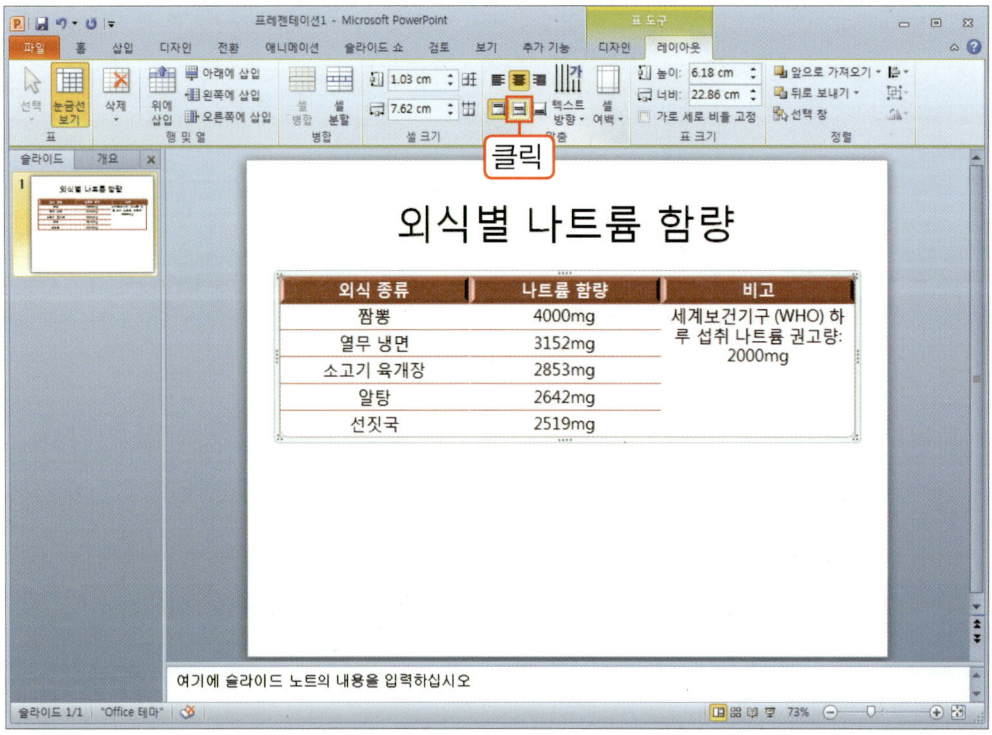

05 그림을 삽입하기 위해 **파일에서 그림 삽입 아이콘( )을 클릭**합니다.

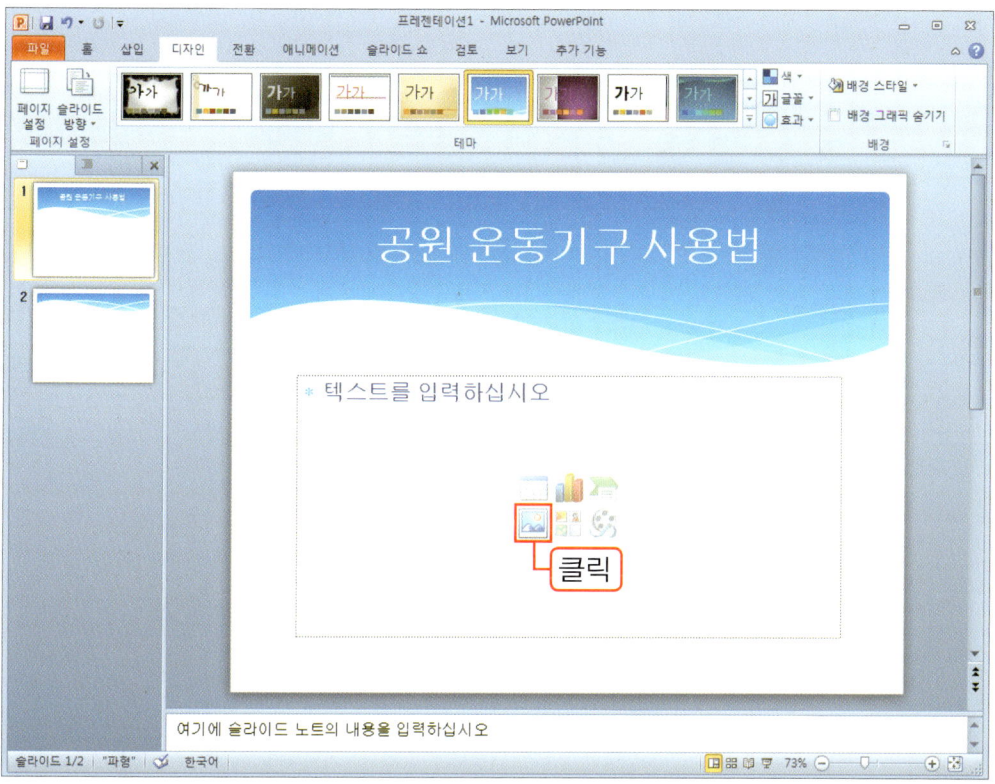

06 [그림 삽입] 창이 나타나면 저장된 **'그림_1'을 선택**한 후 **[삽입] 단추를 클릭**합니다.

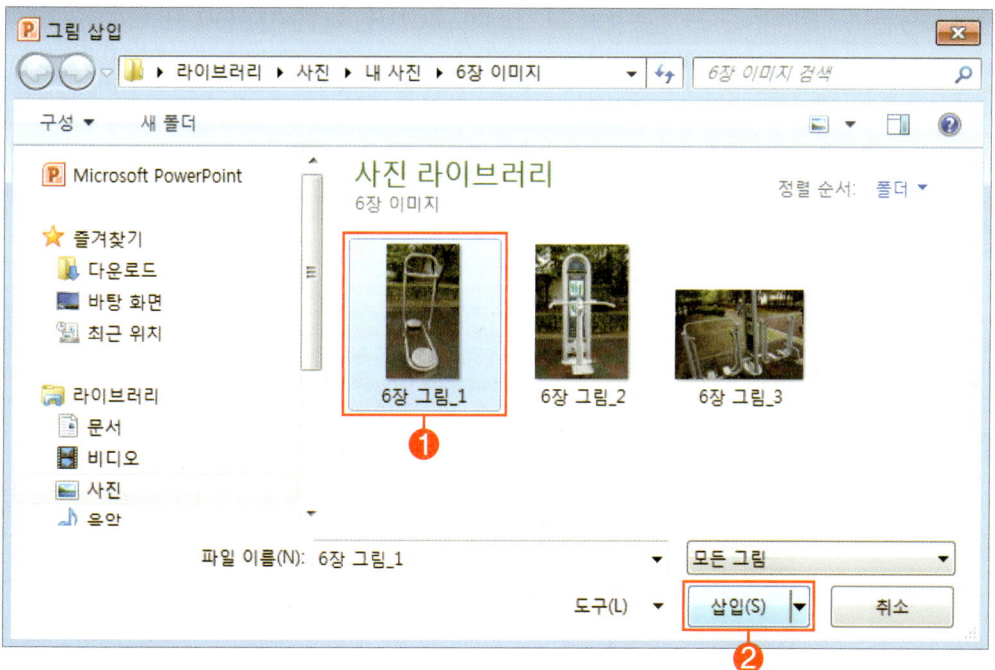

07 삽입된 **그림을 선택**한 후 **조절점**(○)**을 드래그**하여 그림과 같이 **도형 크기를 조절**합니다.

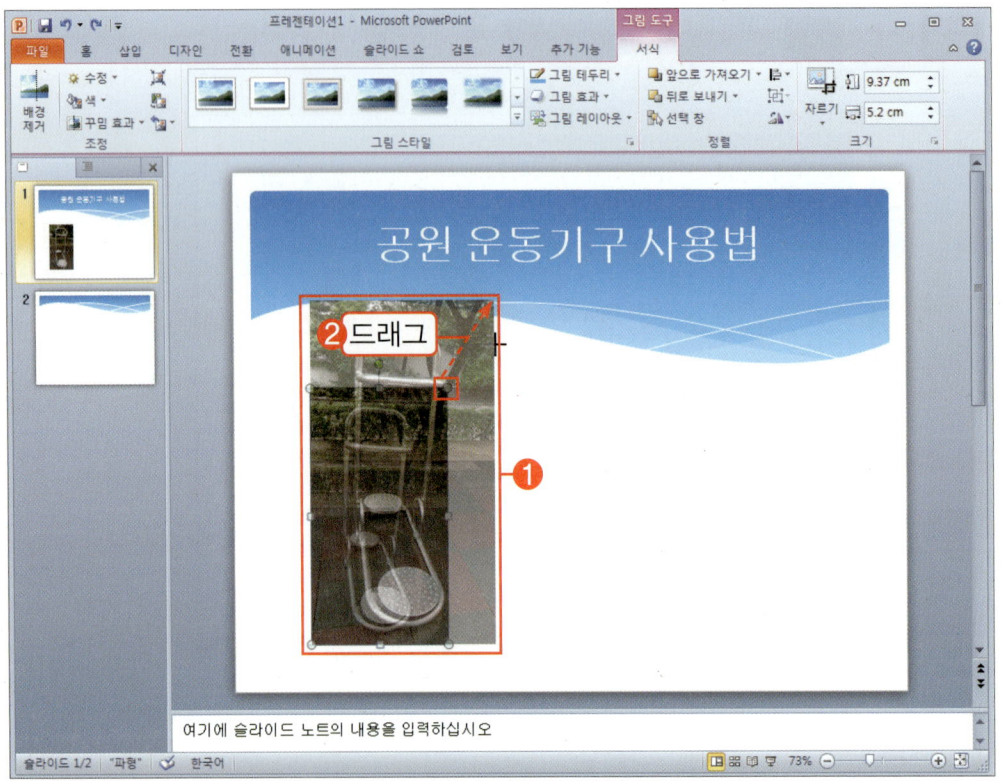

08 회전 핸들(○)을 그림과 같은 방향으로 **드래그**하여 **회전**시킵니다.

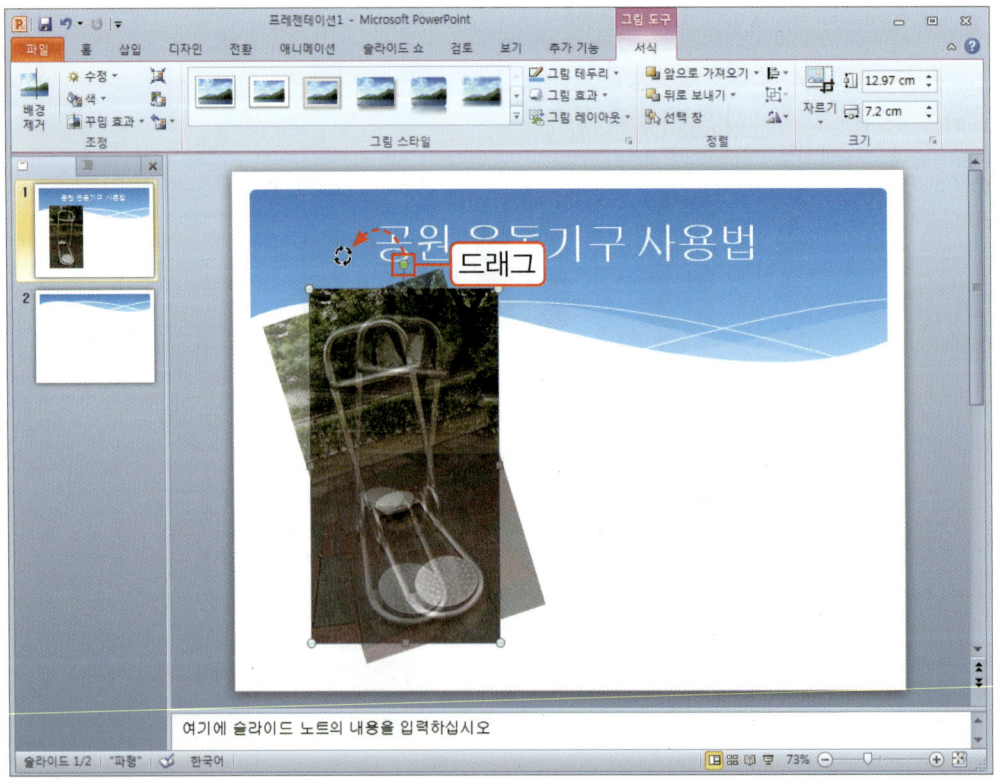

> 배움터 회전 각도를 15도로 제한하려면 Shift 키를 누른 채로 회전 핸들을 드래그합니다.

09 그림의 표시 스타일을 변경하기 위해 [그림 도구] 아래의 [서식] 탭-[그림 스타일] 그룹에서 [자세히](▼)를 클릭한 후 갤러리에서 [반사형 입체, 흰색]을 선택합니다.

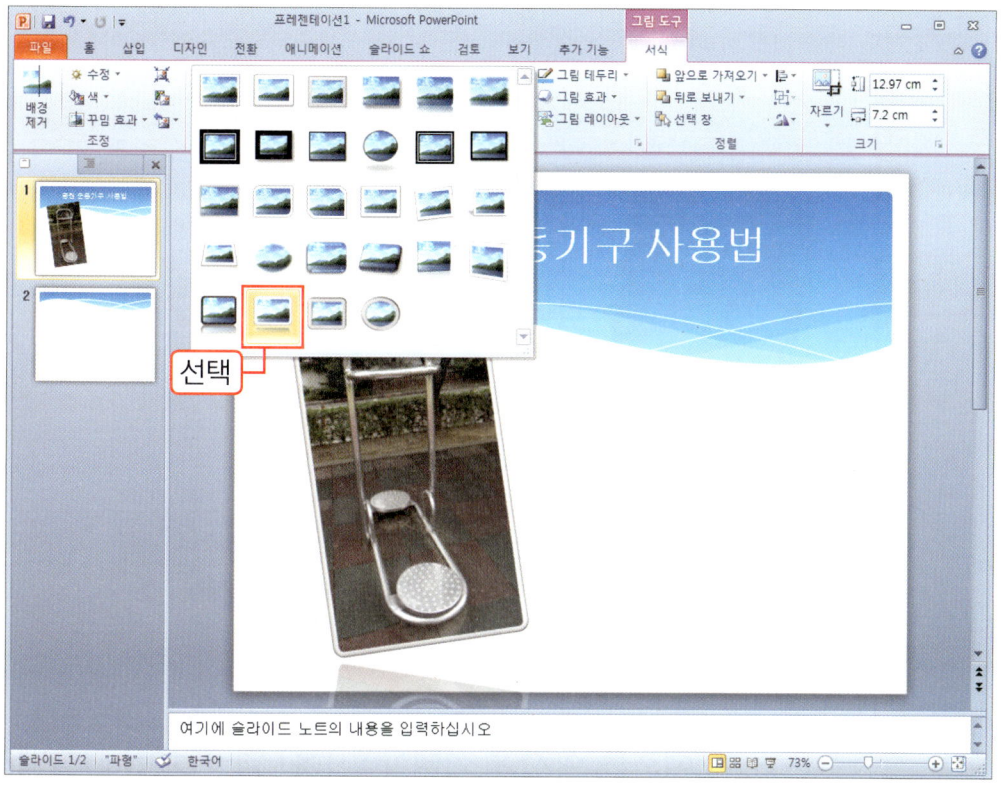

10 사용법을 작성하기 위해 [삽입] 탭-[텍스트] 그룹에서 [텍스트 상자](가)를 클릭한 후 항목에서 [가로 텍스트 상자]를 선택합니다.

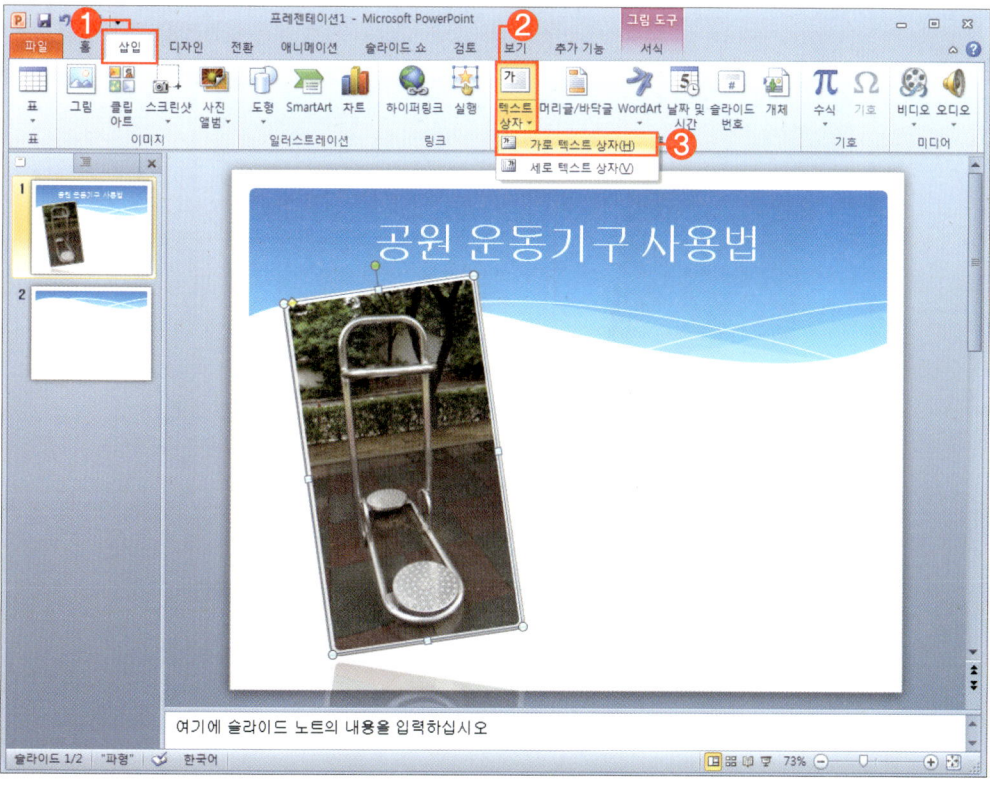

11 텍스트 상자를 삽입한 후 그림과 같이 **'내용'을 입력**합니다.

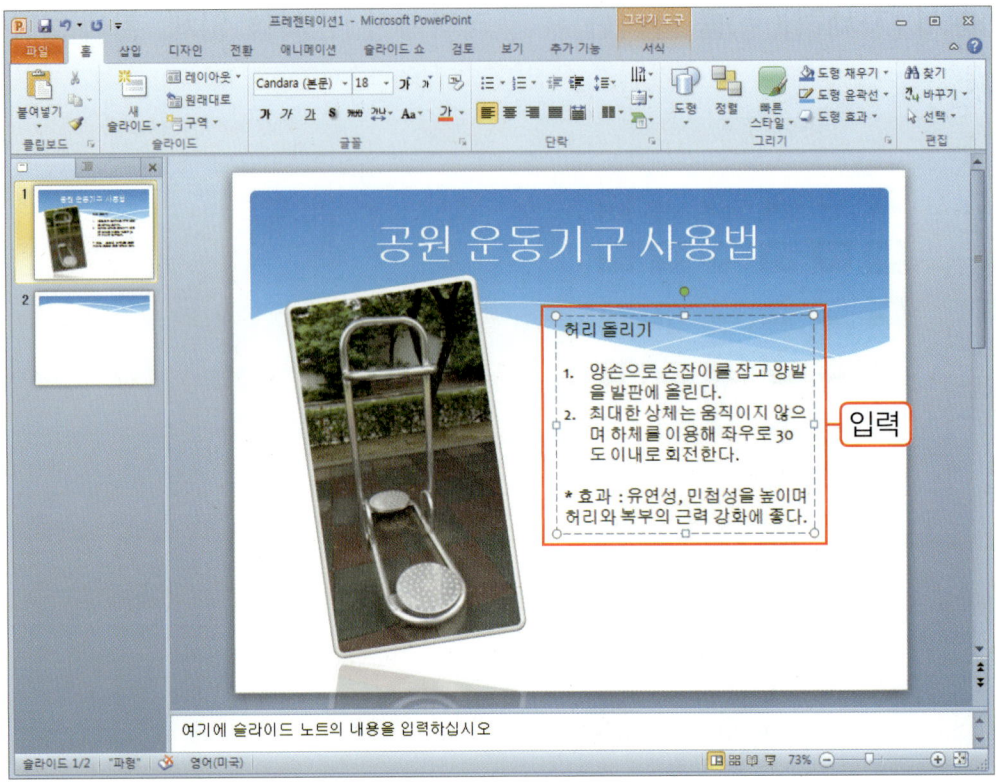

12 글꼴 서식을 적용하기 위해 **텍스트 상자를 선택**하고 [홈] 탭-[글꼴] 그룹에서 [글꼴 크기](▼)를 클릭한 후 항목에서 **'20'을 선택**합니다.

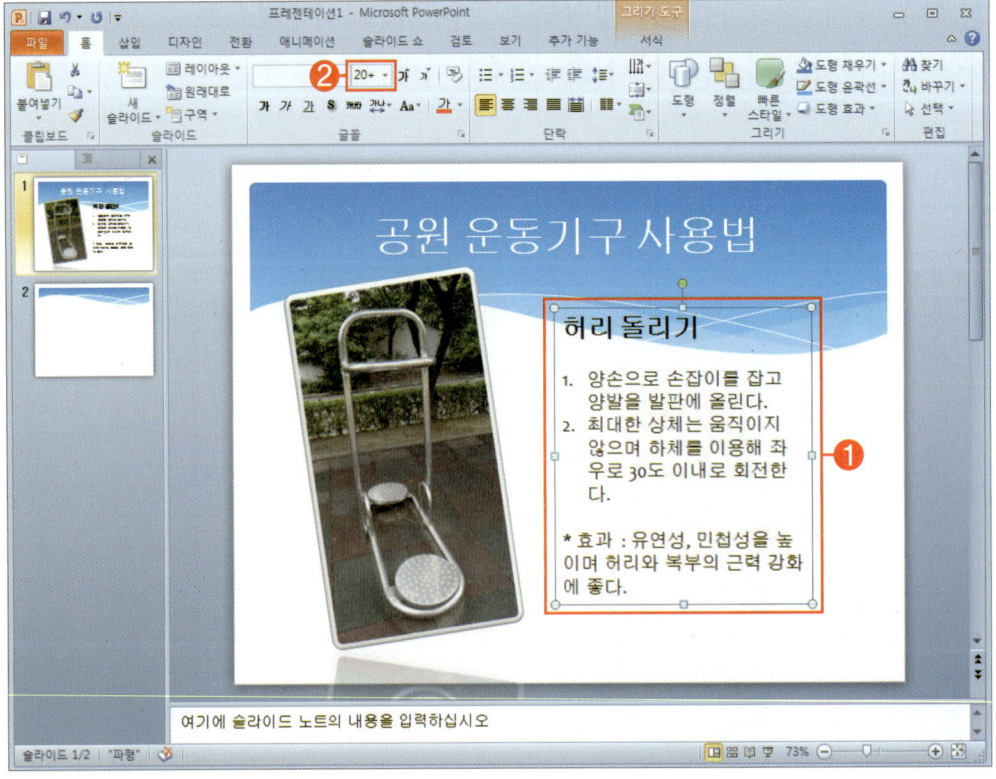

꾸밈 효과 적용하기

01 그림을 삽입하기 위해 [슬라이드 2]를 선택한 후 [삽입] 탭-[이미지] 그룹에서 [그림](🖼)을 클릭합니다.

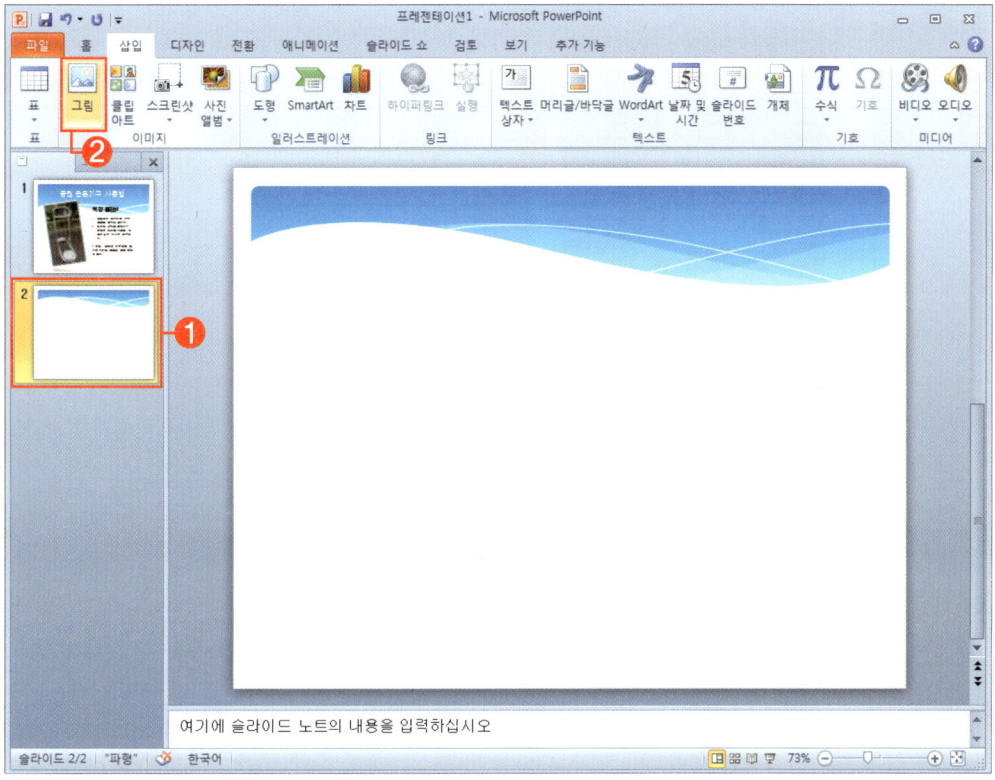

02 [그림 삽입] 창이 나타나면 **저장된 '그림_2'를 선택**하고 [삽입] 단추를 클릭합니다.

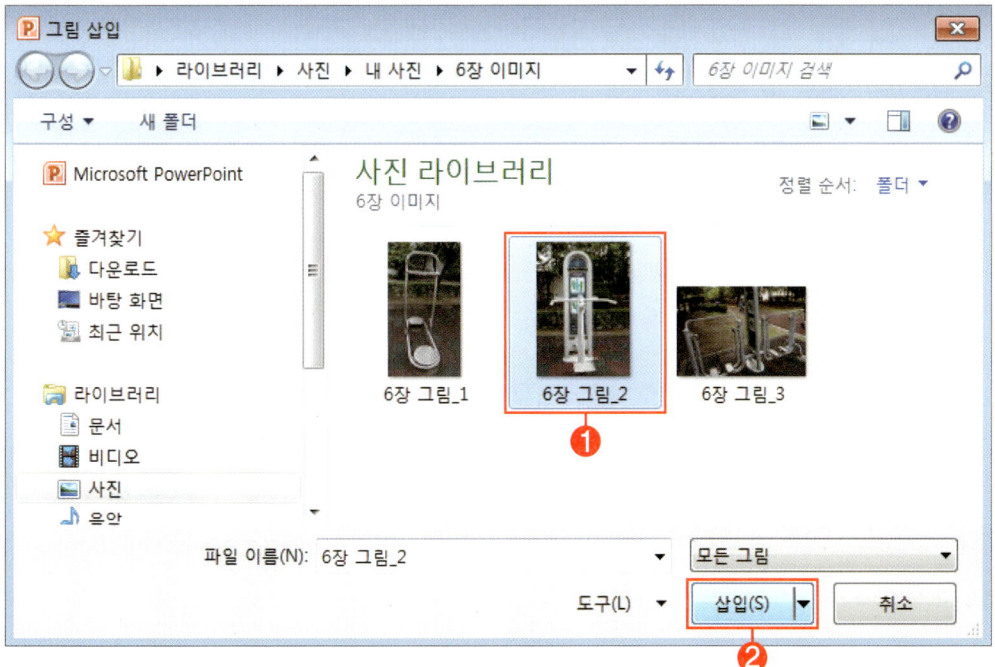

03 위와 같은 방법으로 '**그림_3**'**도 삽입**한 후 그림과 같은 위치로 배치합니다.

04 '**그림_2**'**를 선택**하고 [그림 도구] 아래의 [서식] 탭-[그림 스타일] 그룹에서 [자세히]( )를 **클릭**한 후 갤러리에서 [**금속 타원**]을 **선택**합니다.

05 '그림_3'을 **선택**한 후 위와 같은 방법으로 **[대각선 방향의 모서리 잘림, 흰색]**을 **선택**합니다.

06 밝기를 설정하기 위해 '그림_2'를 **선택**하고 [그림 도구] 아래의 [서식] 탭-[조정] 그룹에서 [수정](☀)을 **클릭**한 후 갤러리에서 **[밝기 및 대비]-[밝기: +40% 대비: +20%]**를 **선택**합니다.

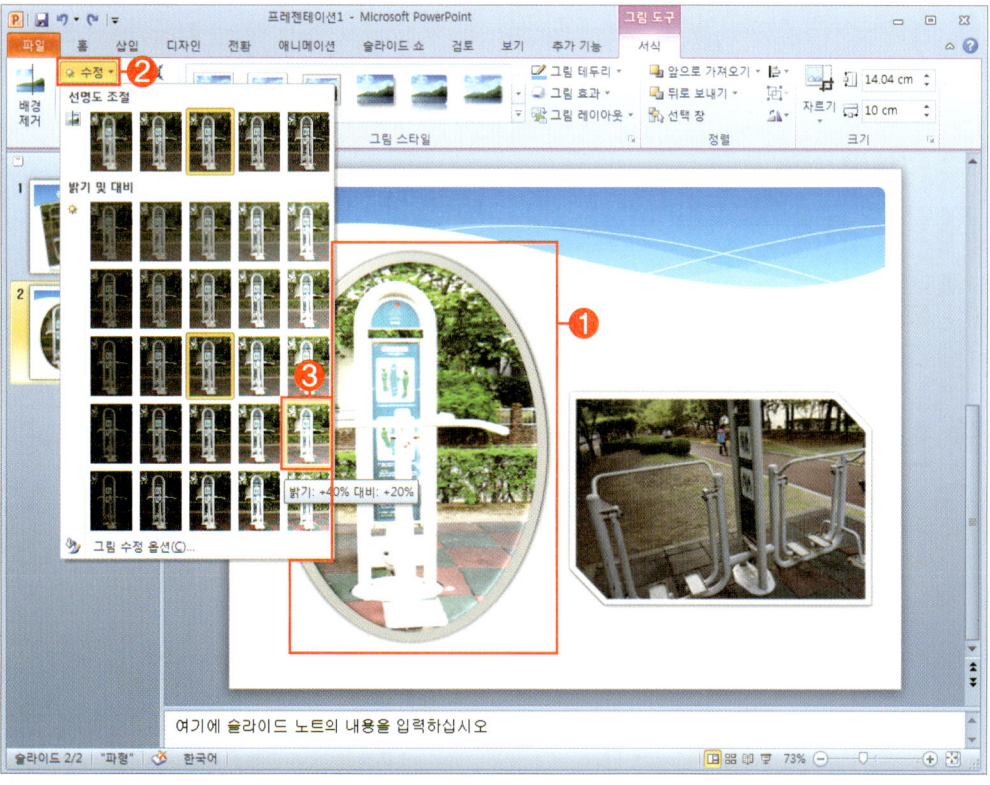

06 그림으로 만드는 프레젠테이션 • **83**

07 그림에 색을 적용하기 위해 '그림_3'을 선택하고 [그림 도구] 아래의 [서식] 탭 -[조정] 그룹에서 [색](　)을 클릭한 후 갤러리에서 [라임, 밝은 강조색 4]를 선택합니다.

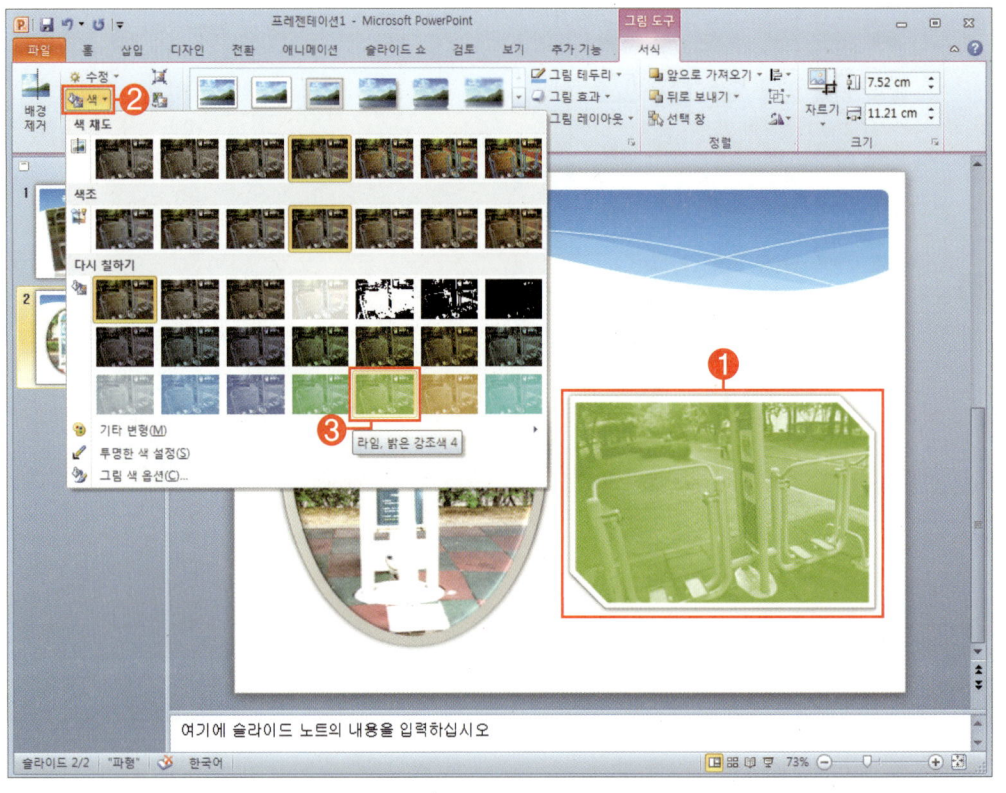

08 꾸밈 효과를 적용하기 위해 '그림_2'를 선택하고 [그림 도구] 아래의 [서식] 탭-[조정] 그룹에서 [꾸밈 효과](　)를 클릭한 후 갤러리에서 [플라스틱 워프]를 선택합니다.

09 '그림_3'을 선택하고 [그림 도구] 아래의 [서식] 탭-[조정] 그룹에서 [꾸밈 효과]( )를 클릭한 후 갤러리에서 [연필 스케치]를 선택합니다.

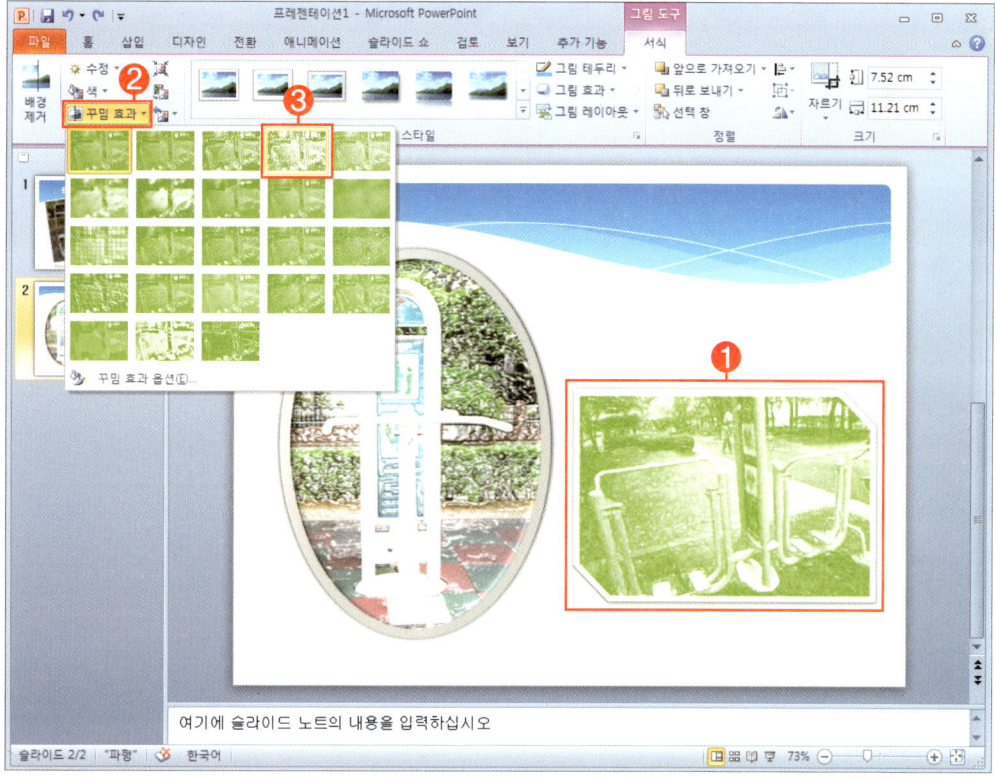

10 그림과 같이 그림 서식이 적용된 슬라이드를 확인할 수 있습니다.

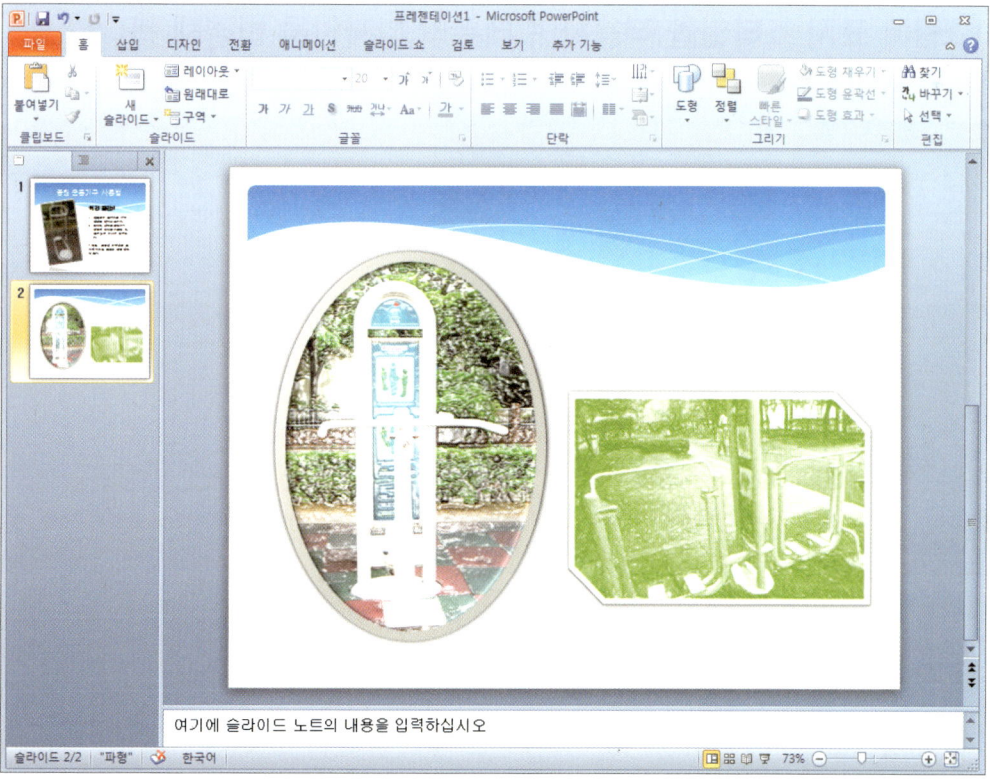

1 테마를 적용한 슬라이드를 작성하고 그림을 삽입하여 표시 스타일을 변경해 봅니다.

도움터 • 테마 – 대장간   • 표시 스타일 – 부드러운 가장자리 직사각형

2 삽입된 그림에 표시 스타일을 적용하여 테두리 디자인을 변경해 봅니다.

도움터 표시 스타일

• 음식1 – 입체 원근감(왼쪽), 흰색   • 음식2 – 낮은 수준의 원근감, 흰색
• 음식3 – 회전, 흰색

3 삽입된 그림에 밝기 및 채도를 조정하여 그림을 수정해 봅니다.

> 도움터
> - 음식1 – 밝기: +40% 대비: 0%(표준)   • 음식2 – 밝기: +20% 대비: +40%
> - 음식3 – 색 채도: 400%

4 삽입된 그림에 다양한 꾸밈 효과를 적용하여 그림을 수정해 봅니다.

> 도움터
> - 음식1 – 밝은 화면   • 음식2 – 모자이크 방울   • 음식3 – 강조

07 스마트아트를 활용한 그래픽 슬라이드

정보를 시각적으로 교환할 수 있는 스마트아트 그래픽을 통해 상호 연결 관계를 나타내고 작업 프로세스 또는 진행 방향이나 순차적 단계를 표시하는 방법에 대해 알아보겠습니다.

완성파일 : 07장 스마트아트 그래픽.pptx

무엇을 배울까요?

- … 관계형 그래픽 삽입하기
- … 계층 구조형 그래픽 삽입하기

관계형 그래픽 삽입하기

01 레이아웃을 변경하기 위해 [홈] 탭-[슬라이드] 그룹에서 [레이아웃](▦)을 클릭한 후 갤러리에서 **[제목 및 내용]을 선택**합니다.

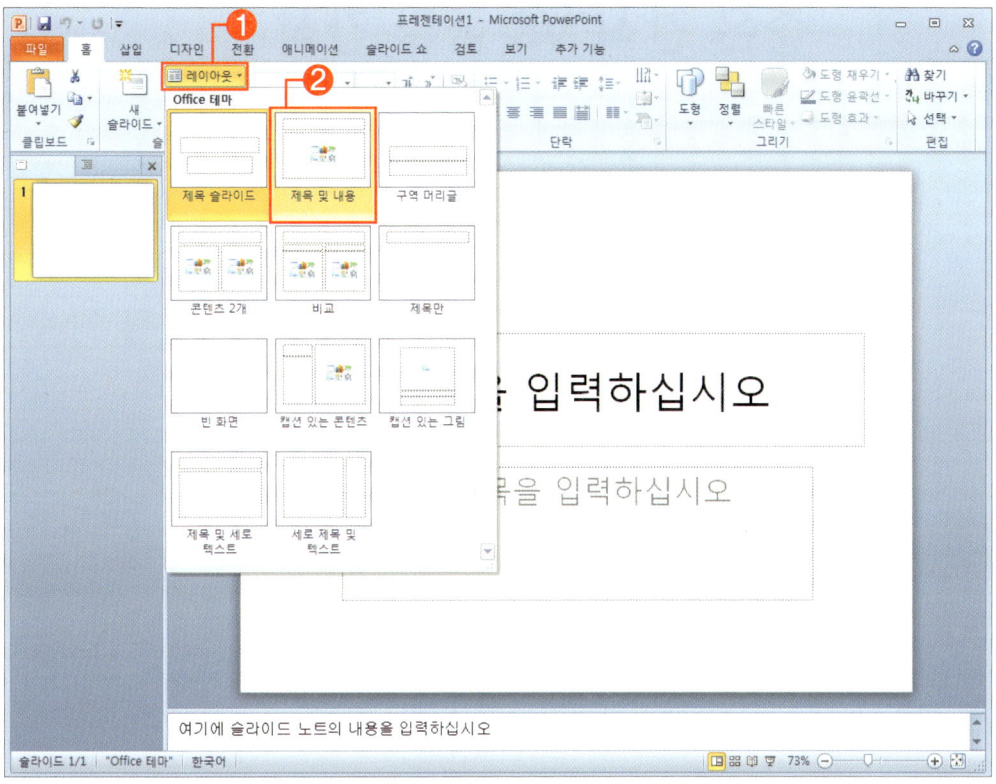

02 **제목을 입력**한 후 [홈] 탭-[글꼴] 그룹에서 글꼴 크기-'54', 굵게, 글꼴 색-(빨강, 강조 2, 50% 더 어둡게)을 **설정**합니다.

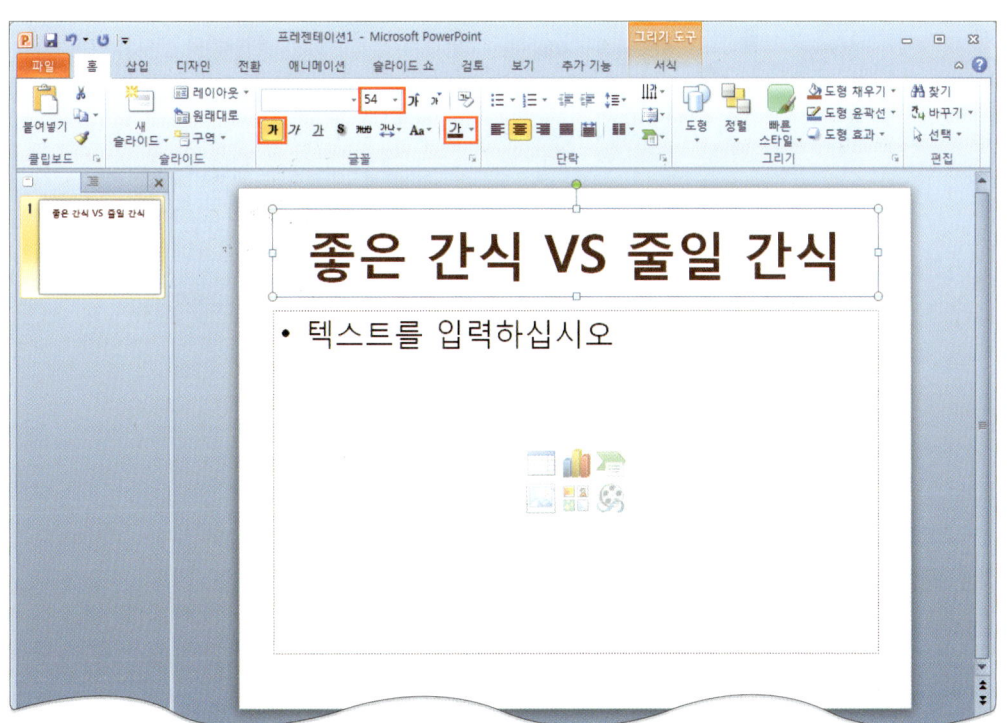

07 스마트아트를 활용한 그래픽 슬라이드 • **89**

03 스마트아트 그래픽을 삽입하기 위해 **SmartArt 그래픽 아이콘( )을 클릭**합니다.

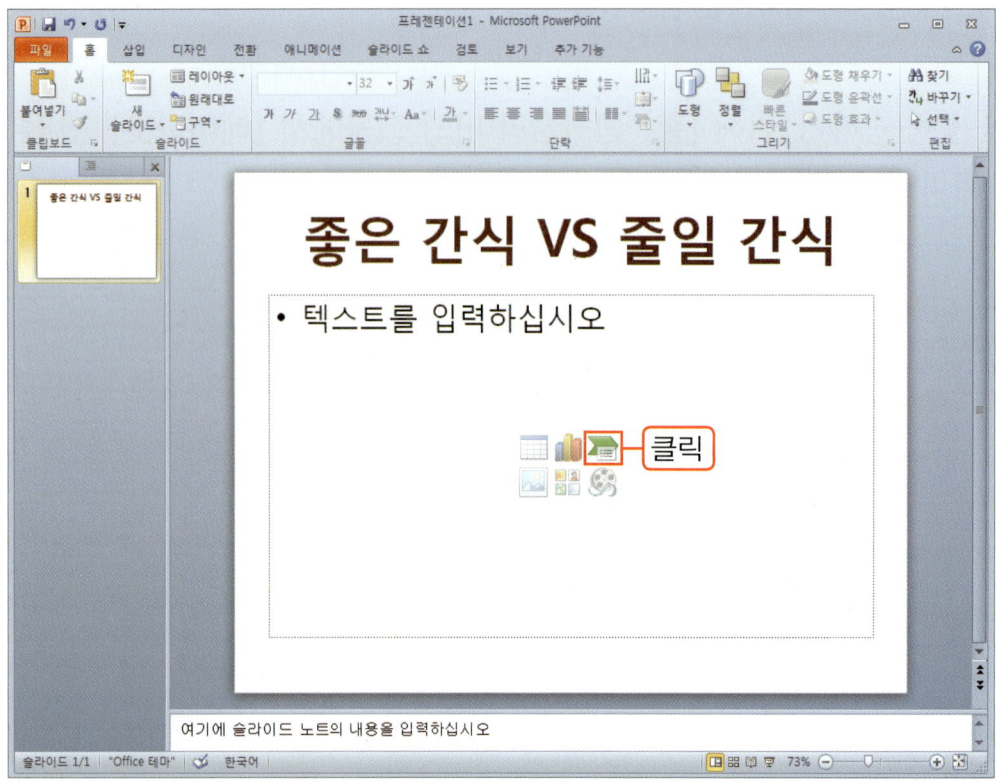

04 SmartArt 그래픽 선택 대화상자가 나타나면 **[관계형]–[밸런스형]을 선택**한 후 **[확인] 단추를 클릭**합니다.

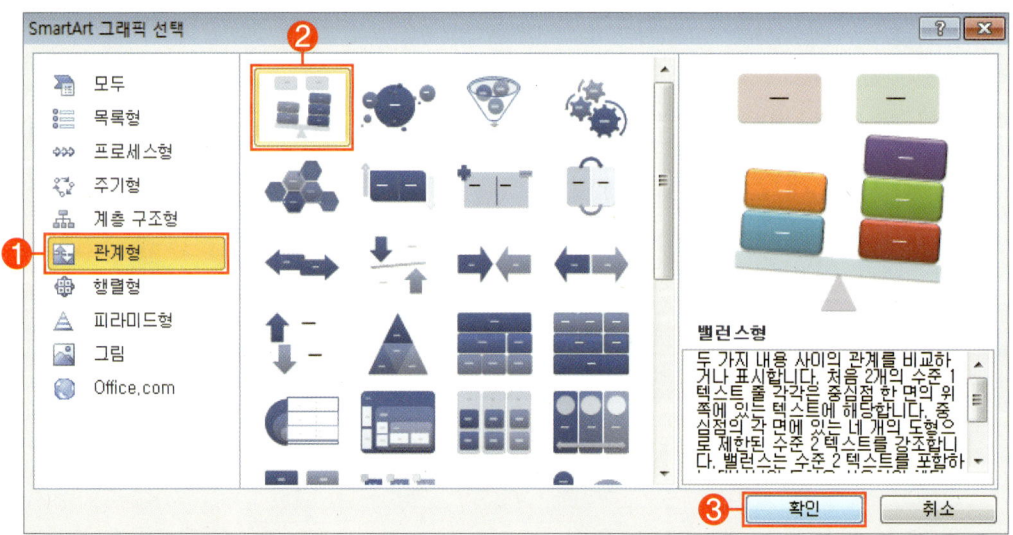

 스마트아트 그래픽은 정보를 시각적으로 교환할 수 있습니다. 스마트아트 그래픽의 범위는 그래픽 목록과 프로세스 다이어그램에서부터 벤 다이어그램이나 조직도와 같이 좀 더 복잡한 그래픽까지 다양합니다.

05 밸런스형 그래픽이 삽입되면 그림과 같이 **텍스트를 입력**합니다.

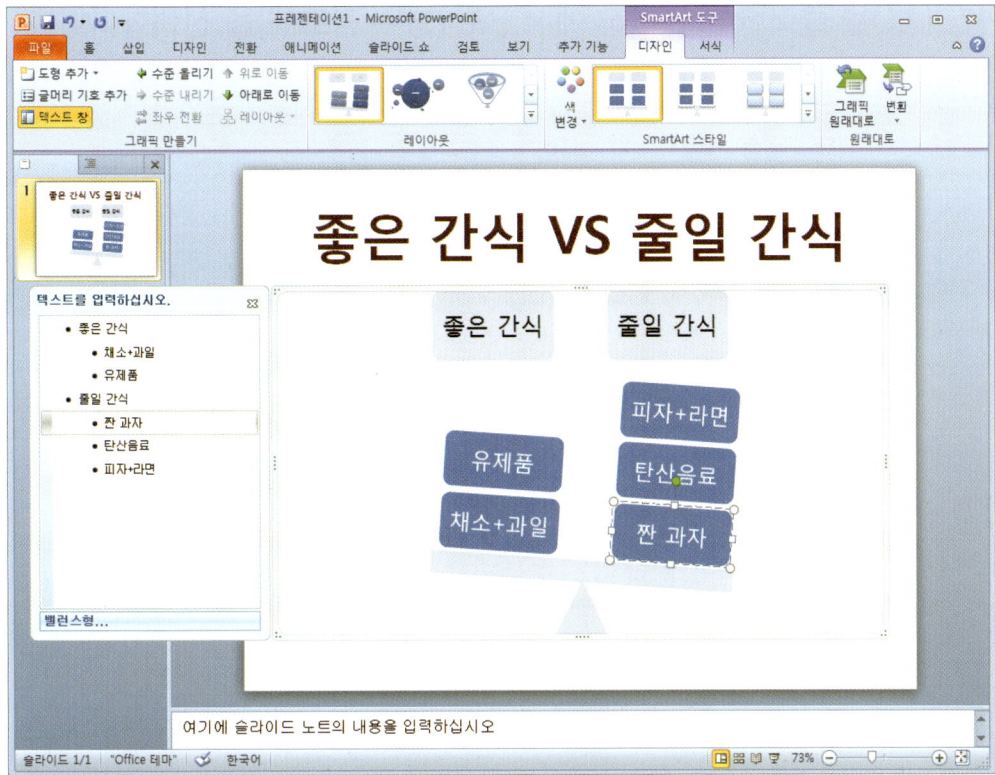

06 스마트아트 디자인을 변경하기 위해 **"밸런스형 그래픽"을 선택**합니다.

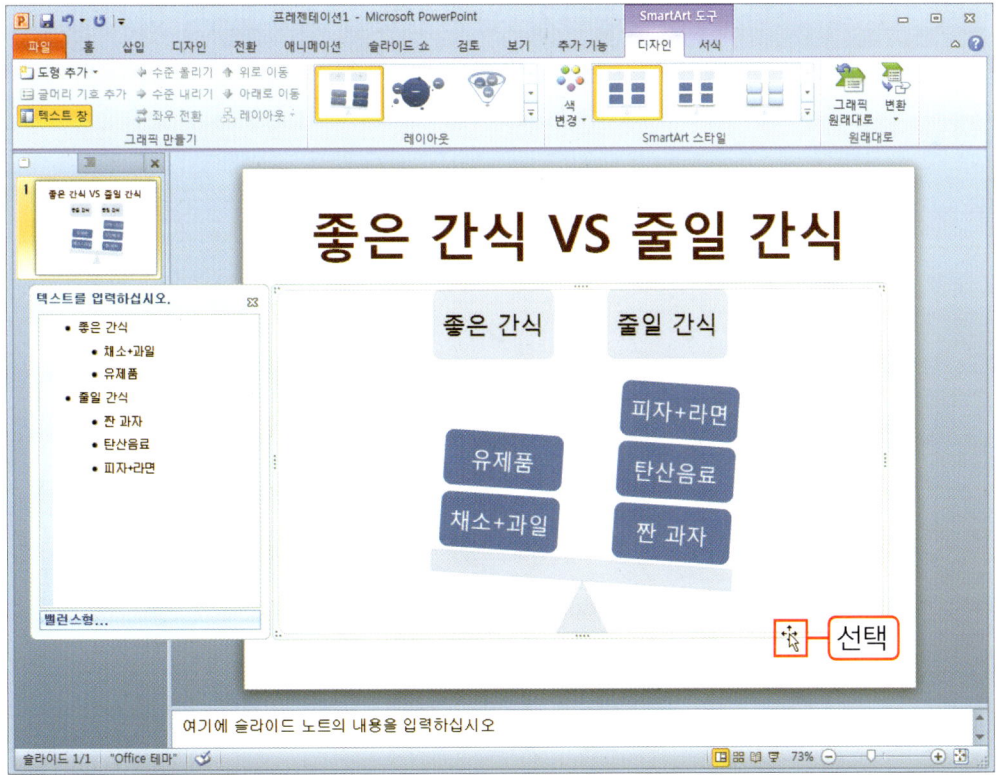

07 색을 변경하기 위해 [SmartArt 도구] 아래의 [디자인] 탭-[SmartArt 스타일] 그룹에서 [색 변경](🎨)을 클릭한 후 갤러리에서 [색상형 – 강조색]을 선택합니다.

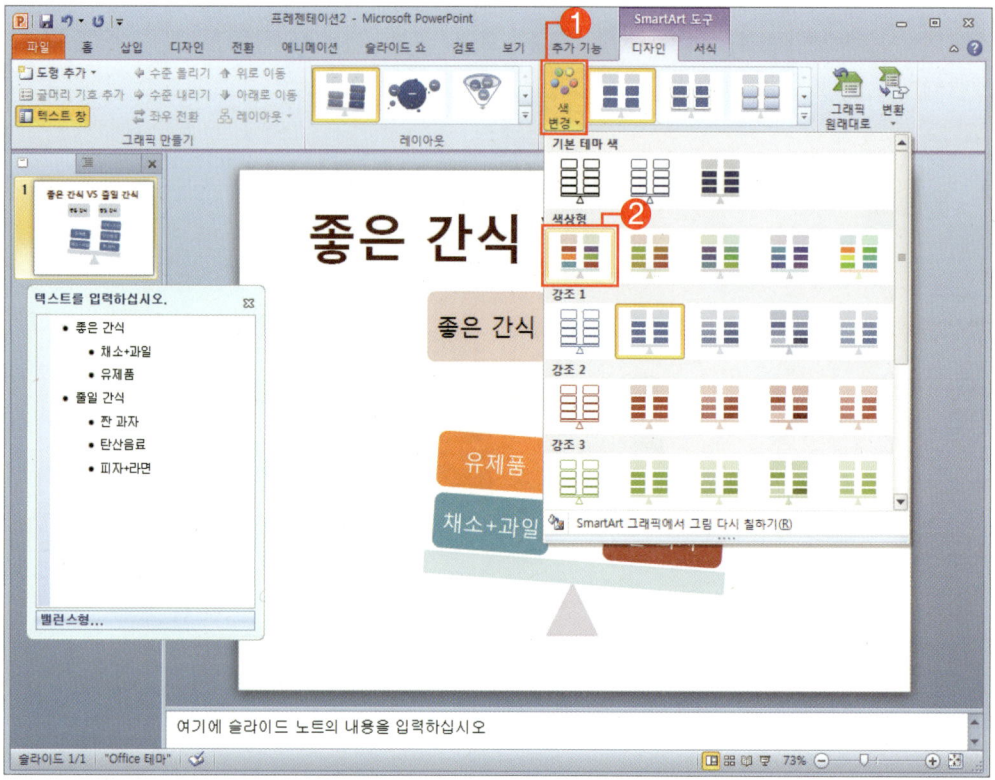

08 스마트아트 그래픽 스타일을 변경하기 위해 [SmartArt 도구] 아래의 [디자인] 탭-[SmartArt 스타일] 그룹에서 [자세히](▼)를 클릭한 후 갤러리에서 [광택 처리]를 선택합니다.

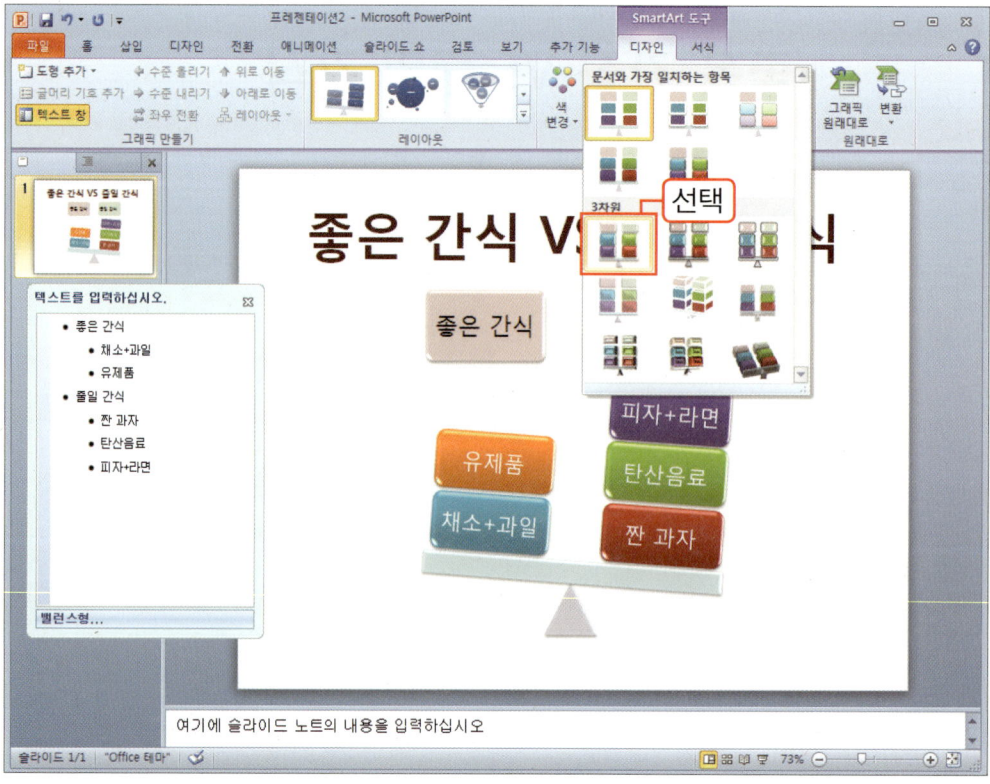

09 글꼴 서식을 적용하기 위해 **[홈] 탭-[글꼴] 그룹에서 [굵게]를 클릭**합니다.

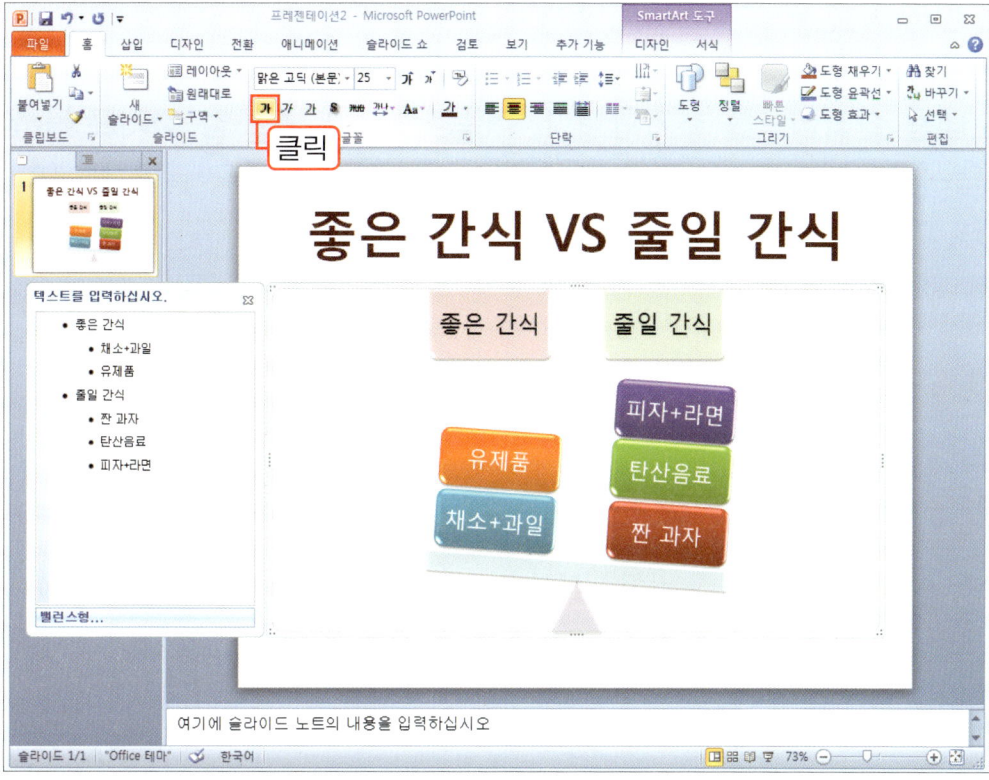

10 그림과 같이 스마트아트 그래픽이 완성된 것을 확인할 수 있습니다.

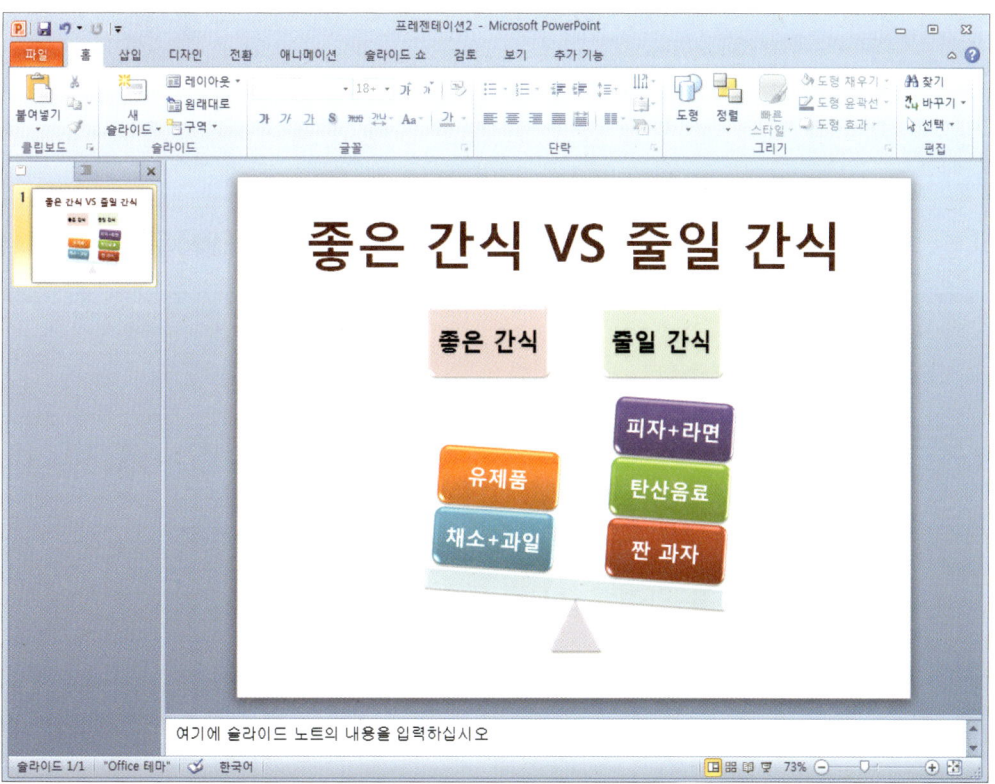

02 계층 구조형 그래픽 삽입하기

01 제목 및 내용 슬라이드를 추가합니다. 제목 상자에 '**월드컵 경기표**'를 입력한 후 [홈] 탭-[글꼴] 그룹에서 글꼴 크기-'**60**', 굵게, 기울임꼴, 글꼴 색-(파랑, 강조 1, 50% 더 어둡게)을 선택합니다.

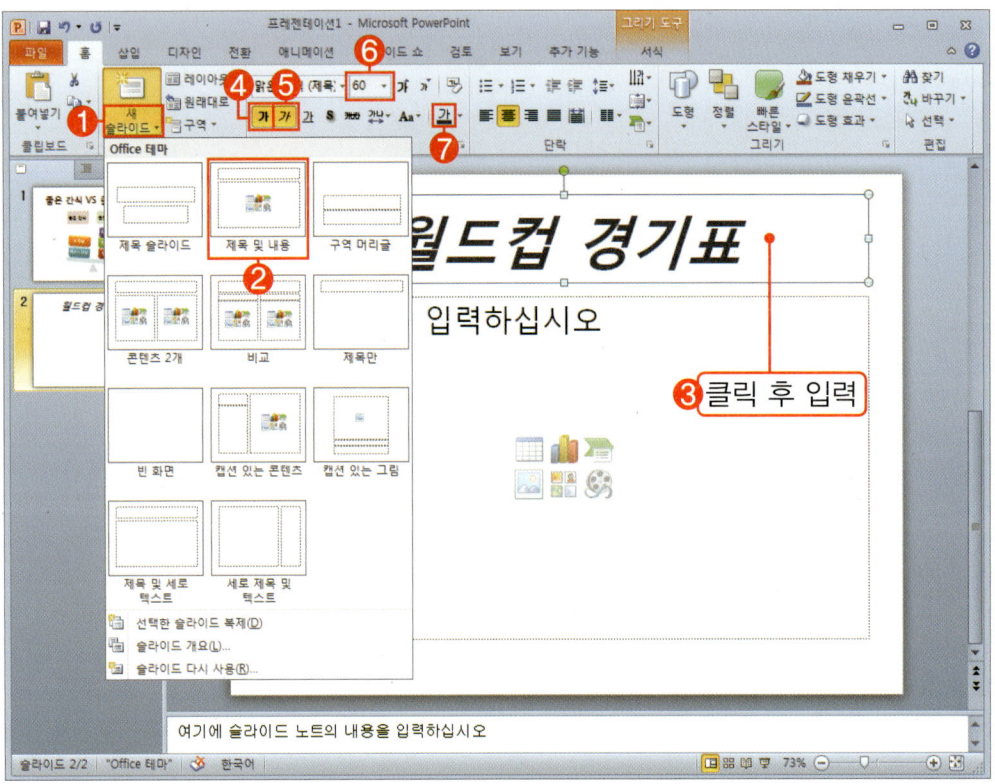

02 스마트아트 그래픽을 삽입하기 위해 SmartArt 그래픽 아이콘(📊)을 클릭합니다.

03 SmartArt 그래픽 선택 대화상자가 타나면 **[계층 구조형]–[조직도형]**을 **선택**한 후 **[확인] 단추를 클릭**합니다.

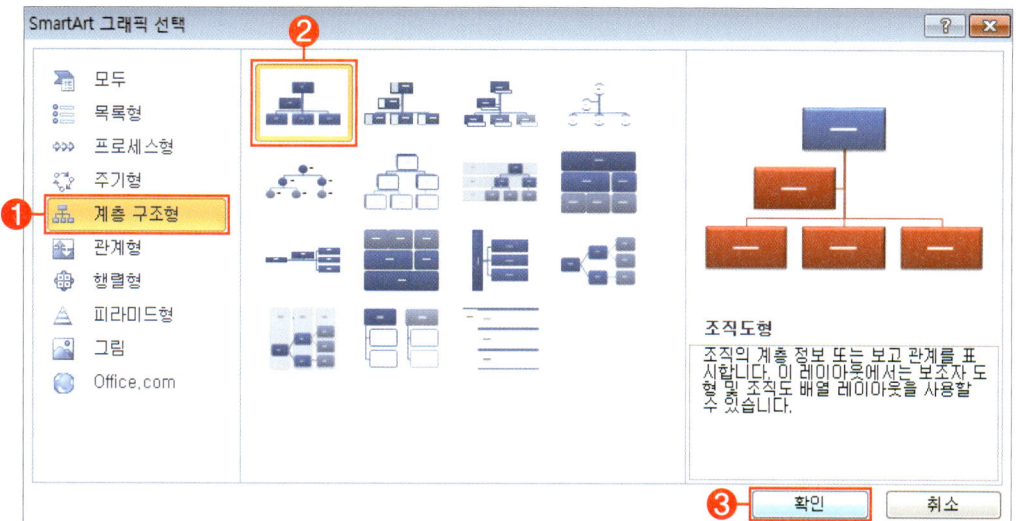

> 배움터 조직도형은 조직의 계층 정보 또는 보고 관계를 표시합니다.

04 **두 번째 계층 도형을 선택**하고 **마우스 오른쪽 버튼을 클릭**한 후 바로가기 메뉴에서 **[도형 추가]–[뒤에 도형 추가]를 선택**합니다.

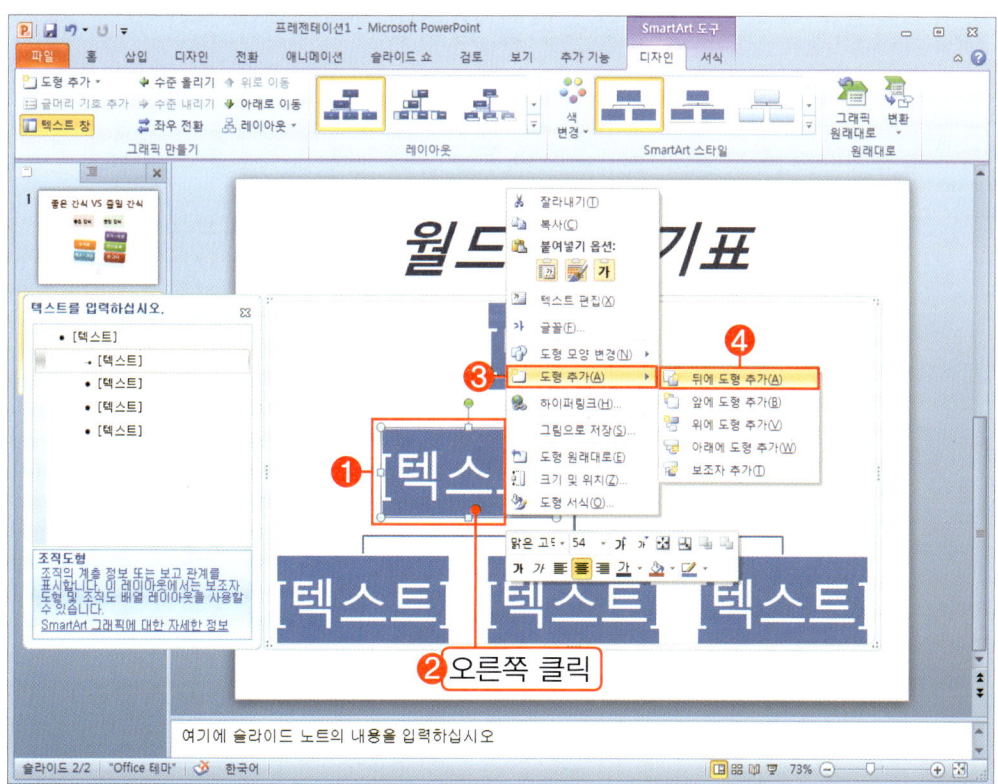

05 세 번째 계층 가운데 도형을 선택하고 위와 같은 방법으로 [도형 추가]-[앞에 도형 추가]를 선택합니다.

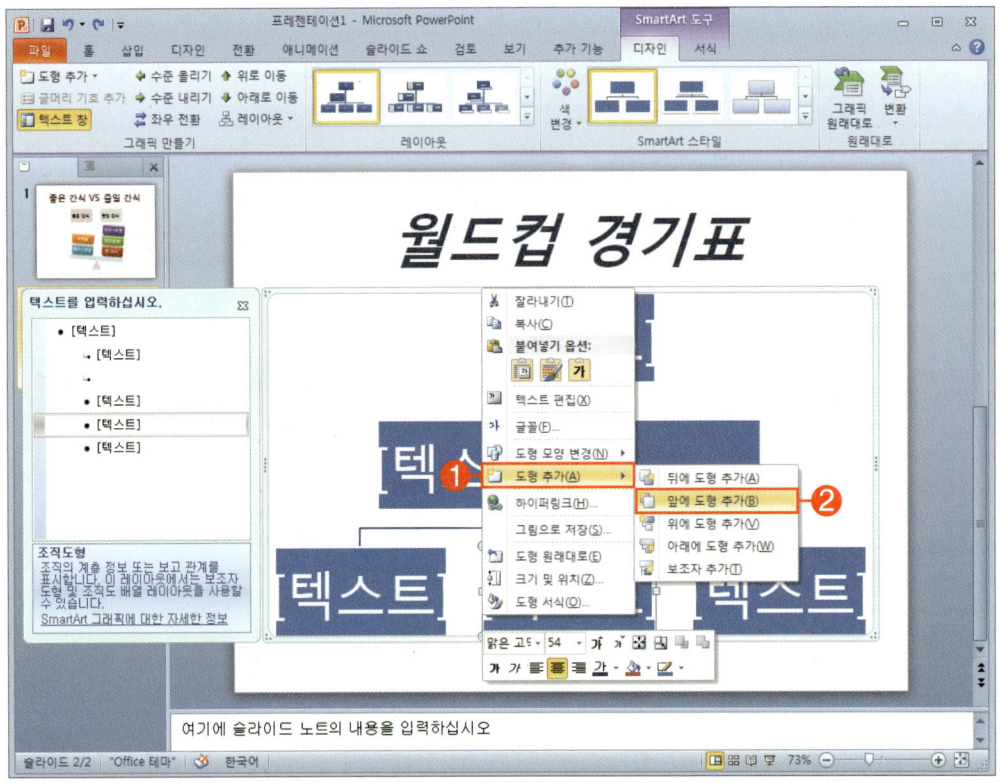

06 도형 추가가 끝나면 그림과 같이 **텍스트를 입력**합니다.

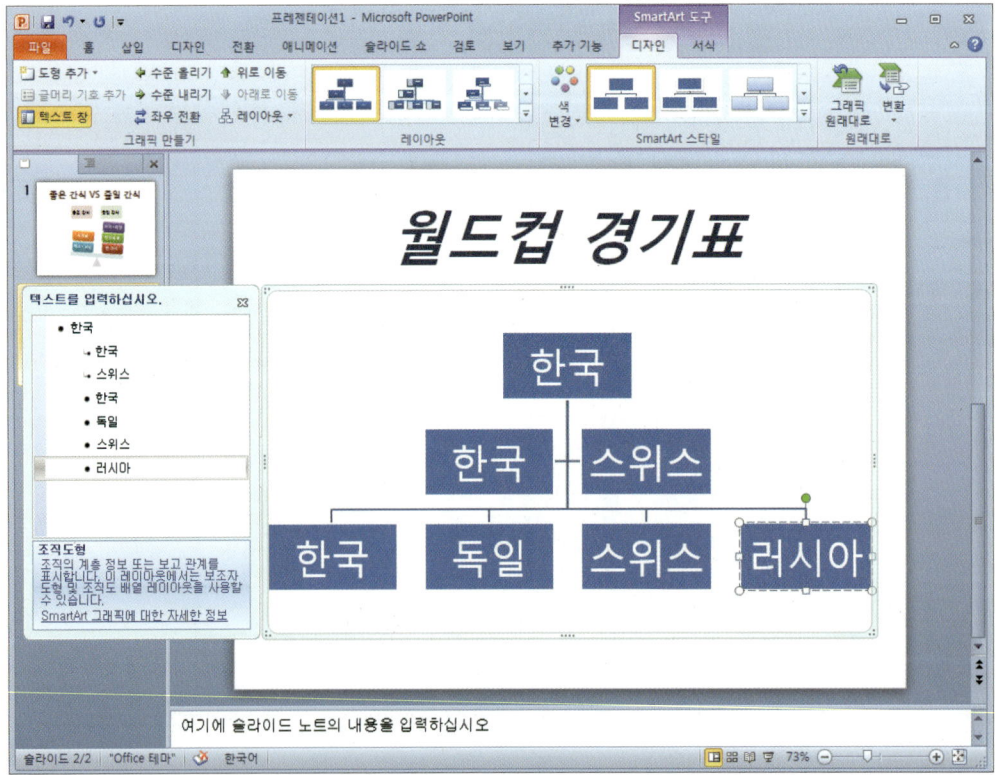

07 색을 변경하기 위해 [SmartArt 도구] 아래의 [디자인] 탭-[SmartArt 스타일] 그룹에서 [색 변경](🎨)을 클릭한 후 갤러리에서 [색상형 – 강조색]을 선택합니다.

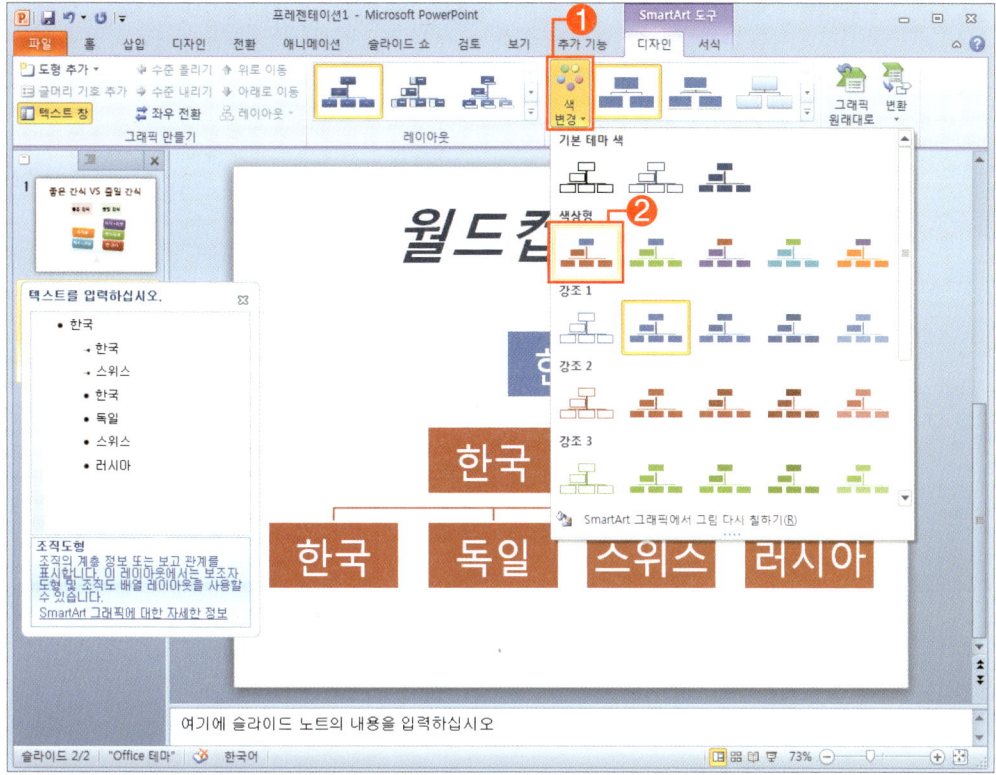

08 스마트아트 그래픽 스타일을 변경하기 위해 [SmartArt 도구] 아래의 [디자인] 탭-[SmartArt 스타일] 그룹에서 [자세히](▽)를 클릭한 후 갤러리에서 [경사]를 선택하여 조직도를 완성합니다.

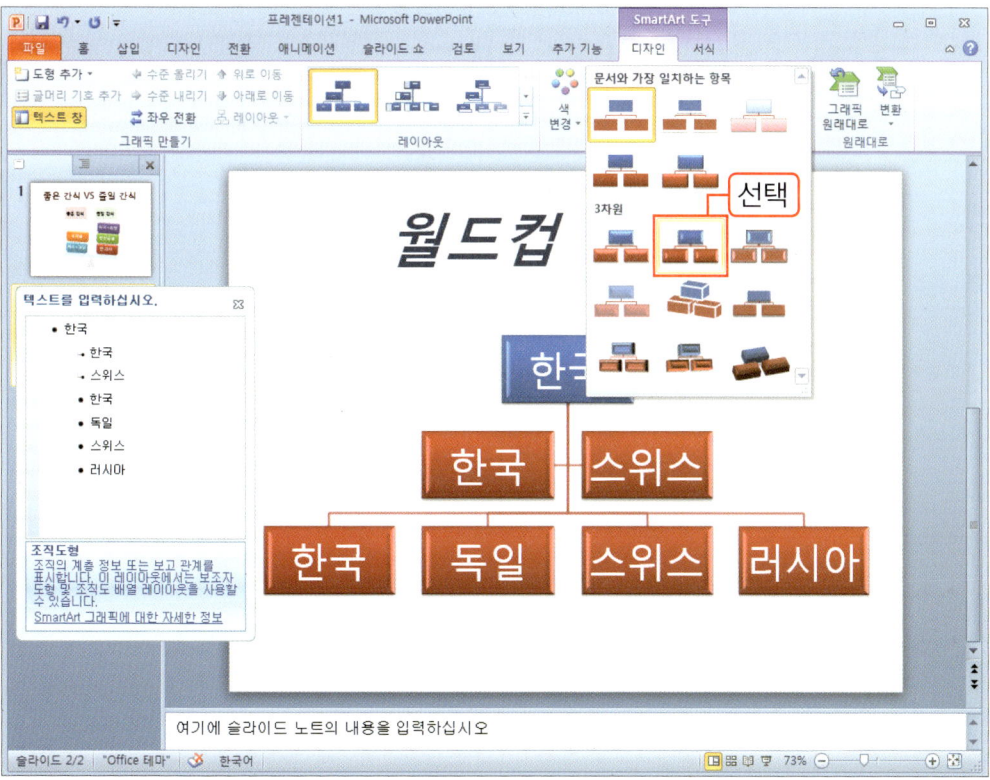

1. 깔때기형 스마트아트 그래픽을 삽입해 슬라이드를 작성해 봅니다.

도움터 • 프로세스형 – 깔때기형 • 색상형 범위 – 강조색 3 또는 4, 강한 효과

2. 세로 수식형 스마트아트 그래픽을 삽입해 슬라이드를 작성해 봅니다.

도움터 • 프로세스형 – 세로 수식형 • 색상형 범위 – 강조색 2 또는 3, 벽돌

3 연속 주기형 스마트아트 그래픽을 삽입해 슬라이드를 작성해 봅니다.

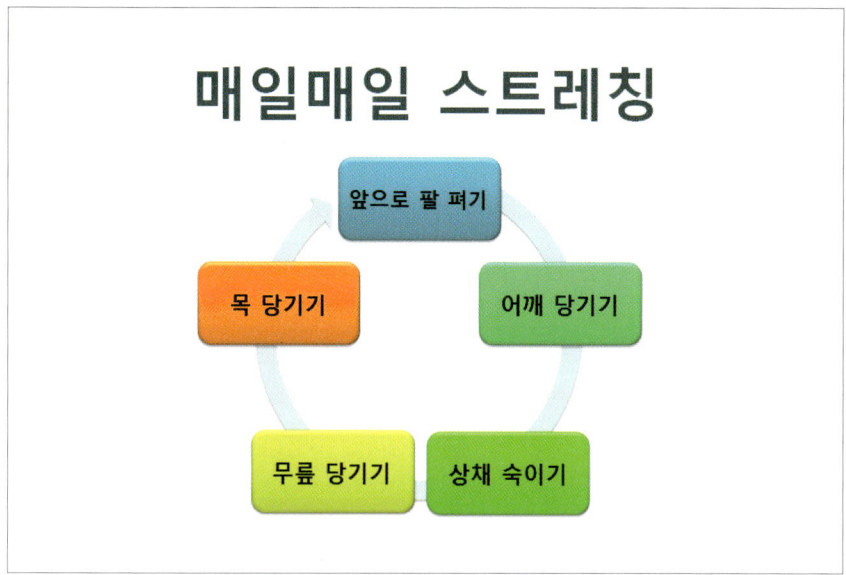

- 도움터 • 주기형 – 연속 주기형　• 색상형 범위 – 강조색 5 또는 6, 강한 효과

4 조직도형 스마트아트 그래픽을 삽입해 슬라이드를 작성해 봅니다.

- 도움터 • 계층 구조형 – 조직도형　• 색상형 범위 – 강조색 3 또는 4, 만화
- • 도형 삭제 : Delete 키

08 데이터를 활용한 차트 만들기

가로 막대형, 원형, 꺾은 선형 등 다양한 종류의 차트를 삽입하여 데이터를 나타내고 비교하는 방법에 대해 알아보겠습니다.

완성파일 : 08장 술도 칼로리가 높다.pptx

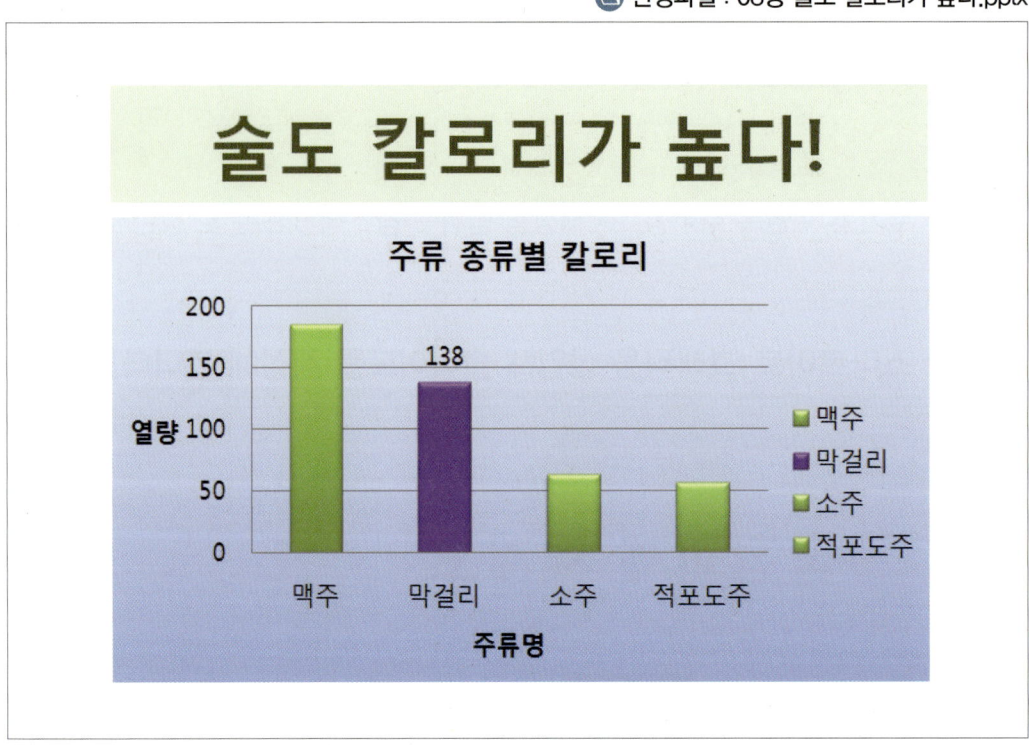

 무엇을 배울까요?
- 차트 삽입하기
- 차트 디자인하기

차트 삽입하기

01 레이아웃을 변경하기 위해 [홈] 탭-[슬라이드] 그룹에서 [레이아웃]( )을 클릭한 후 갤러리에서 [제목 및 내용]을 선택합니다.

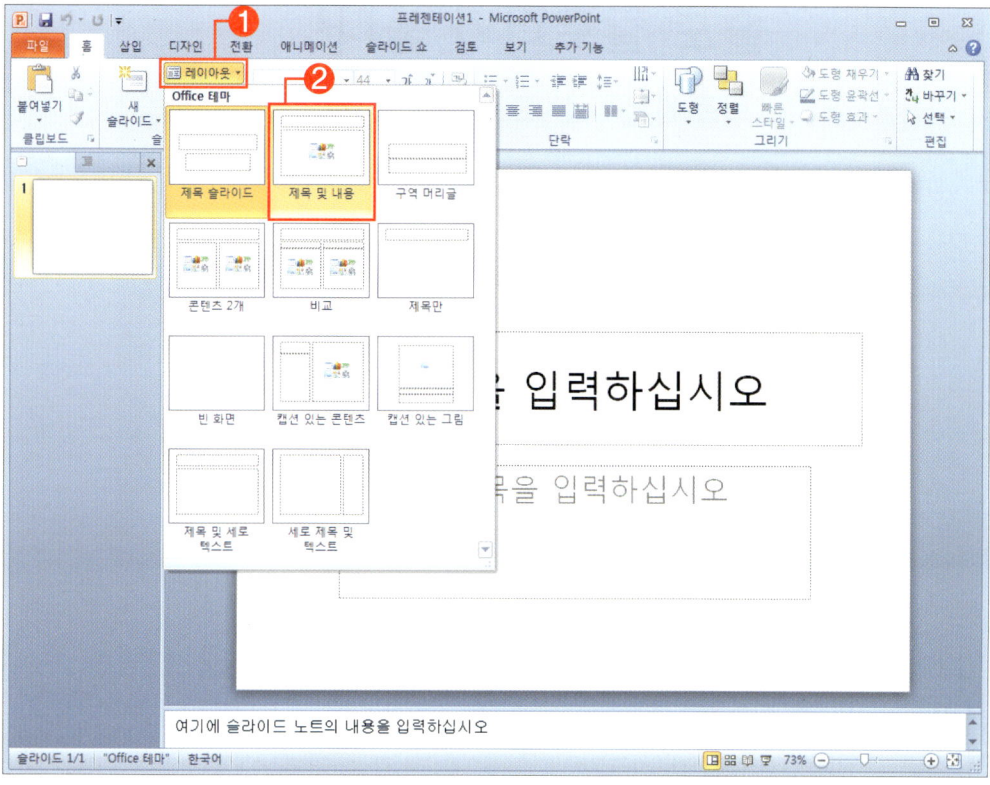

02 제목 텍스트 상자에 '술도 칼로리가 높다!' 제목을 입력한 후 [홈] 탭-[글꼴] 그룹에서 글꼴 크기-'54', 굵게, 글꼴 색-(황록색, 강조 3, 50% 더 어둡게)을 선택합니다.

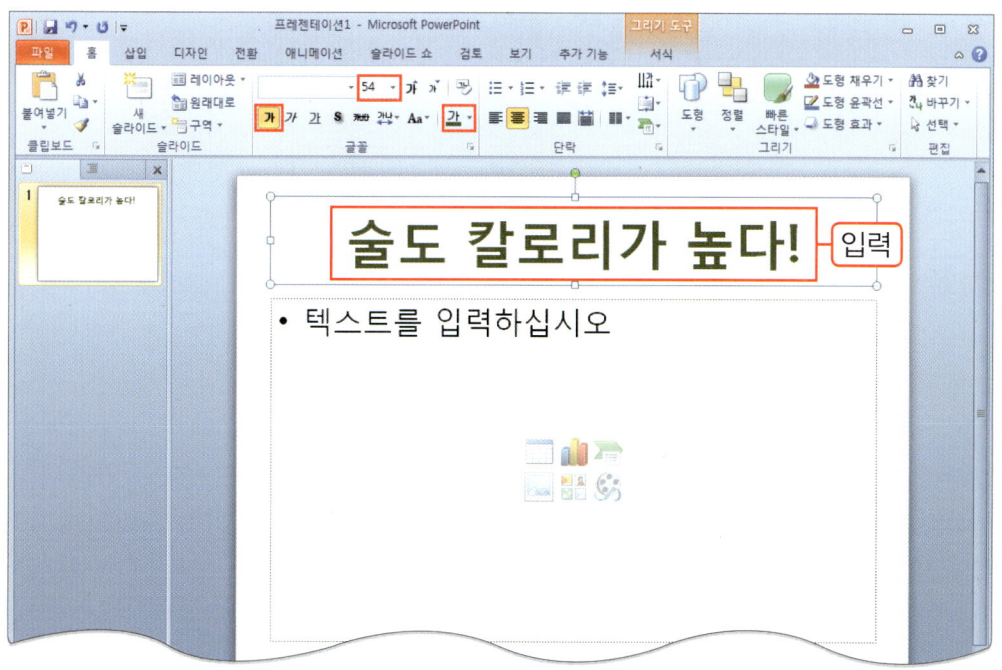

03 슬라이드에 차트를 삽입하기 위해 **차트 삽입 아이콘( )을 클릭**합니다.

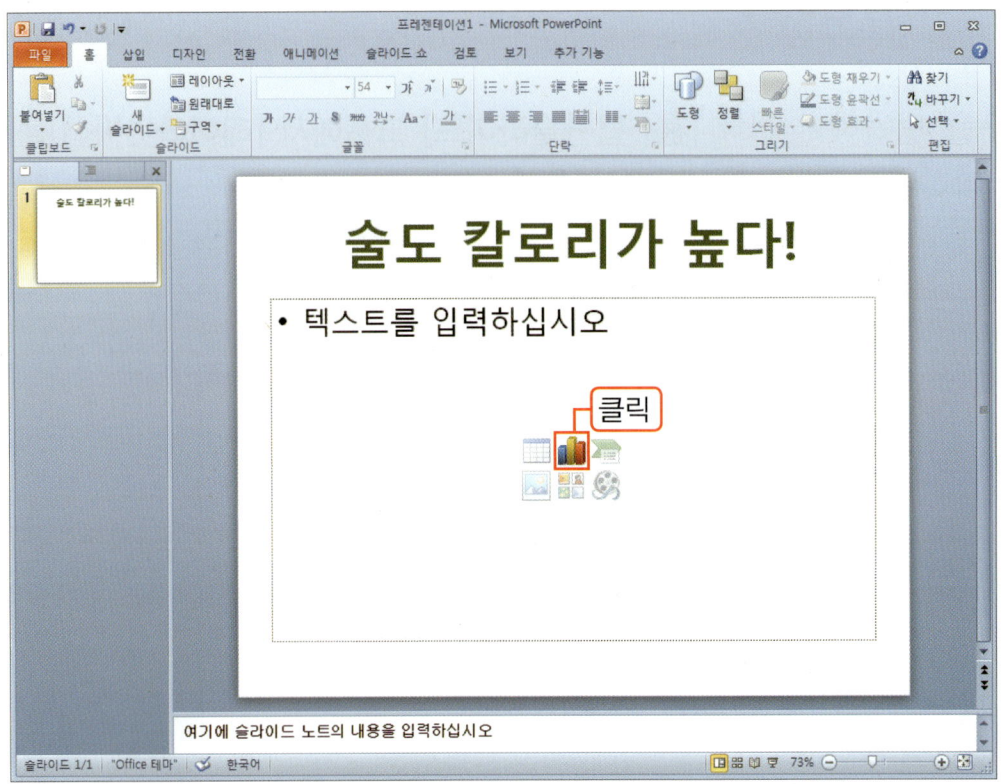

04 차트 삽입 대화상자에서 **[세로 막대형]-[묶은 세로 막대형]을 선택**한 후 **[확인] 단추를 클릭**합니다.

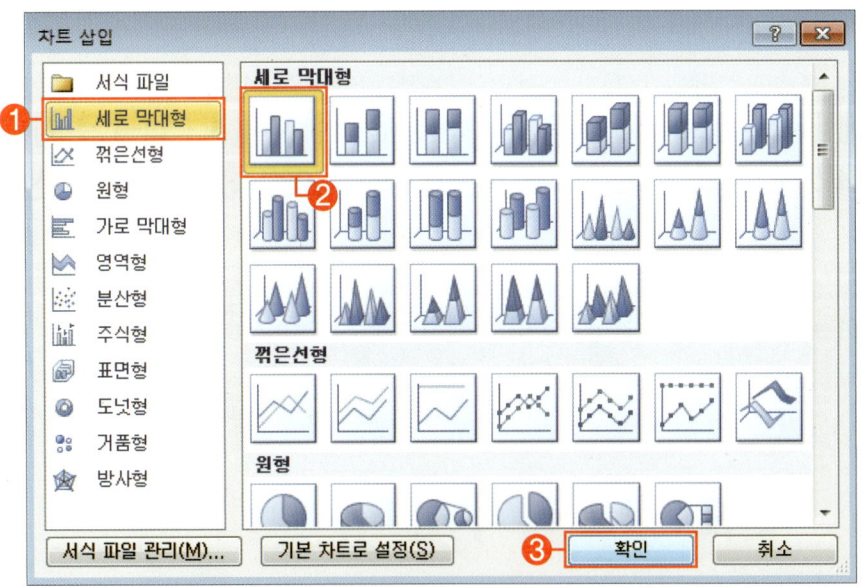

 워크시트의 여러 열이나 행에 있는 데이터를 세로 막대형 차트로 그릴 수 있습니다. 세로 막대형 차트는 시간의 경과에 따른 데이터 변동을 표시하거나 항목별 비교를 나타내는 데 유용합니다.

05 워크시트에서 셀을 삭제하기 위해 'C', 'D' 열을 드래그하여 범위를 지정한 후 마우스 오른쪽 버튼을 클릭하여 바로가기 메뉴에서 [삭제]를 선택합니다.

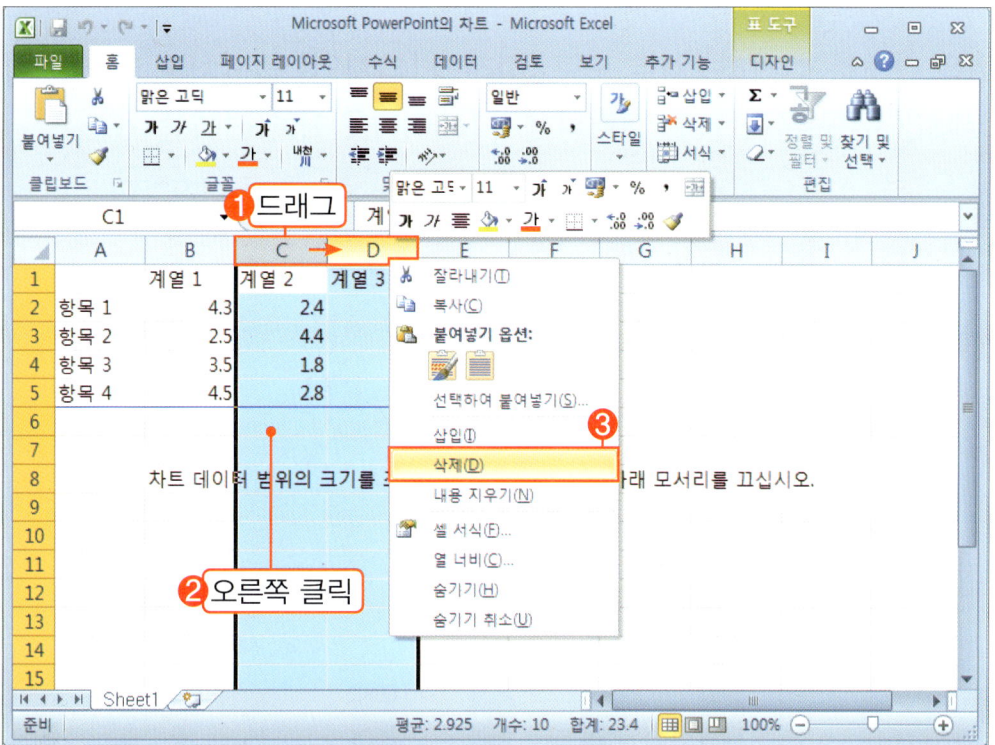

06 그림과 같이 데이터를 입력한 후 창 조절 단추에서 [닫기](×)를 클릭합니다.

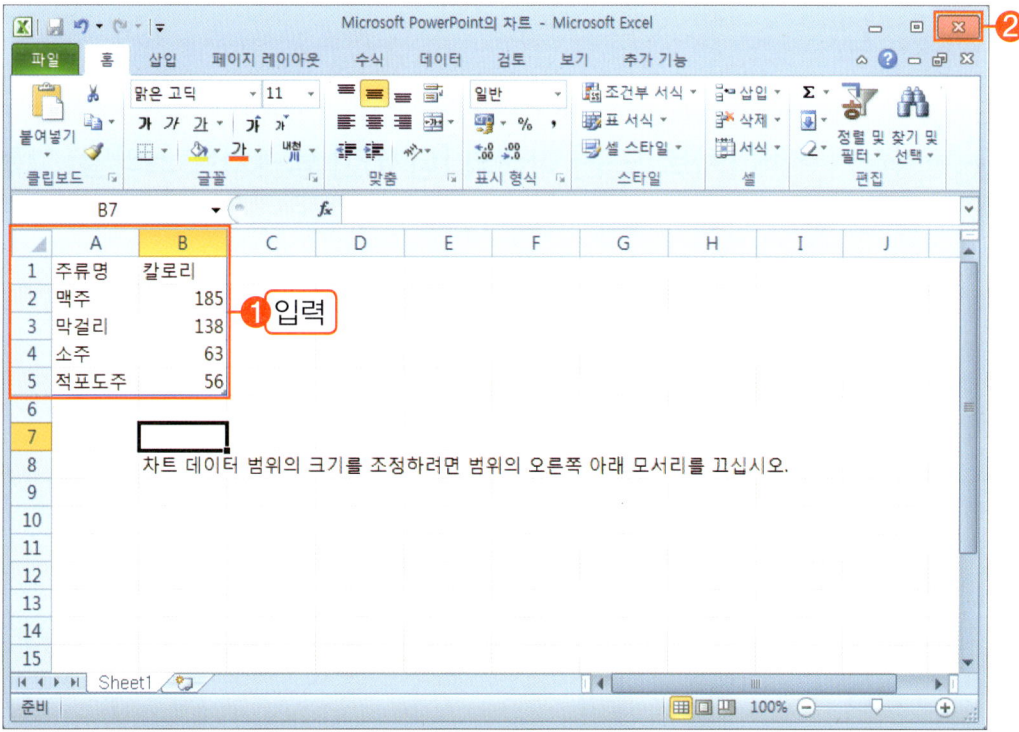

02 차트 디자인하기

01 레이아웃을 변경하기 위해 [차트 도구] 아래의 [디자인] 탭-[차트 레이아웃] 그룹에서 [자세히](▼)를 클릭한 후 갤러리에서 [레이아웃 1]을 선택합니다.

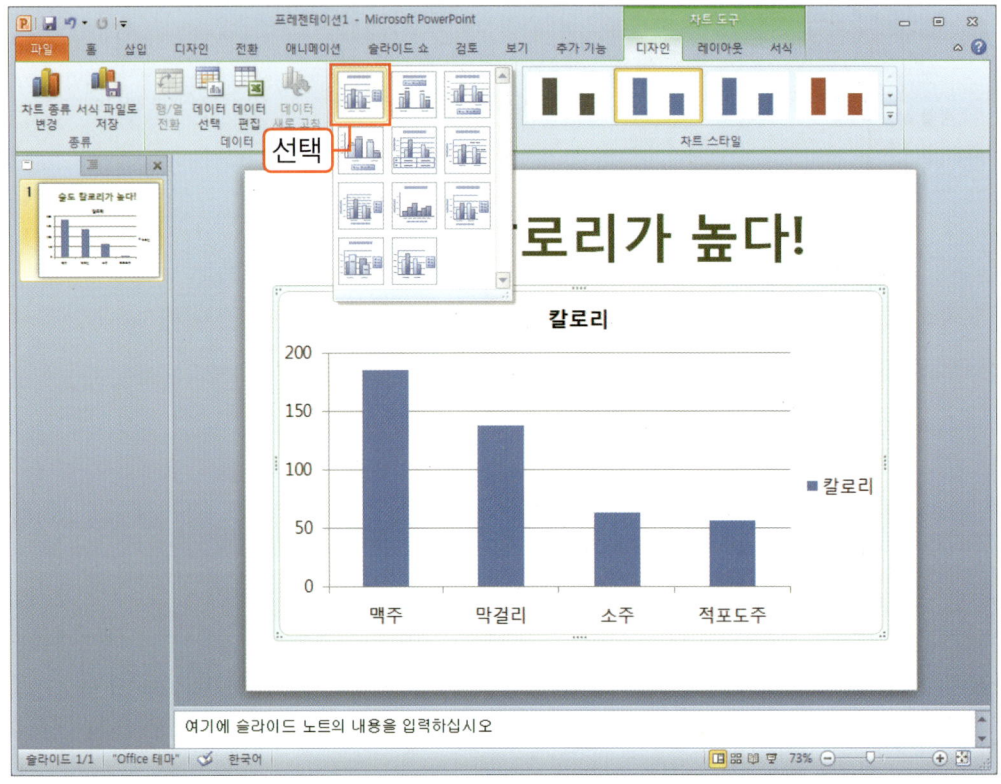

02 스타일을 변경하기 위해 [차트 도구] 아래의 [디자인] 탭-[차트 스타일] 그룹에서 [자세히](▼)를 클릭한 후 갤러리에서 [스타일 29]를 선택합니다.

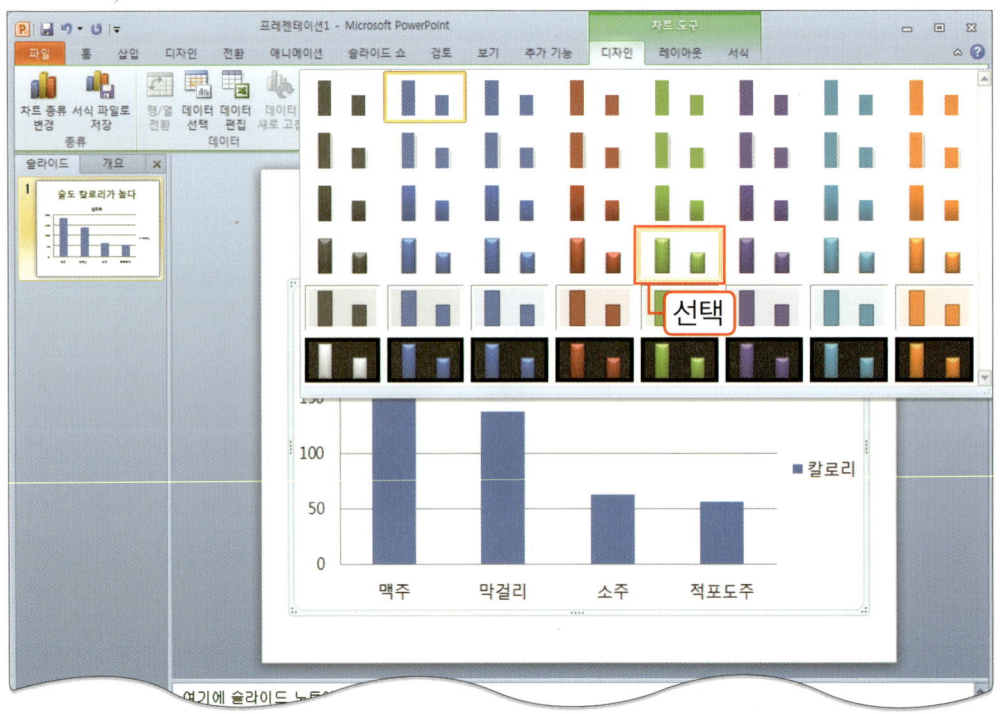

03 차트 제목 텍스트 상자를 클릭하여 '주류 종류별 칼로리'를 입력합니다.

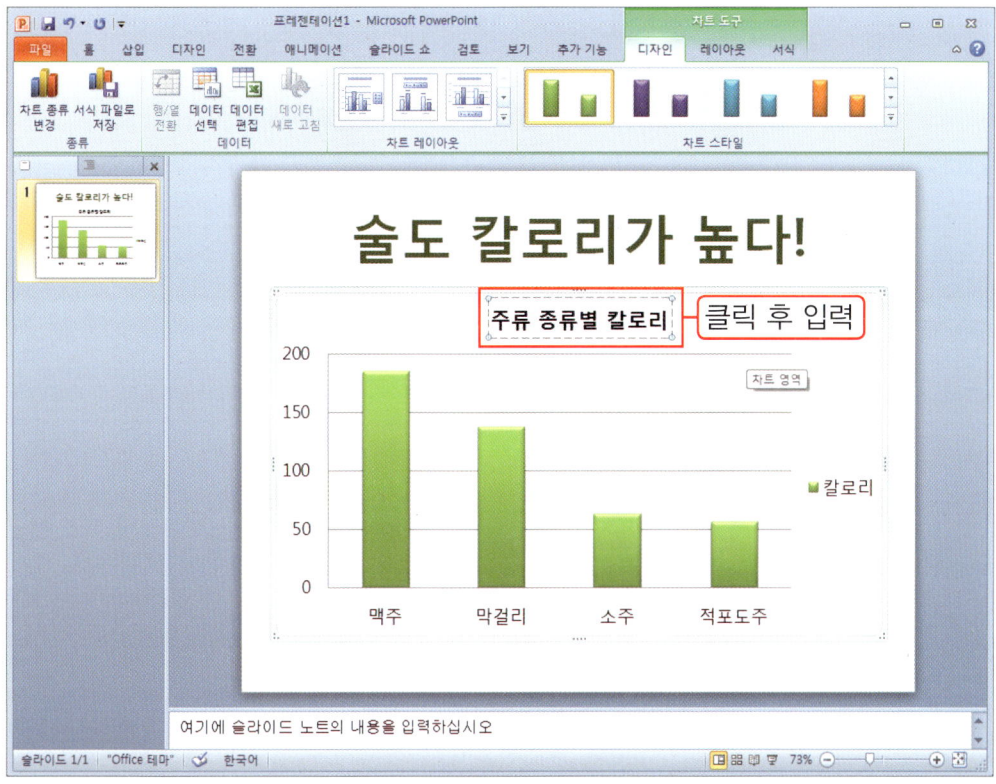

04 가로 축 제목을 입력하기 위해 [차트 도구] 아래의 [레이아웃] 탭-[레이블] 그룹에서 [축 제목](　)을 클릭한 후 [기본 가로 축 제목]-[축 아래 제목]을 선택합니다.

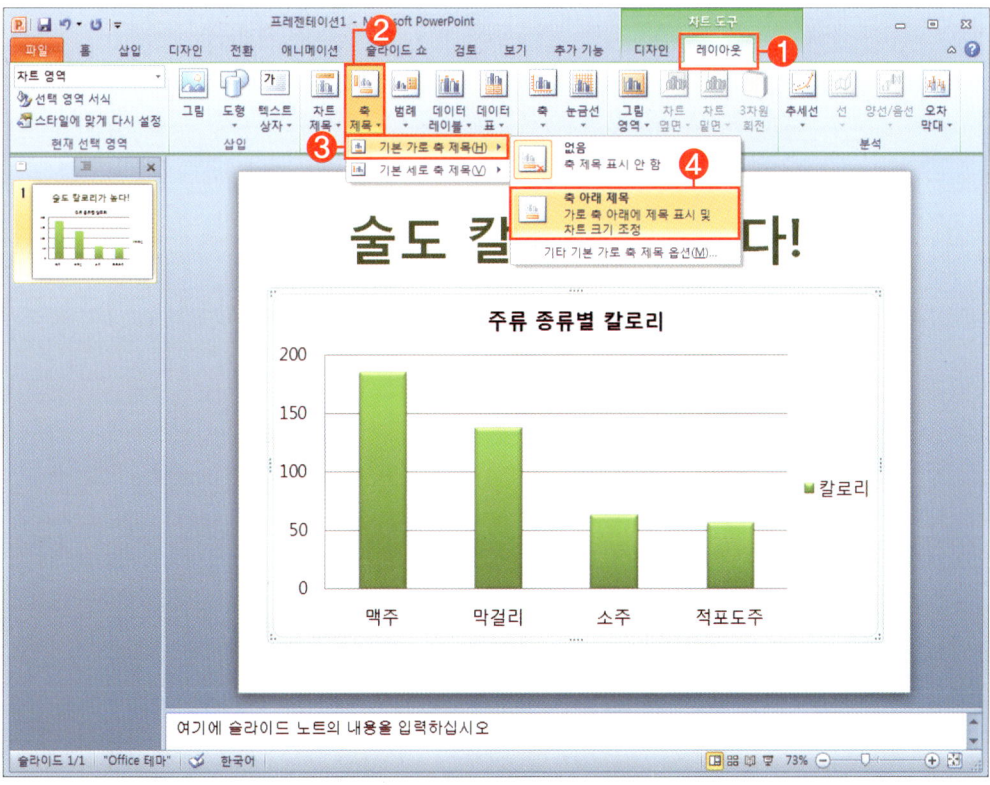

05 축 제목 텍스트 상자를 클릭하여 '주류명'을 입력합니다.

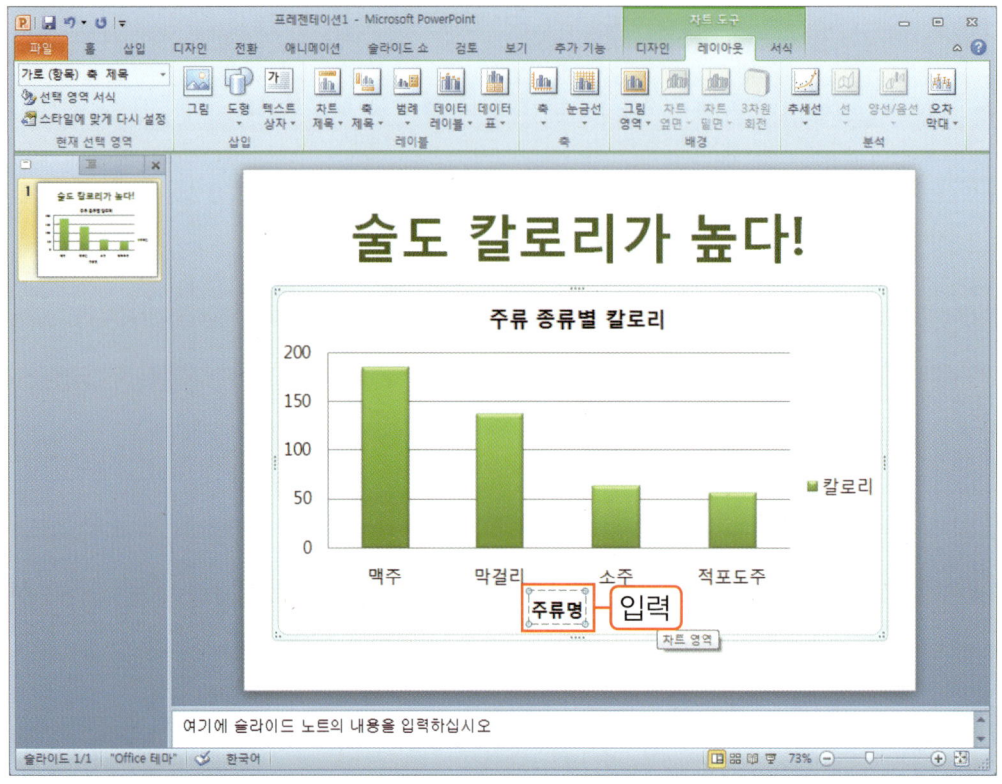

06 세로 축 제목을 입력하기 위해 [차트 도구] 아래의 [레이아웃] 탭-[레이블] 그룹에서 [축 제목]( )을 클릭한 후 [기본 세로 축 제목]-[가로 제목]을 선택합니다.

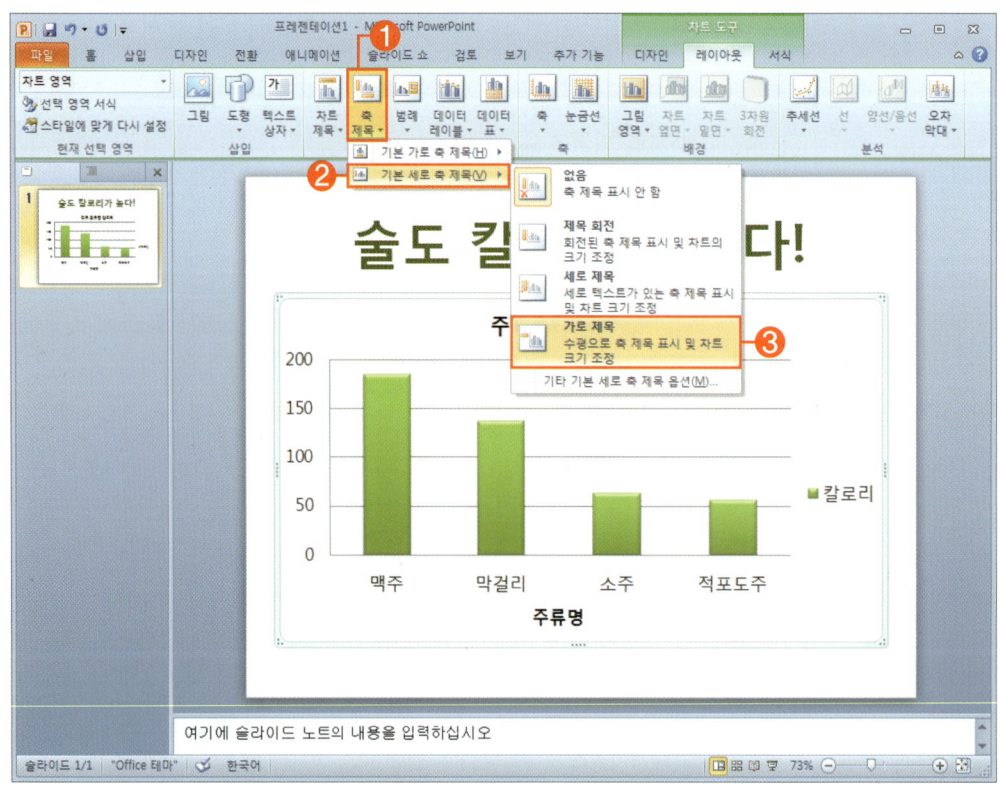

07 축 제목 텍스트 상자를 클릭하여 '**열량**'을 입력합니다.

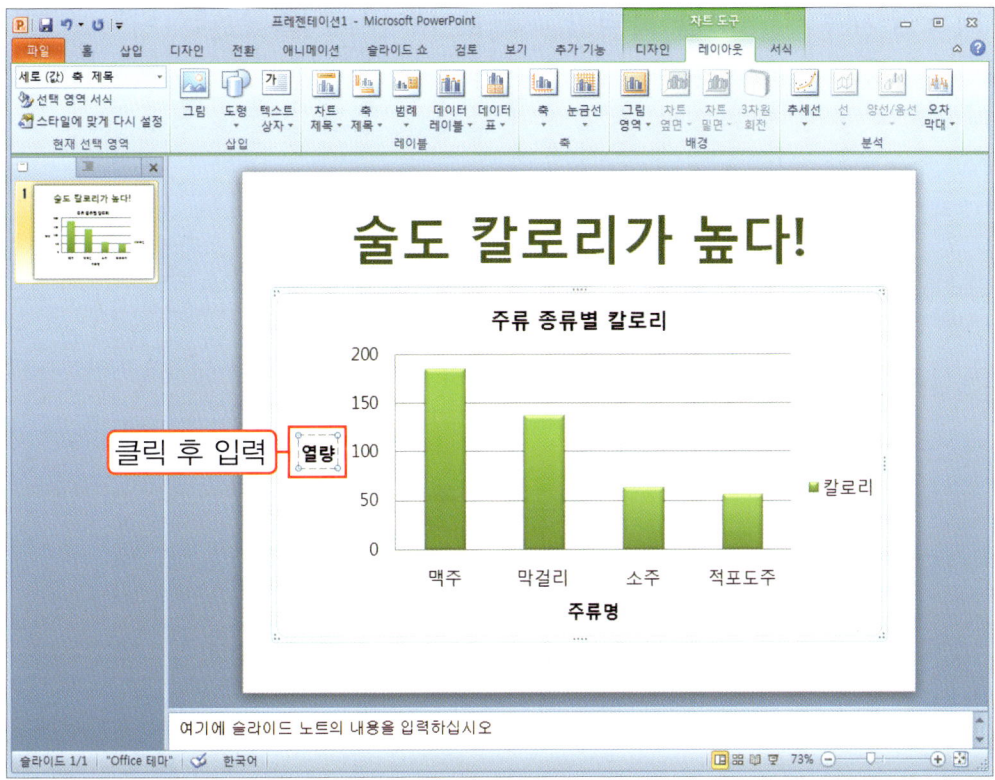

08 데이터 레이블을 지정하기 위해 "**막걸리**" 항목을 클릭하고 [**차트 도구**] 아래의 [**레이아웃**] 탭-[**레이블**] 그룹에서 [**데이터 레이블**]()을 클릭한 후 항목에서 [**바깥쪽 끝에**]를 선택합니다.

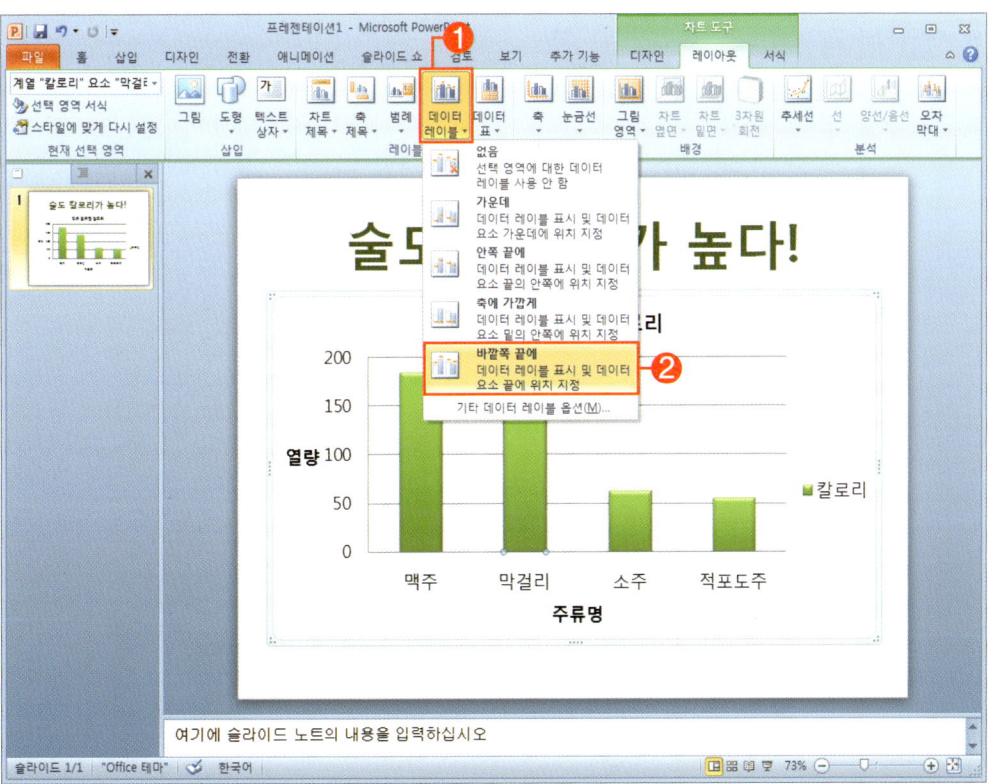

09 "막걸리" 항목에 색을 채우기 위해 **[차트 도구]** 아래의 **[서식]** 탭-**[도형 스타일]** 그룹에서 **[도형 채우기]**( )를 클릭하고 표준 색-**[자주]**를 선택합니다.

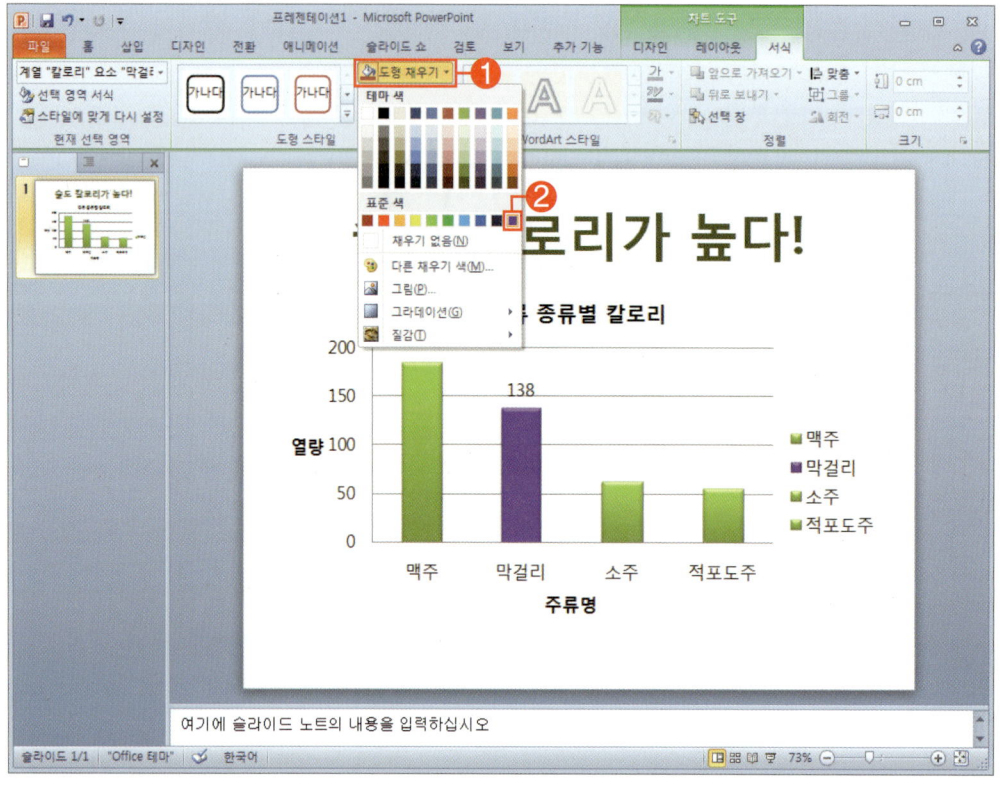

10 차트 영역에 색을 채우기 위해 그림과 같이 **차트 영역을 클릭**합니다.

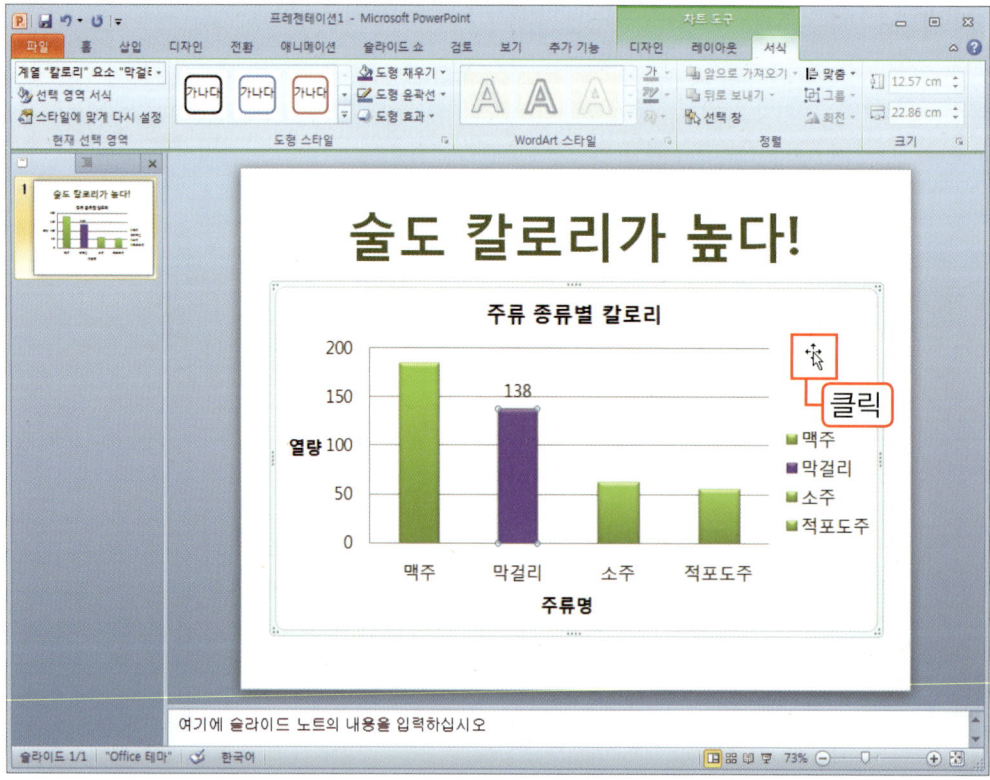

11 [차트 도구] 아래의 [서식] 탭-[도형 스타일] 그룹에서 [도형 채우기]( )를 클릭하고 [그라데이션]-[밝은 그라데이션]-[선형 위쪽]을 선택합니다.

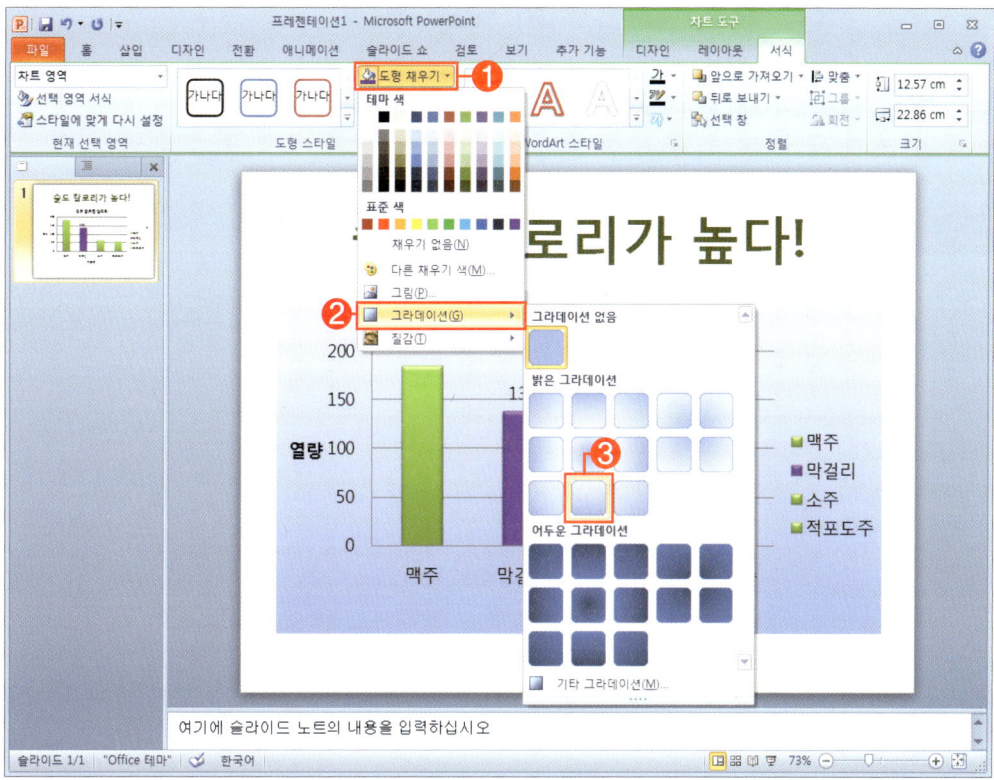

12 제목 상자를 선택한 후 그리기 도구 아래의 [서식] 탭-[도형 스타일] 그룹에서 [도형 채우기]( )를 클릭하고 테마 색-[황록색, 강조 3, 80% 더 밝게]를 선택합니다.

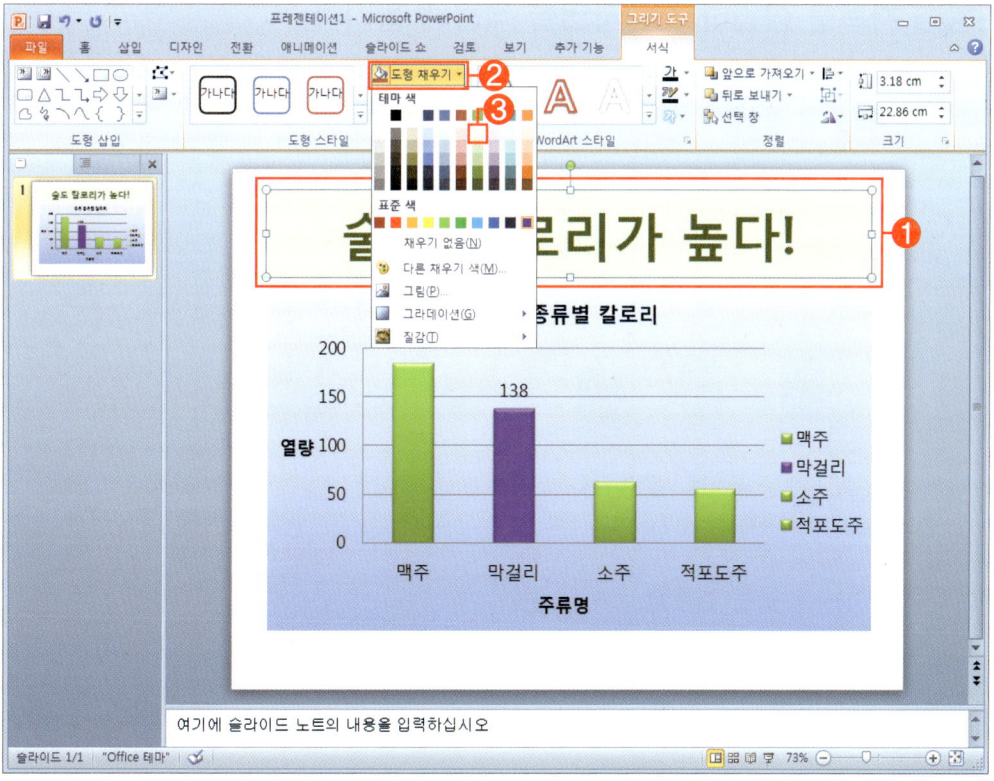

1 묶은 세로 막대형 차트를 삽입하고 디자인을 적용해 봅니다.

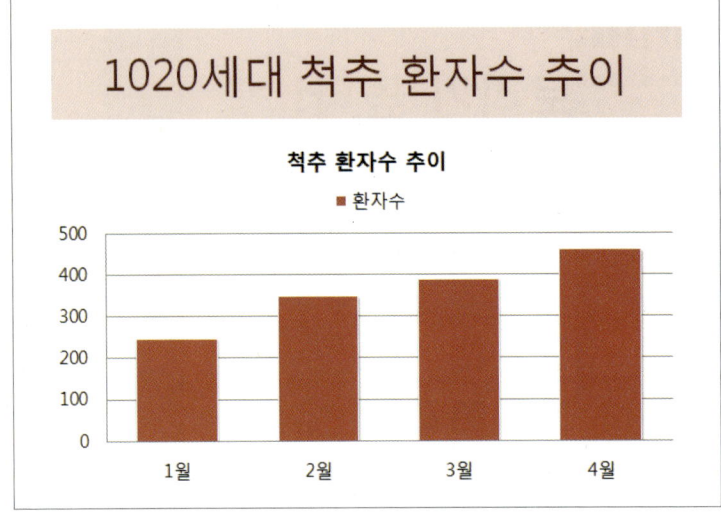

▲ 묶은 세로 막대형

> 도움터
> • 차트 레이아웃 – 레이아웃 3, 차트 스타일 – 스타일 12
> • 범례 – 위쪽에 범례 표시

2 묶은 원통형 차트를 삽입하고 디자인을 적용해 봅니다.

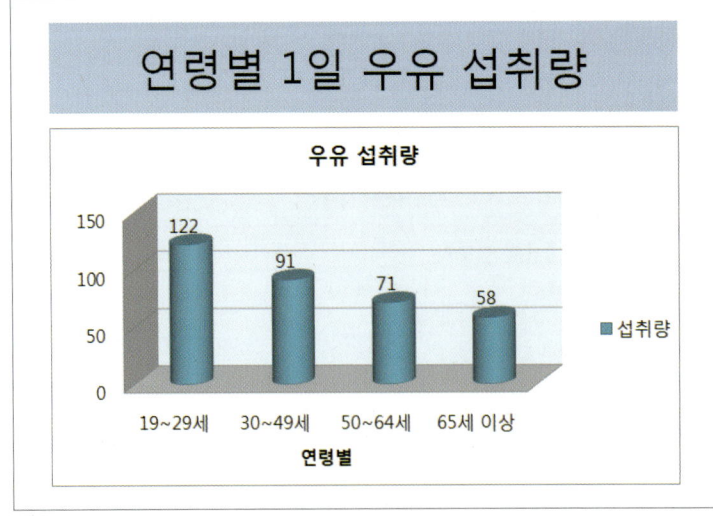

▲ 묶은 원통형

> 도움터
> • 차트 레이아웃 – 레이아웃 1, 차트 스타일 – 스타일 39   • 축 제목 – 연령별

3 원형 차트를 삽입하고 디자인 및 서식을 적용해 봅니다.

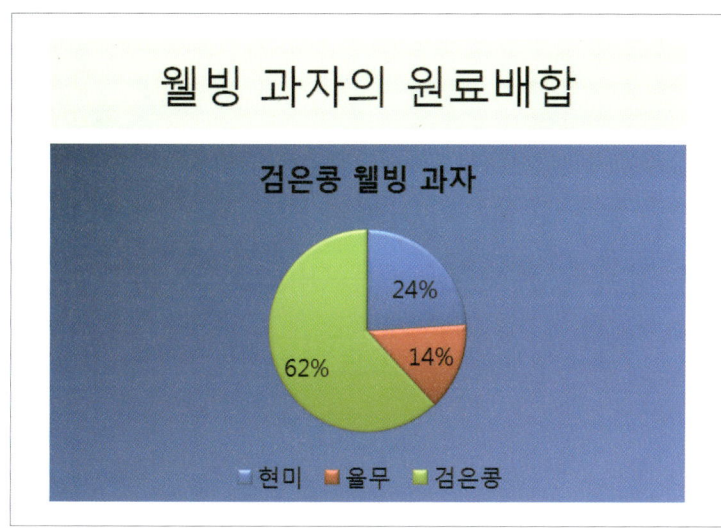

▲ 원형

- 차트 레이아웃 – 레이아웃 6, 차트 스타일 – 스타일 26
- 범례 – 아래쪽에 범례 표시, 그라데이션 – 왼쪽 위 모서리에서

4 묶은 가로 막대형 차트를 삽입하고 디자인 및 서식을 적용해 봅니다.

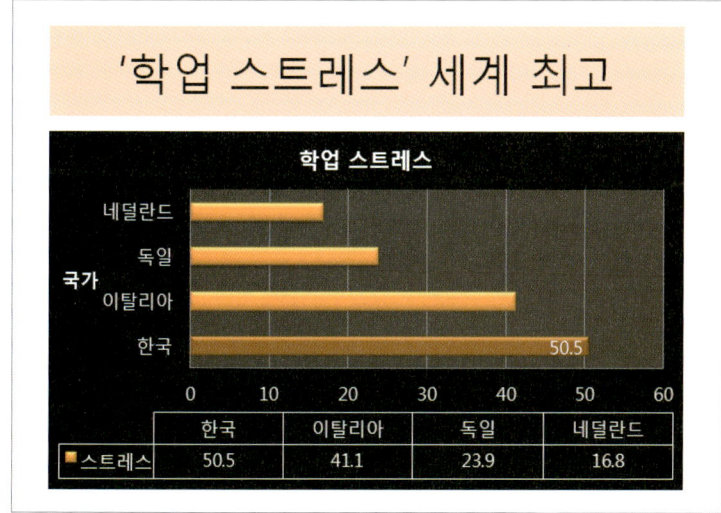

▲ 묶은 가로 막대형

- 차트 레이아웃 – 레이아웃 5, 차트 스타일 – 스타일 48, 축 제목 – 국가
- **한국 항목** : 데이터 레이블, 도형 채우기 – (주황, 강조 6, 50% 더 어둡게)

09. 애니메이션 효과 적용하기

슬라이드 사이에 보다 강한 인상을 주는 프레젠테이션을 만들 수 있는 전환 기능을 사용하는 방법과 프레젠테이션을 더욱 역동적으로 만들어 효과적으로 정보를 전달할 수 있는 애니메이션 기능을 활용하는 방법에 대해 알아보도록 하겠습니다.

완성파일 : 09장 필수 5대 영양소.pptx

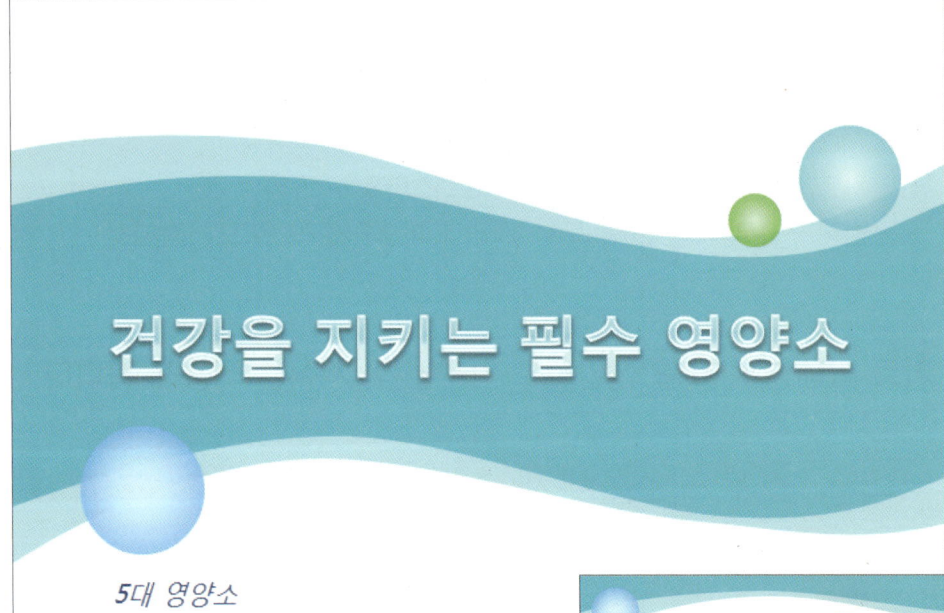

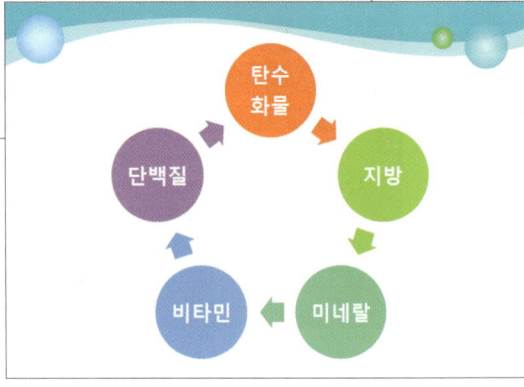

 무엇을 배울까요?
- 프레젠테이션 만들기
- 슬라이드 화면 전환하기
- 스마트아트를 도형으로 변환하기

프레젠테이션 만들기

01 슬라이드를 추가하기 위해 **[홈] 탭-[슬라이드] 그룹에서 [새 슬라이드]를 클릭**한 후 갤러리에서 **[빈 화면]을 선택**합니다.

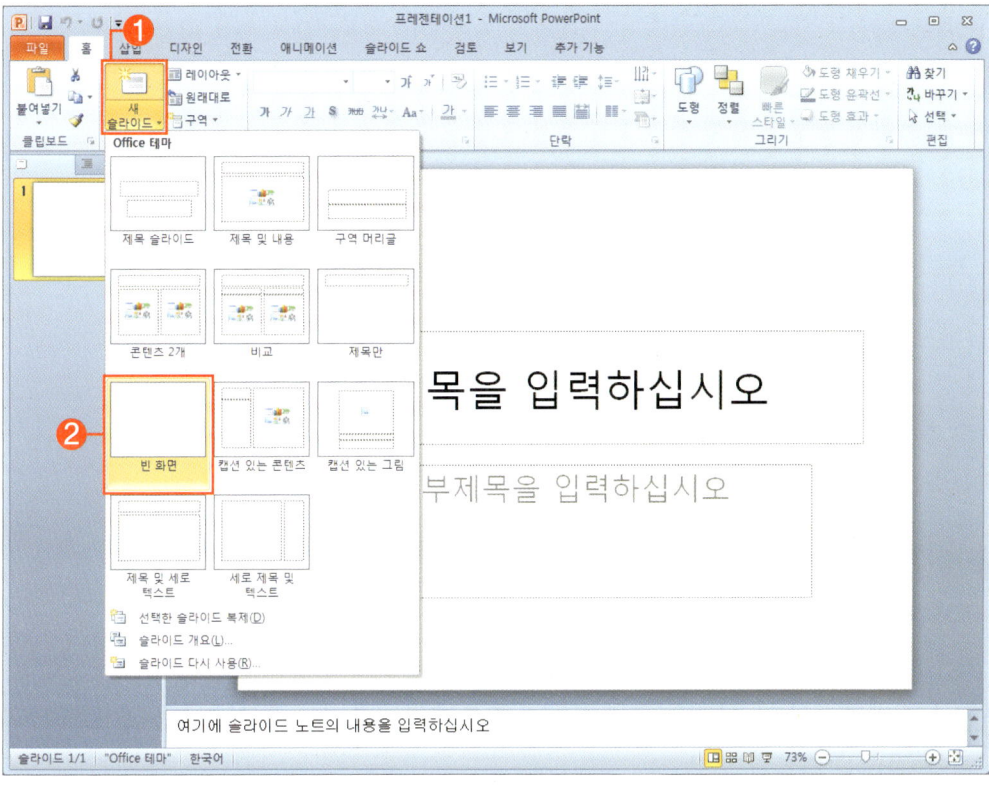

02 슬라이드 탭에서 **[슬라이드 1]을 선택**한 후 그림과 같이 **제목과 부제목을 입력**합니다.

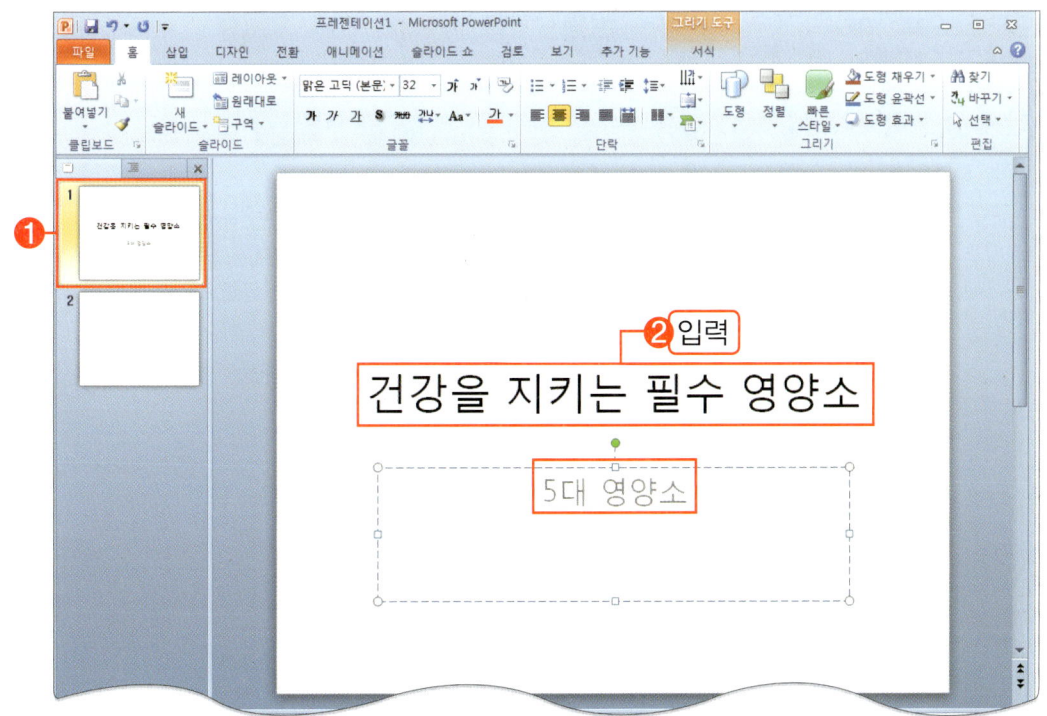

03 슬라이드 탭에서 [슬라이드 2]를 선택한 후 [삽입] 탭-[일러스트레이션] 그룹에서 [SmartArt](   )를 클릭합니다.

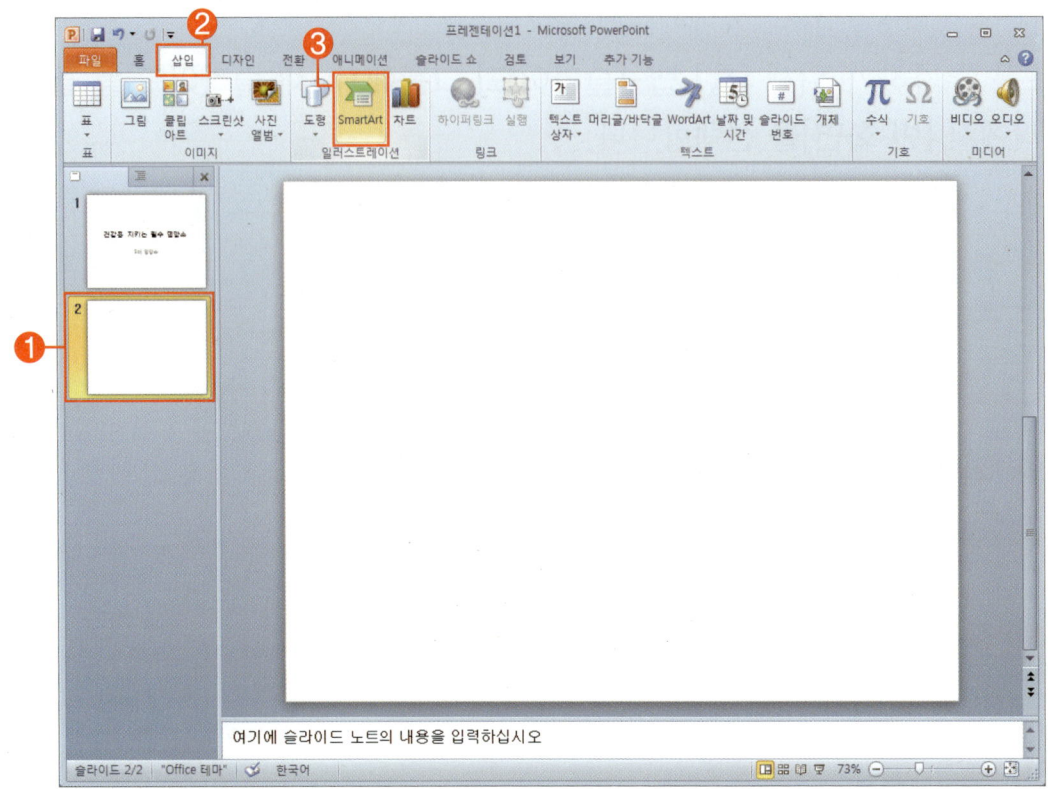

04 SmartArt 그래픽 선택 대화상자에서 [주기형]-[기본 주기형]을 선택한 후 [확인] 단추를 클릭합니다.

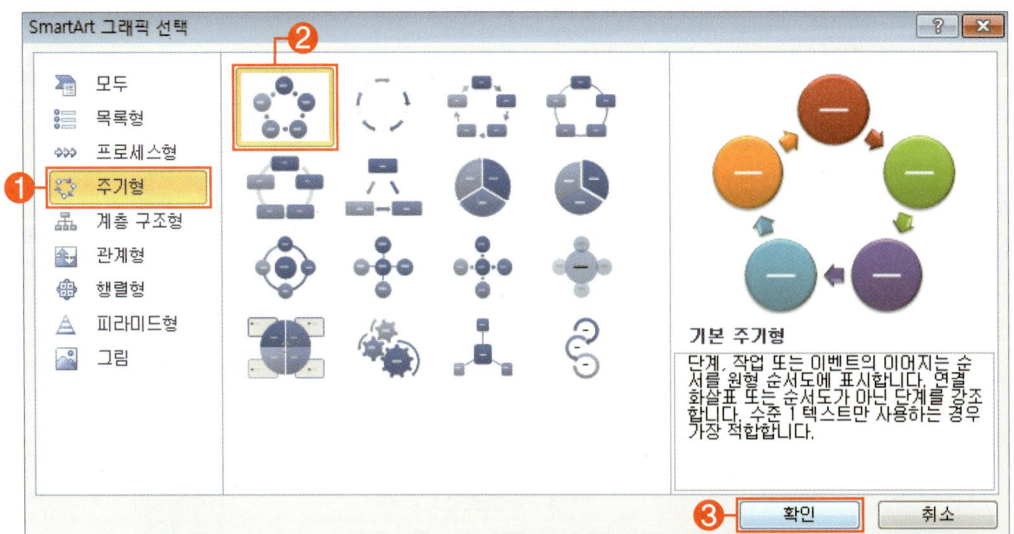

05 기본 주기형 그래픽이 나타나면 **도형을 선택**한 후 '**탄수화물**'을 **입력**합니다.

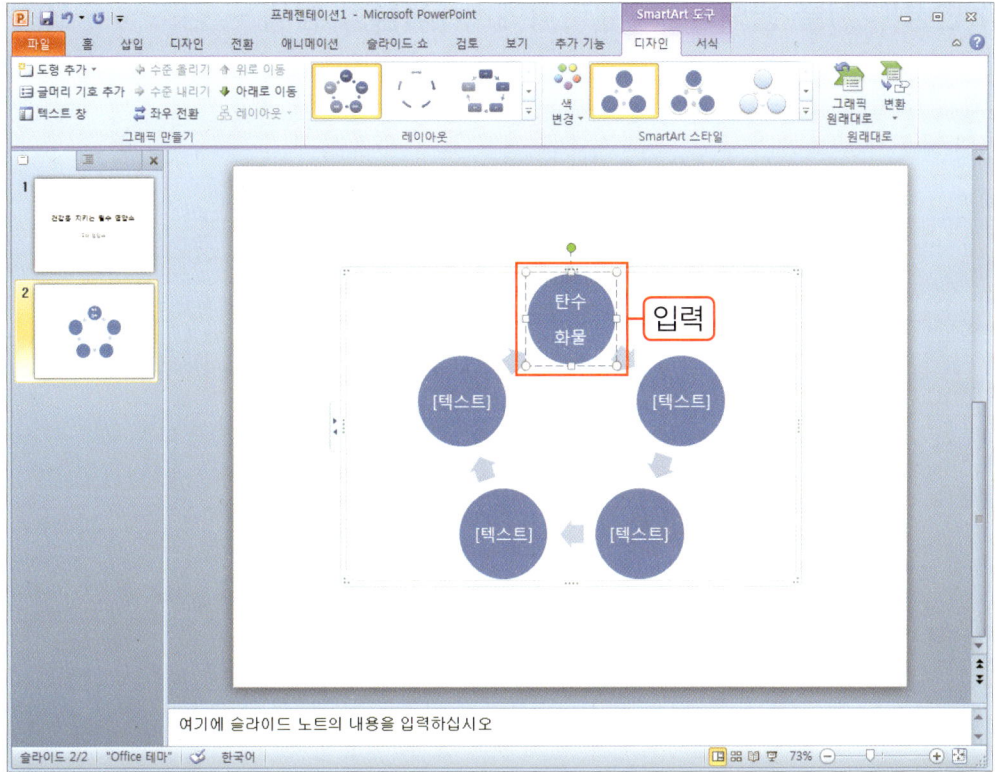

06 위와 같은 방법으로 그림과 같이 **도형에 텍스트를 입력**합니다.

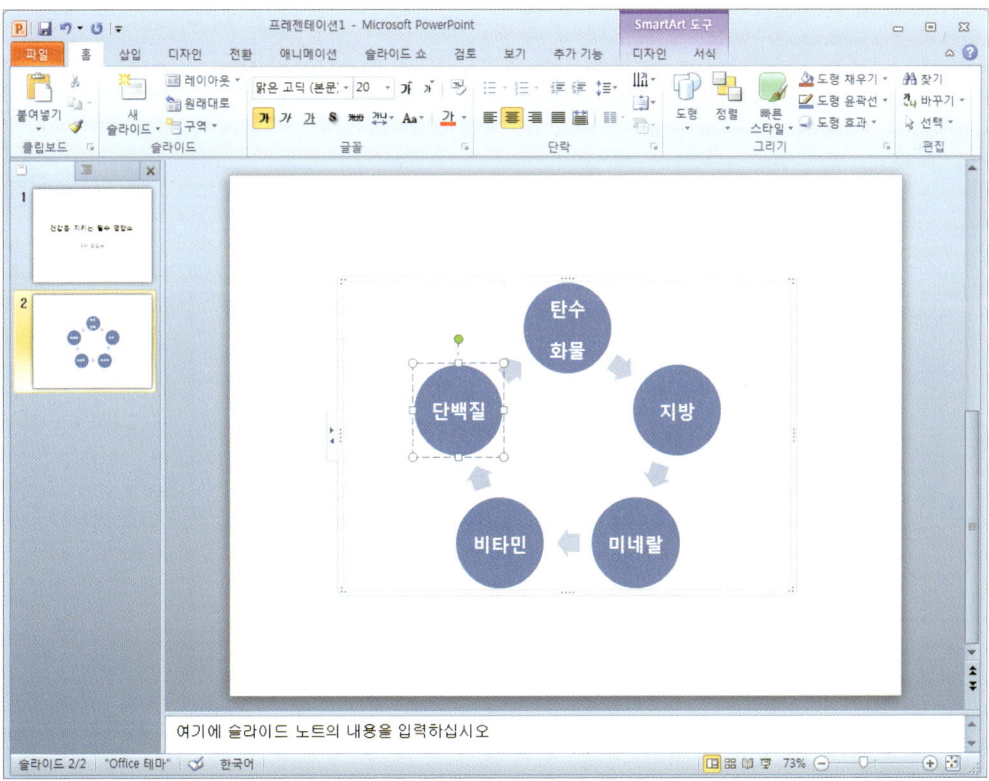

07 색을 변경하기 위해 [SmartArt 도구] 아래의 [디자인] 탭-[SmartArt 스타일] 그룹에서 [색 변경]( )을 클릭한 후 갤러리에서 [색상형 범위 – 강조색 5 또는 6]을 선택합니다.

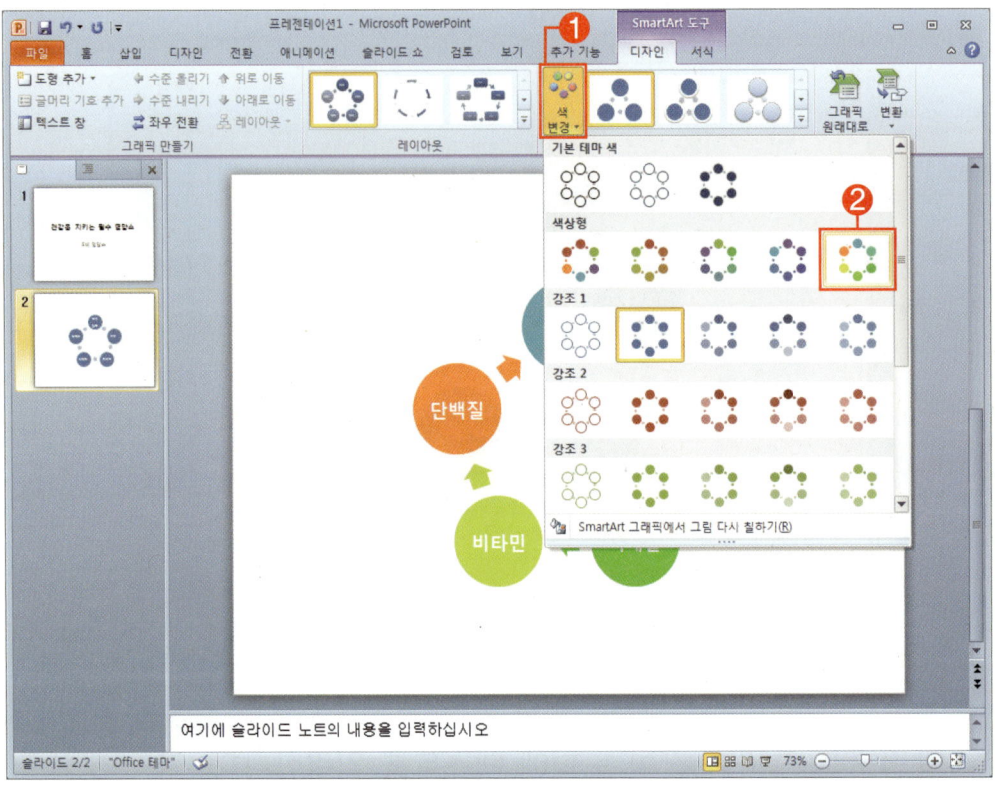

08 그림과 같이 스마트아트 그래픽을 **드래그하여 크기와 위치를 조절**합니다.

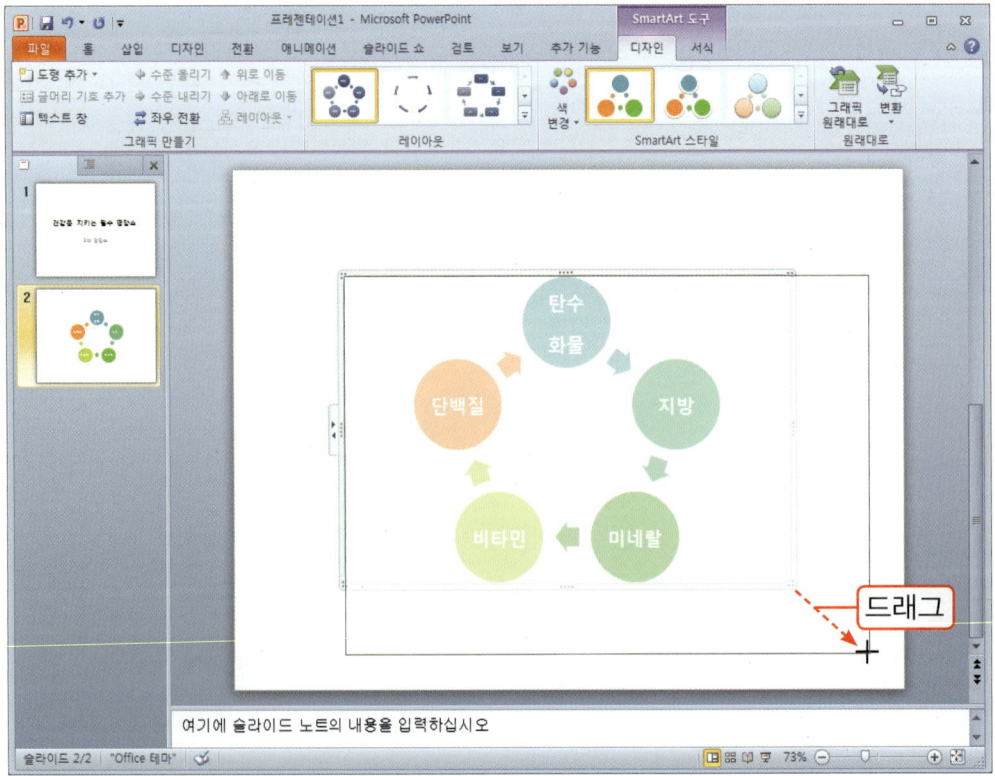

슬라이드 화면 전환하기

01 슬라이드 배경을 적용하기 위해 [디자인] 탭-[테마] 그룹에서 [자세히](▽)를 클릭한 후 갤러리에서 [자연 테마]를 선택합니다.

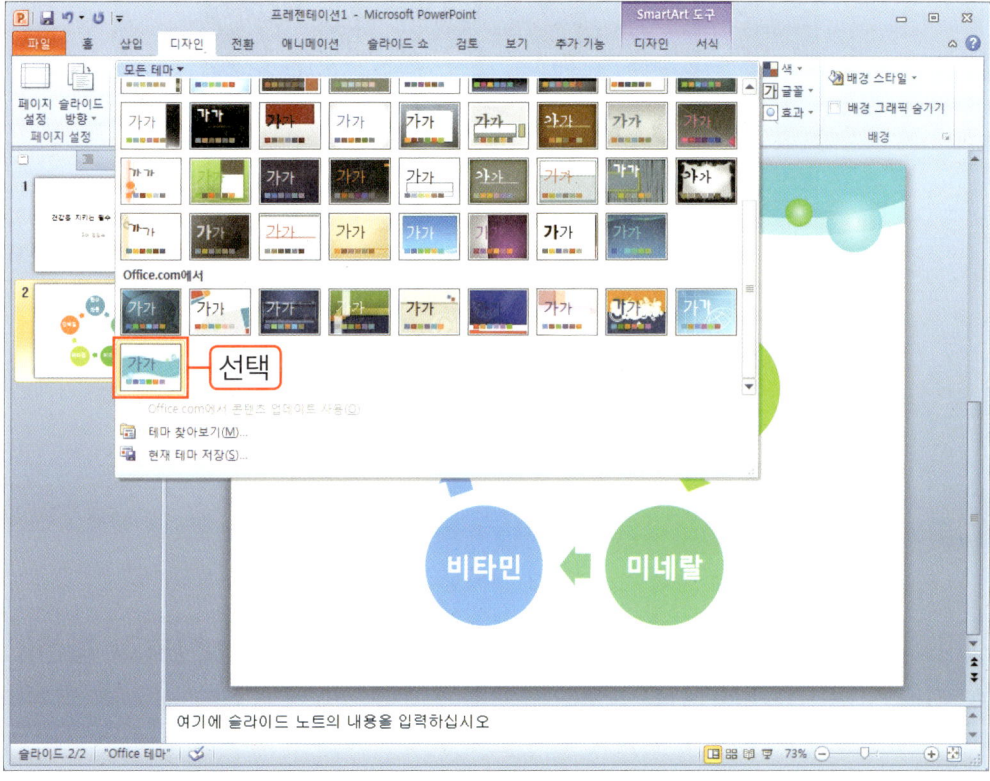

02 전환 효과를 적용하기 위해 [전환] 탭-[슬라이드 화면 전환] 그룹에서 자세히](▽)를 클릭한 후 갤러리에서 [화려한 효과]-[소용돌이]를 선택합니다.

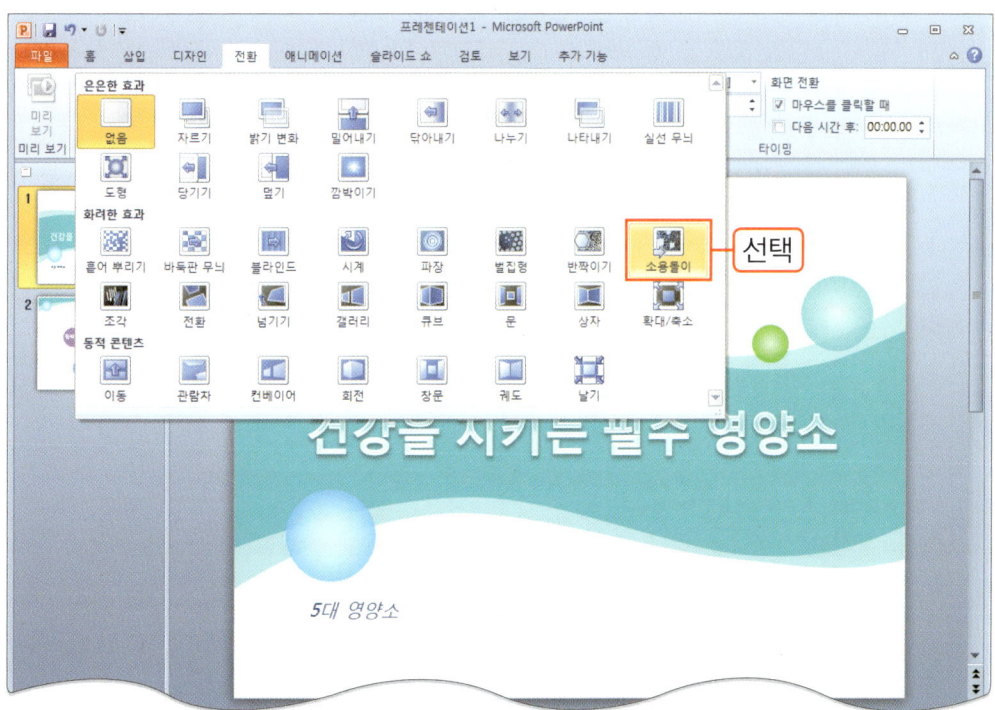

03 그림과 같이 슬라이드에 "소용돌이" 효과가 적용된 것을 확인할 수 있습니다.

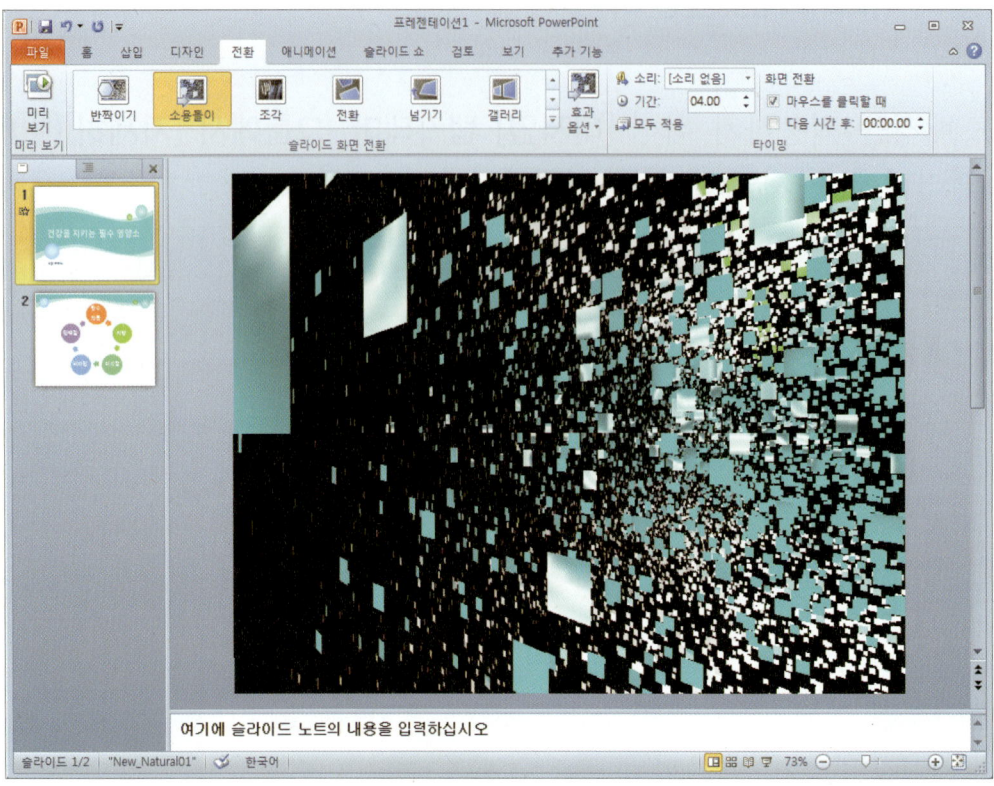

04 옵션을 적용하기 위해 [전환] 탭-[슬라이드 화면 전환] 그룹에서 [효과 옵션]( )을 클릭한 후 항목에서 [아래에서]를 선택합니다.

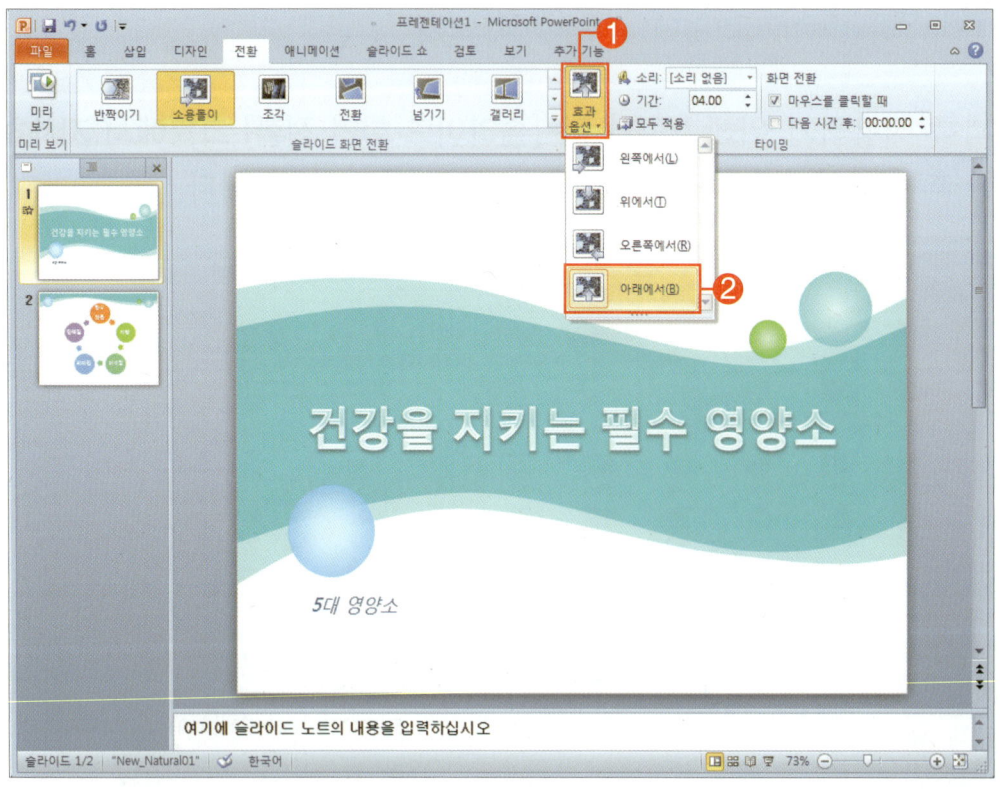

05 그림과 같이 "소용돌이" 효과가 슬라이드 아래에서부터 시작되는 것을 확인할 수 있습니다.

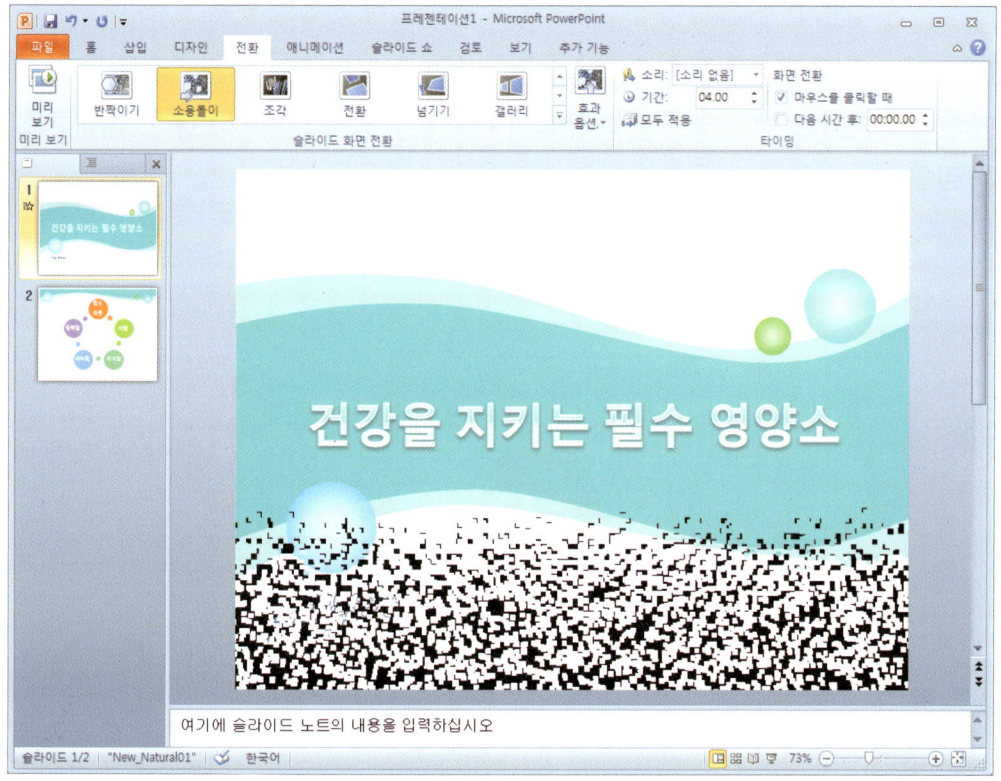

06 슬라이드 화면 전환에서 [조각] 효과를 적용한 후 [전환] 탭-[미리 보기] 그룹에서 [미리 보기]( )를 클릭하여 슬라이드에 적용된 효과를 미리 확인할 수 있습니다.

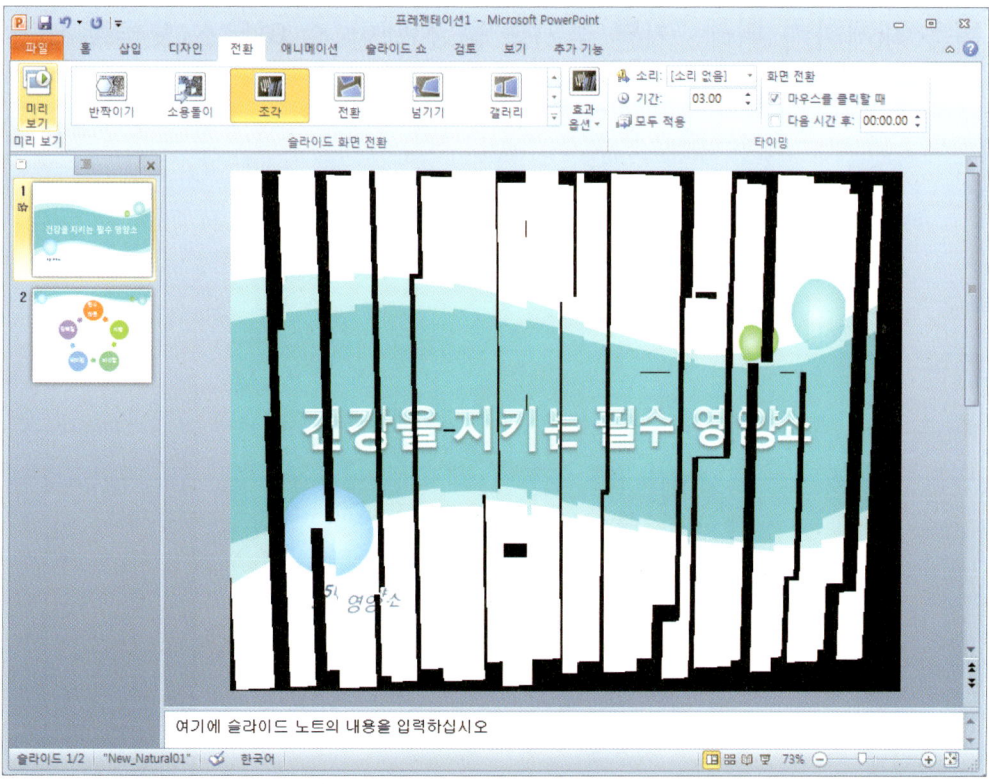

03 스마트아트를 도형으로 변환하기

01 스마트아트를 도형으로 변환하기 위해 [슬라이드 2]에 삽입된 **"스마트아트 그래픽"**을 선택하고 [SmartArt 도구] 아래의 [디자인] 탭–[원래대로] 그룹에서 [변환]( )을 클릭한 후 항목에서 **[도형으로 변환]**을 선택합니다.

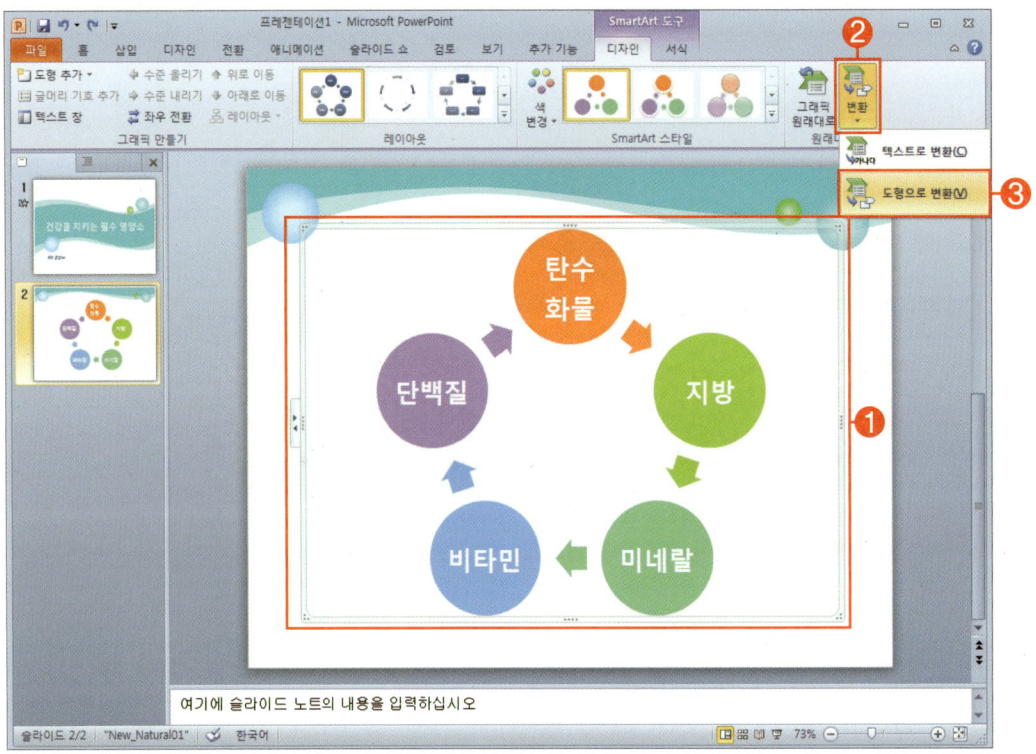

02 도형 그룹을 해제하기 위해 **"기본 주기형"**을 선택한 후 **마우스 오른쪽 버튼을 클릭**하여 바로가기 메뉴에서 **[그룹]–[그룹 해제]**를 선택합니다.

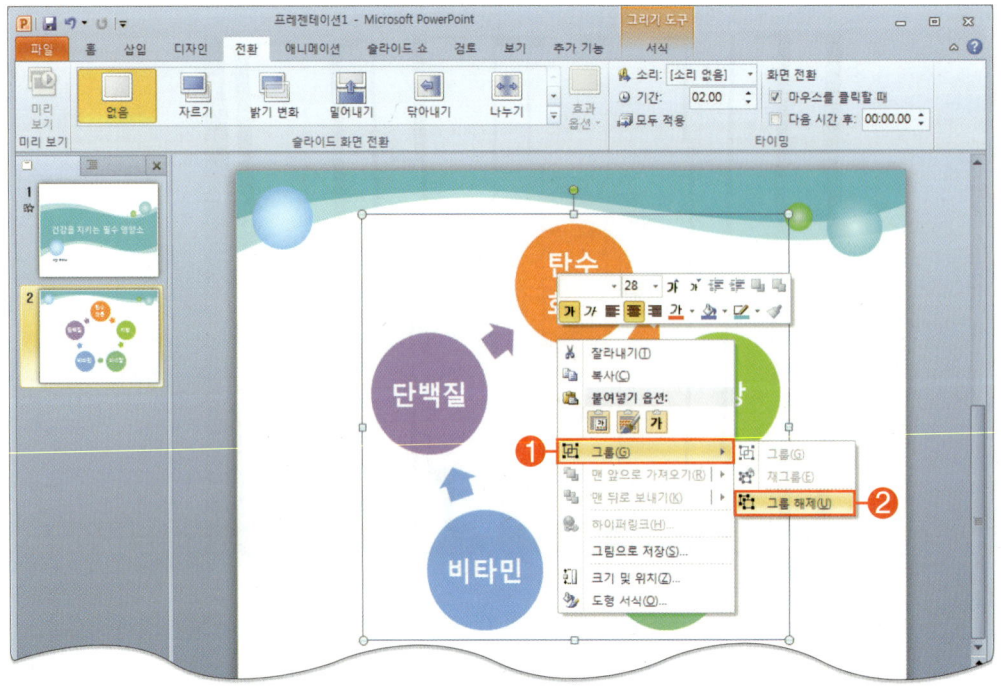

03 그림과 같이 도형 그룹이 해제된 것을 확인할 수 있습니다.

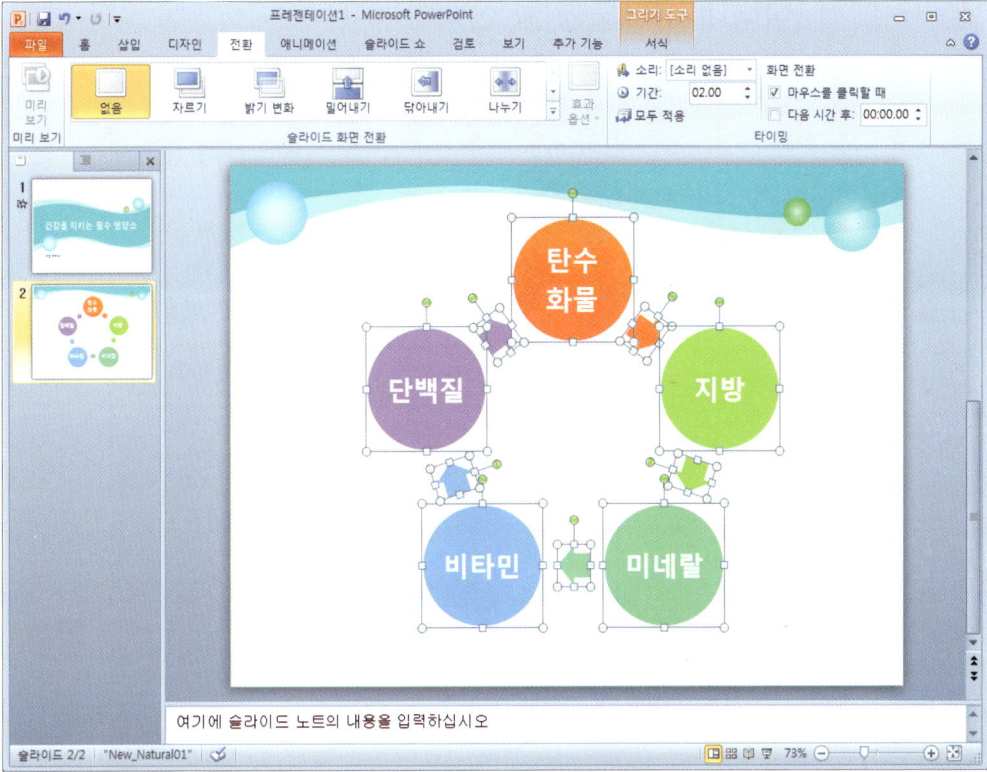

04 애니메이션 효과를 적용하기 위해 **"탄수화물" 도형을 선택**합니다.

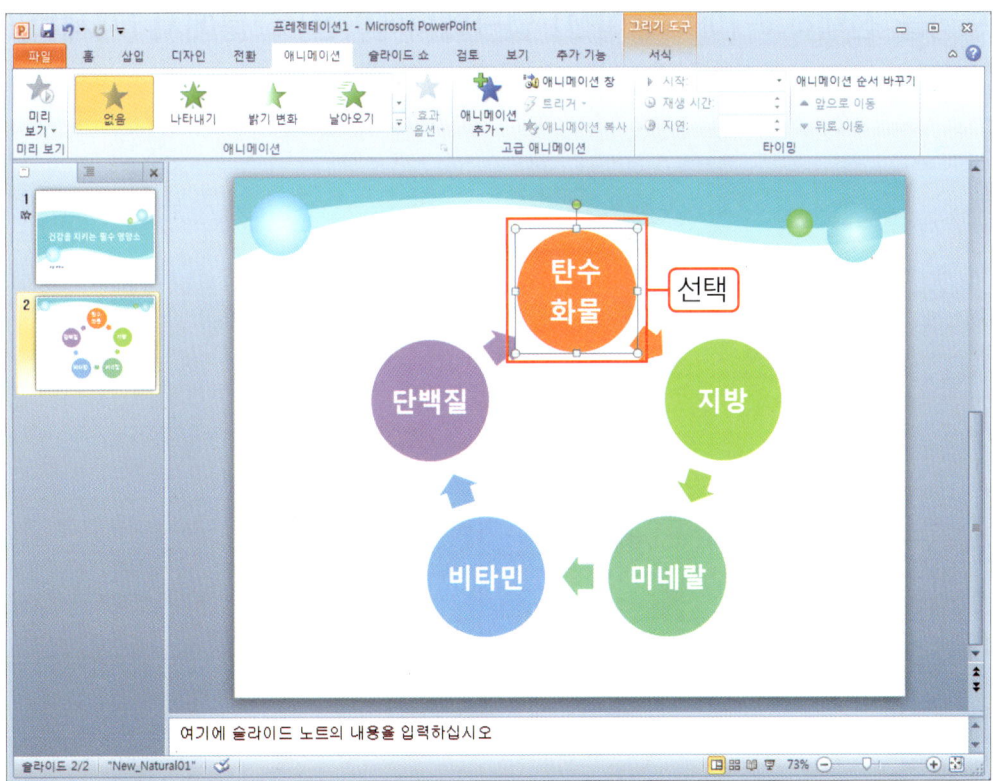

05 효과를 적용하기 위해 [애니메이션] 탭-[애니메이션] 그룹에서 [자세히](▼)를 클릭한 후 갤러리에서 [나타내기]-[도형]을 선택합니다.

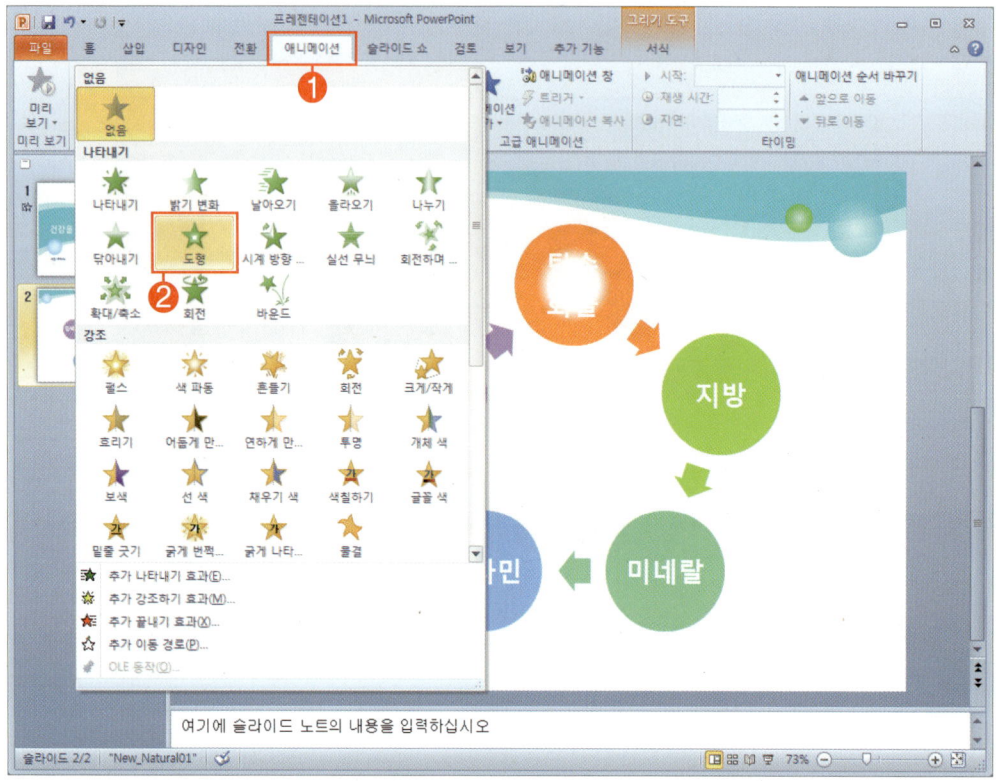

06 "지방" 도형을 선택하고 [애니메이션] 탭-[애니메이션] 그룹에서 [자세히](▼)를 클릭한 후 갤러리에서 [강조]-[크게/작게]를 선택합니다.

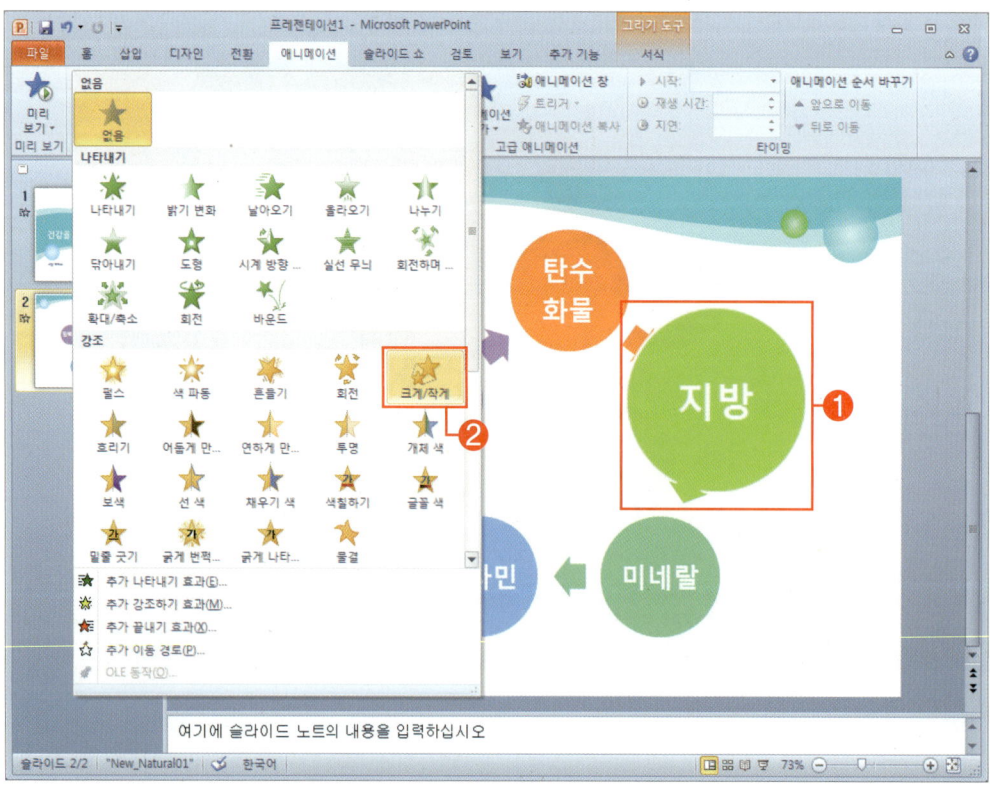

07 위와 같은 방법으로 미네랄-바운드, 비타민-보색, 단백질-물결 효과를 적용합니다.

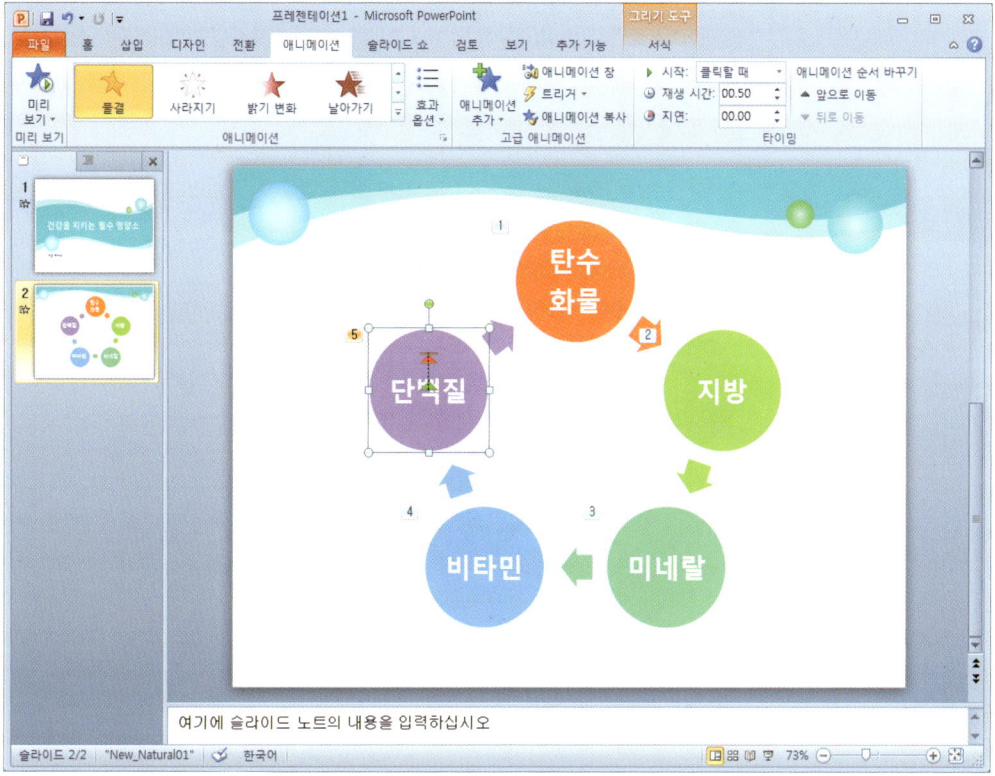

08 애니메이션 효과를 미리 보기위해 [애니메이션] 탭-[미리 보기] 그룹에서 [미리 보기](⭐)를 클릭한 후 항목에서 [미리 보기]를 선택합니다.

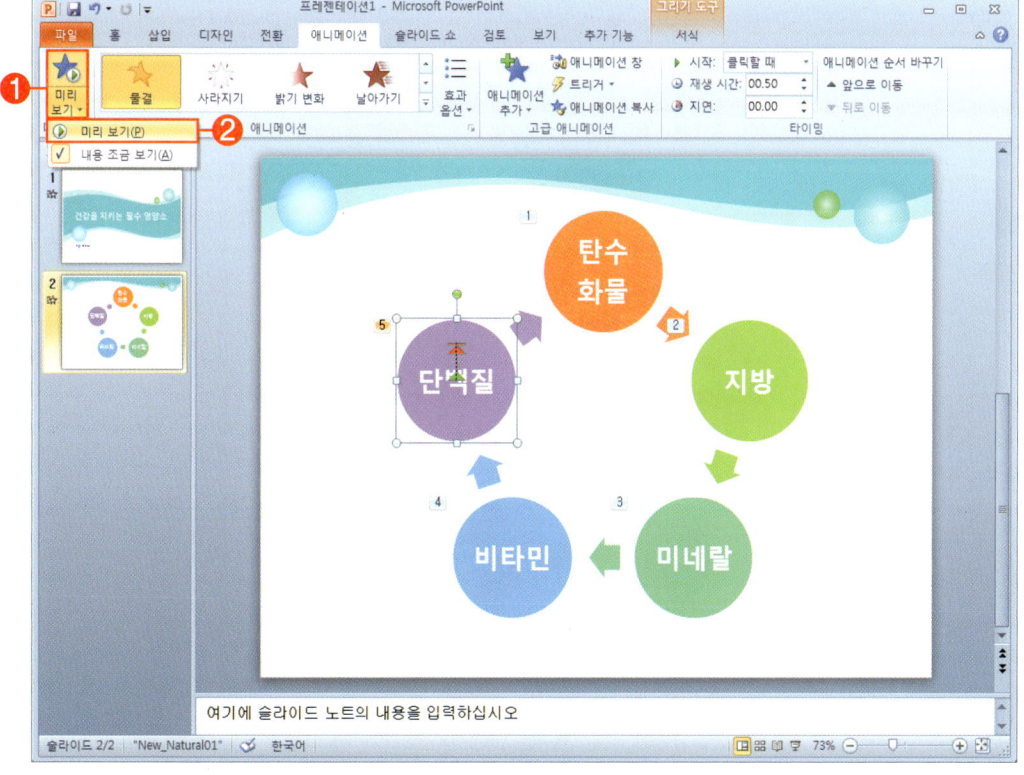

09 미리 보기를 통해 그림과 같이 애니메이션 효과가 적용된 것을 확인할 수 있습니다.

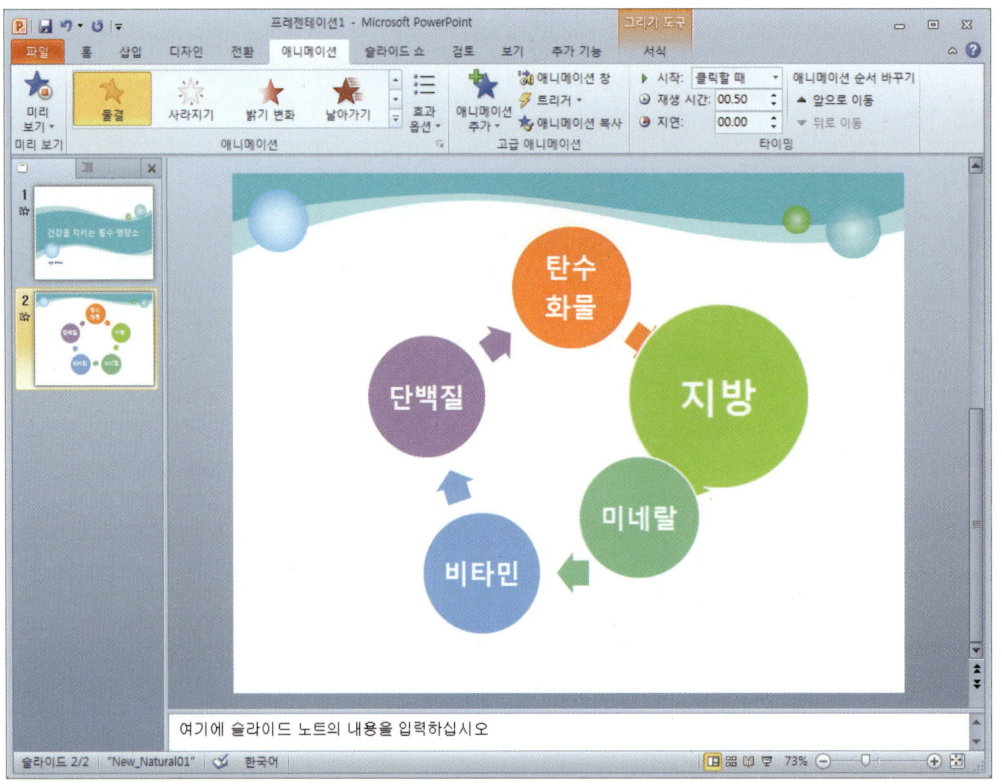

10 완성된 프레젠테이션을 슬라이드 쇼로 보기위해 [슬라이드 쇼] 탭-[슬라이드 쇼 시작] 그룹에서 [처음부터]( )를 클릭합니다.

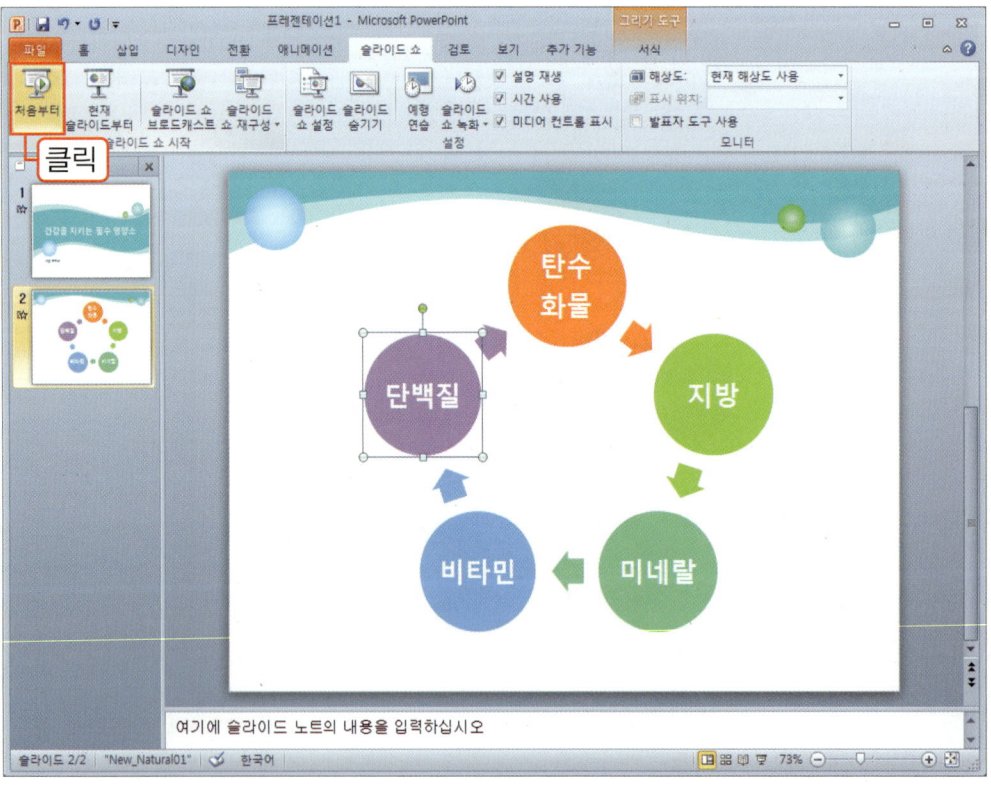

11 그림과 같이 슬라이드 쇼가 시작된 것을 확인할 수 있습니다. 다음 슬라이드로 이동하기 위해 **[슬라이드 1] 화면을 클릭**합니다.

12 **[슬라이드 2] 화면을 클릭**하여 도형에 적용된 애니메이션 효과를 확인할 수 있습니다.

1 슬라이드를 작성하여 슬라이드 화면 전환 효과를 적용해 봅니다.

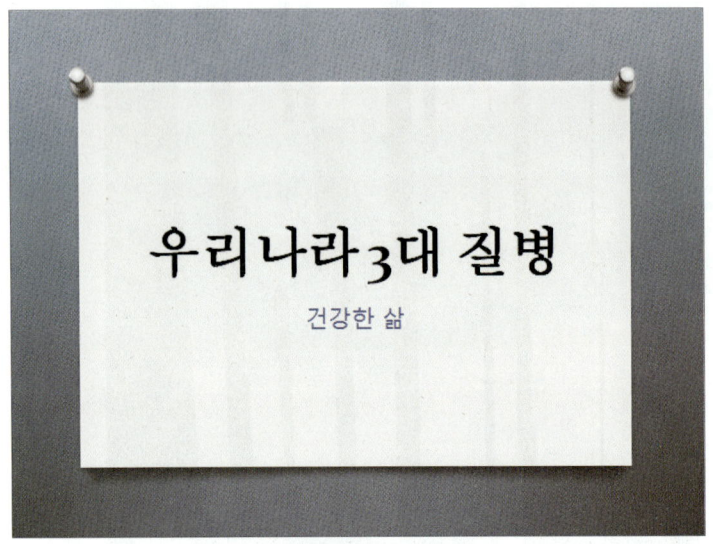

▲ 제목 슬라이드

> **도움터** • 테마 – 압정   • 전환 효과 – 벌집형

2 스마트아트를 도형으로 변환하여 애니메이션 효과를 적용해 봅니다.

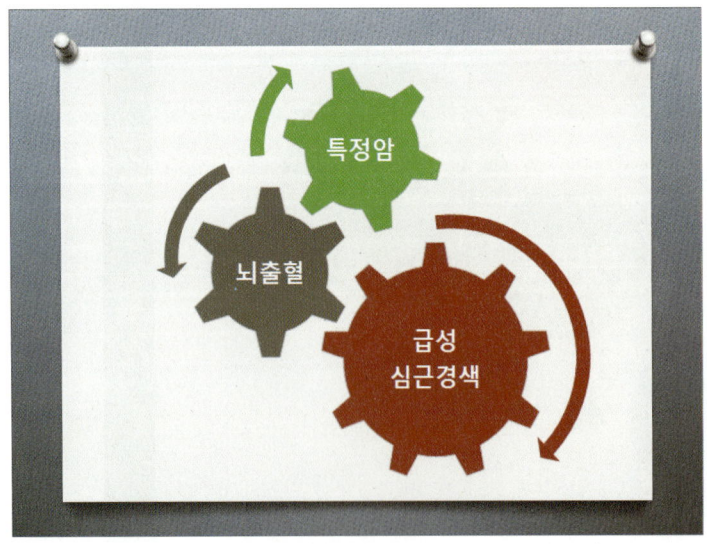

▲ 빈 슬라이드

> **도움터** • 스마트아트 – 톱니 바퀴형
> • **애니메이션** : 특정암 – 투명, 뇌출혈 – 밑줄 긋기, 급성 심근경색 – 회전

3 완성한 프레젠테이션을 슬라이드 쇼로 감상해 봅니다.

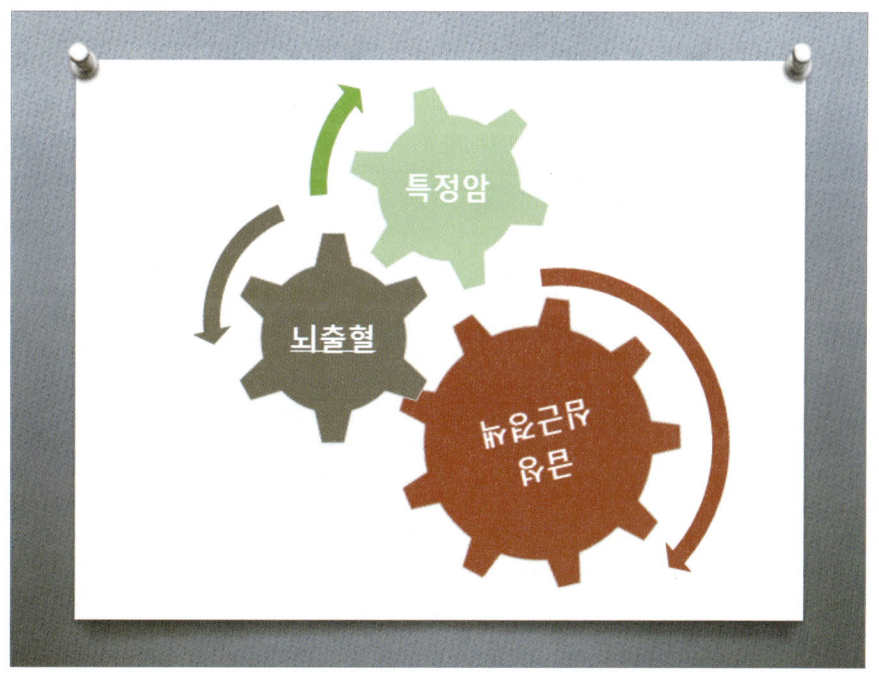

도움터 슬라이드 쇼 - 처음부터( )

10 인포그래픽 프레젠테이션 만들기

정보 및 자료를 시각적으로 표현할 수 있는 인포메이션 그래픽 또는 인포그래픽을 프레젠테이션으로 만드는 방법에 대해 알아보도록 하겠습니다.

완성파일 : 10장 생활습관.pptx

무엇을 배울까요?
- 기호를 삽입한 슬라이드 만들기
- 도형 스타일 적용하기

기호를 삽입한 슬라이드 만들기

01 레이아웃을 변경하기 위해 [홈] 탭-[슬라이드] 그룹에서 [레이아웃](🔲)을 클릭한 후 갤러리에서 **[캡션 있는 콘텐츠]를 선택**합니다.

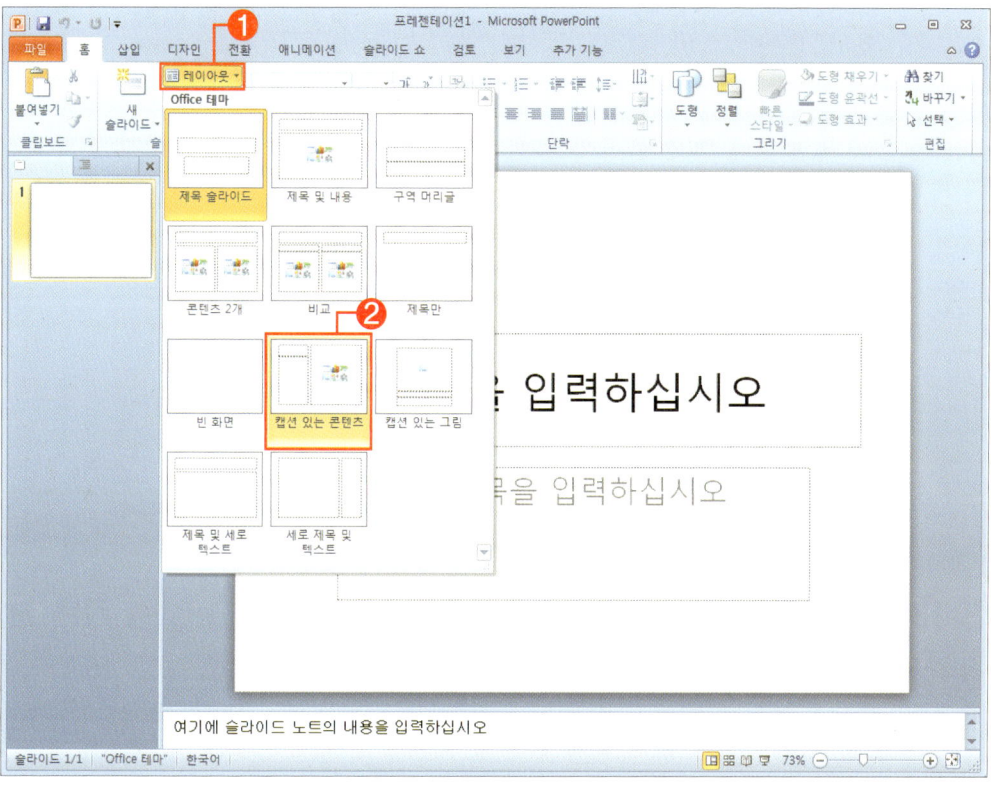

02 새 슬라이드를 추가하기 위해 [홈] 탭-[슬라이드] 그룹에서 [새 슬라이드]의 **글자 부분을 클릭**한 후 갤러리에서 **[빈 화면]을 선택**합니다.

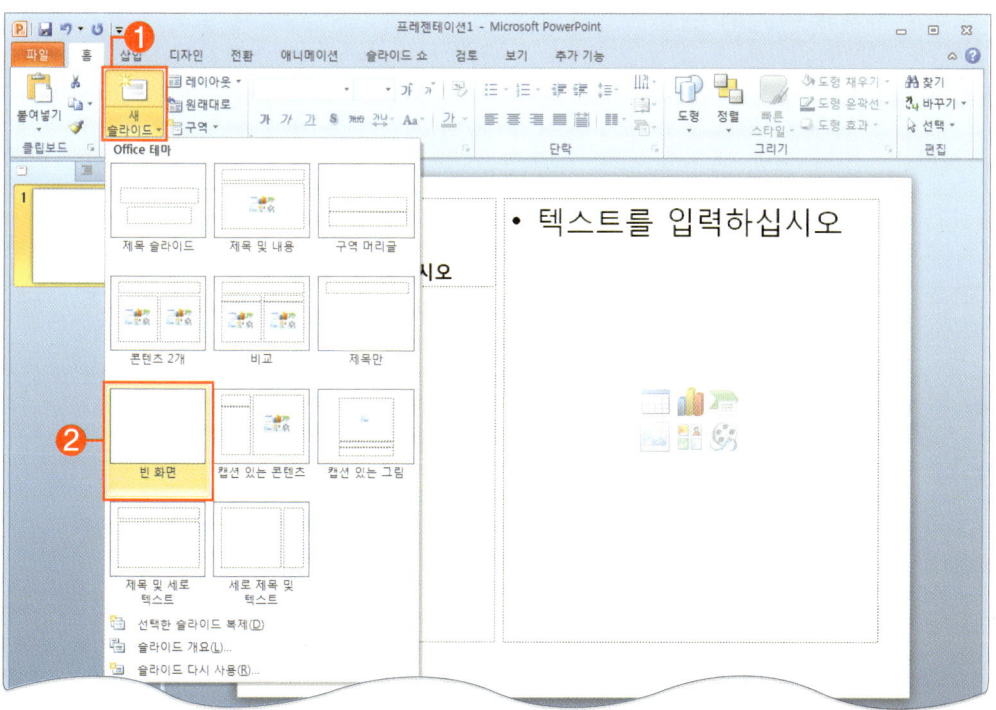

03 슬라이드에 배경을 적용하기 위해 [디자인] 탭-[배경] 그룹에서 [배경 스타일](🎨)을 클릭한 후 갤러리에서 [스타일 10]을 선택합니다.

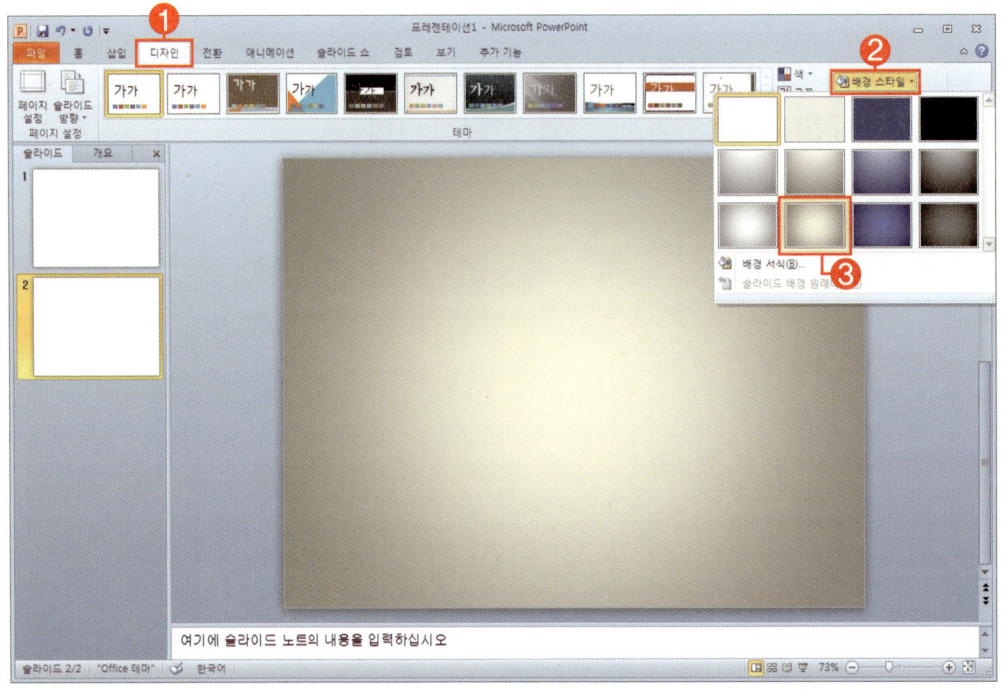

04 [슬라이드 1]에서 **제목 텍스트 상자를 선택**한 후 키보드의 Delete 키를 눌러 텍스트 상자를 삭제합니다.

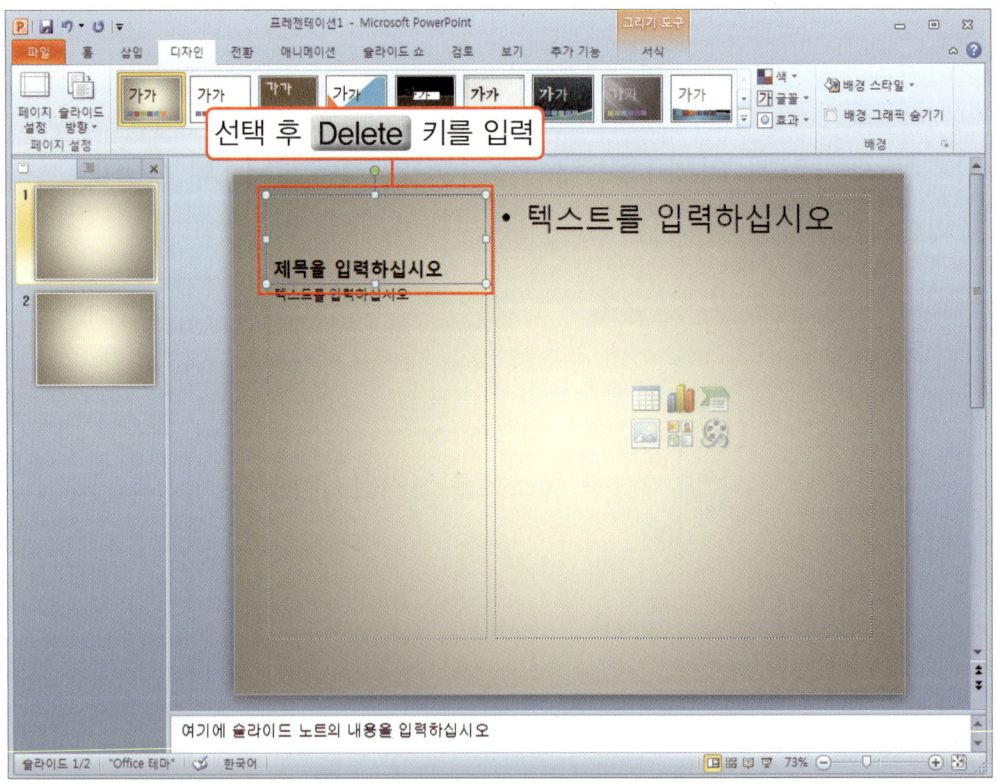

05 왼쪽에 위치한 텍스트 상자에 그림과 같이 **'내용'을 입력**한 후 [홈] 탭-[글꼴] 그룹에서 글꼴 크기-**'48', 굵게를 선택**합니다.

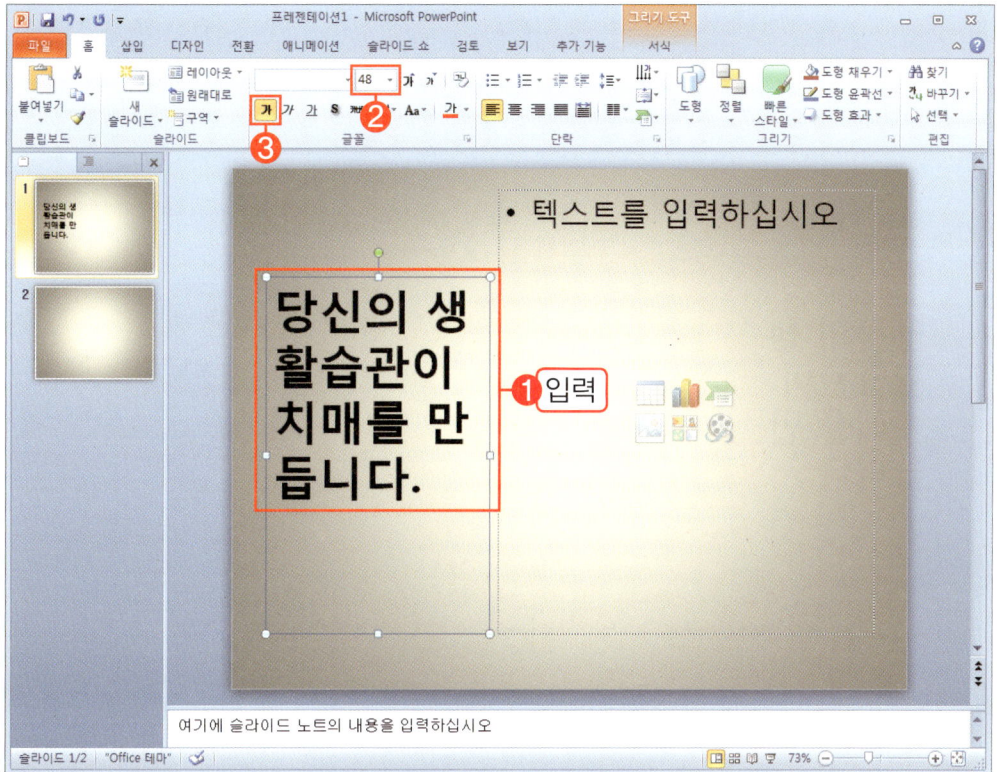

06 이미지를 삽입하기 위해 **클립아트 아이콘( )을 클릭**합니다.

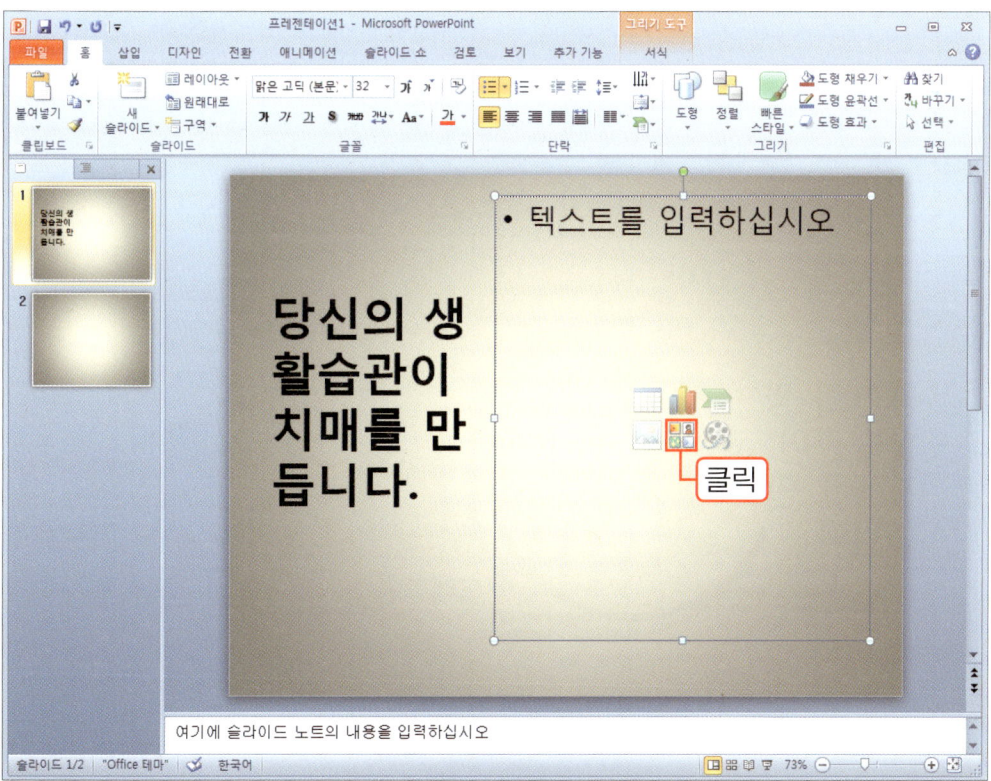

07 클립아트 창이 나타나면 검색 대상에 **"기호"**를 **입력**합니다. [이동] 단추를 클릭한 후 [Simbol,기호,정보,표시]를 선택합니다.

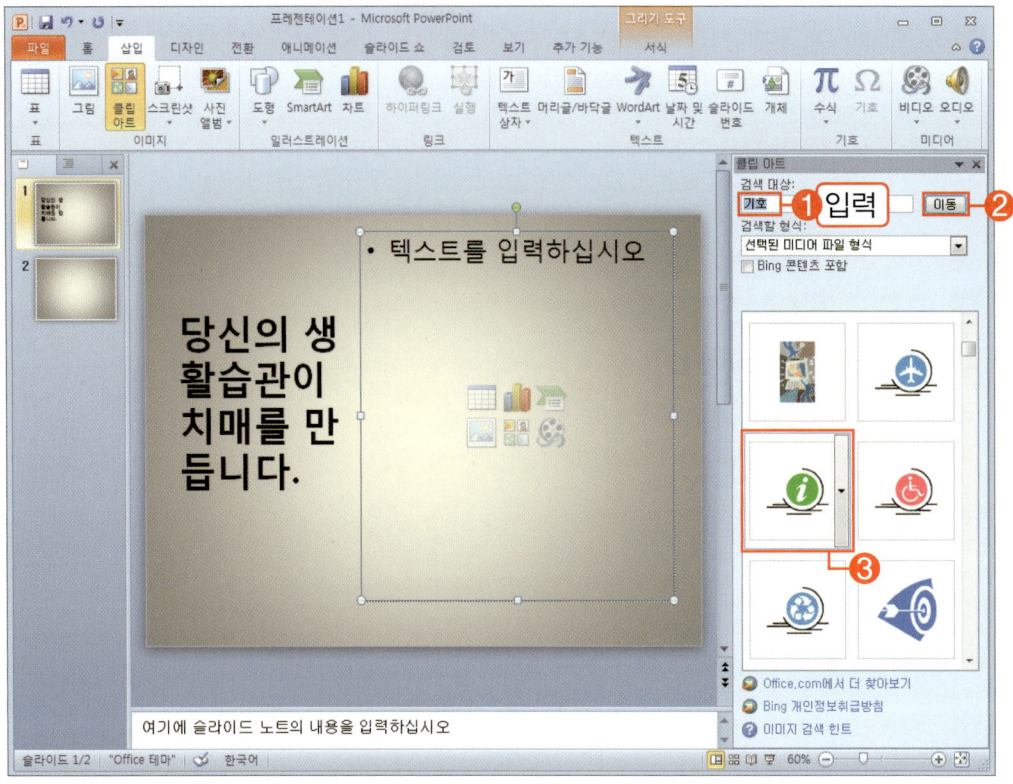

08 슬라이드에 클립아트가 삽입되면 그림과 같이 **드래그하여 크기와 위치를 조절**합니다.

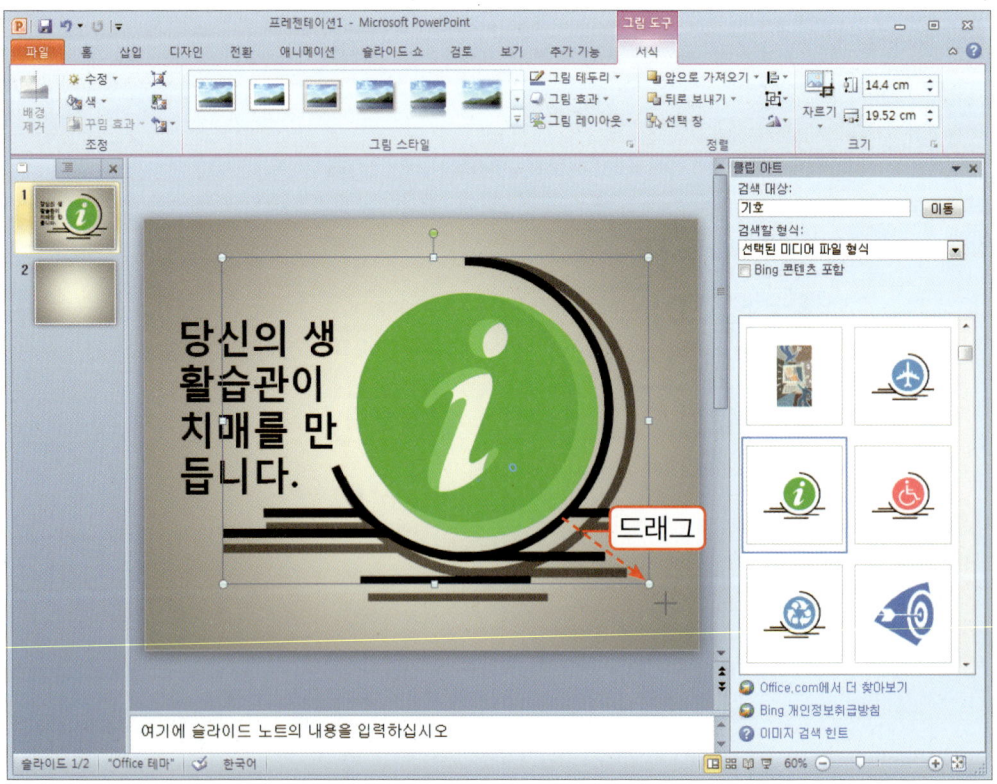

도형 스타일 적용하기

01 슬라이드 탭에서 [슬라이드 2]를 선택하고 [클립아트] 창에서 검색 대상 **"전구"**를 입력합니다. [이동] 단추를 클릭한 후 [백열등,사람,사업가…]를 선택합니다.

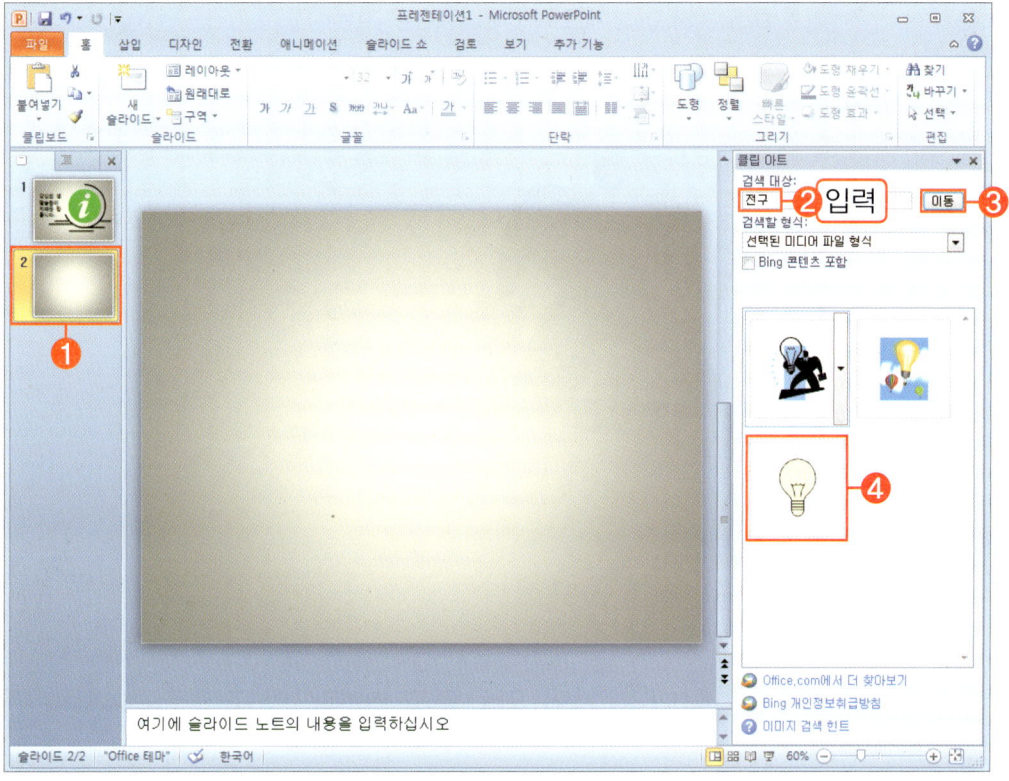

02 슬라이드에 클립아트가 삽입되면 그림과 같이 **드래그하여 크기와 위치를 조절**합니다.

03 도형을 삽입하기 위해 [홈] 탭-[그리기] 그룹에서 [도형](🔲)을 클릭한 후 갤러리에서 [순서도: 지연](D)을 선택합니다.

04 그림과 같이 **드래그하여 도형의 크기와 위치를 조절**합니다.

05 회전 핸들( )을 그림과 같은 방향으로 **드래그하여 회전**시킵니다.

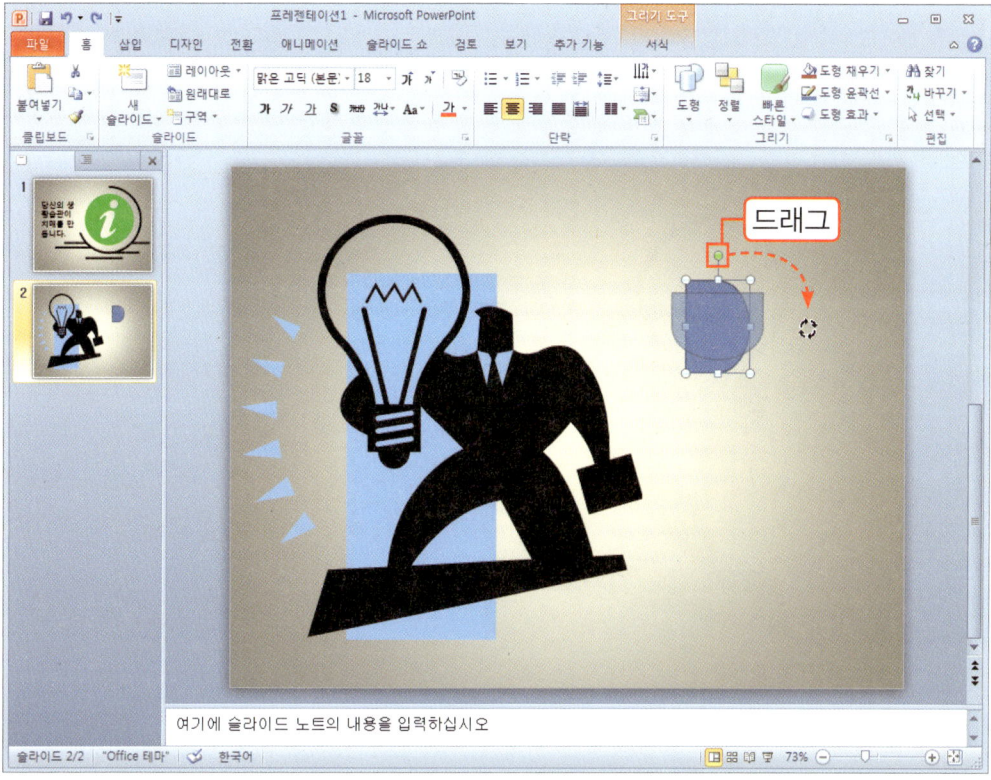

06 도형을 선택한 후 키보드의 Ctrl + Shift 키를 누르고 드래그하여 복사합니다.

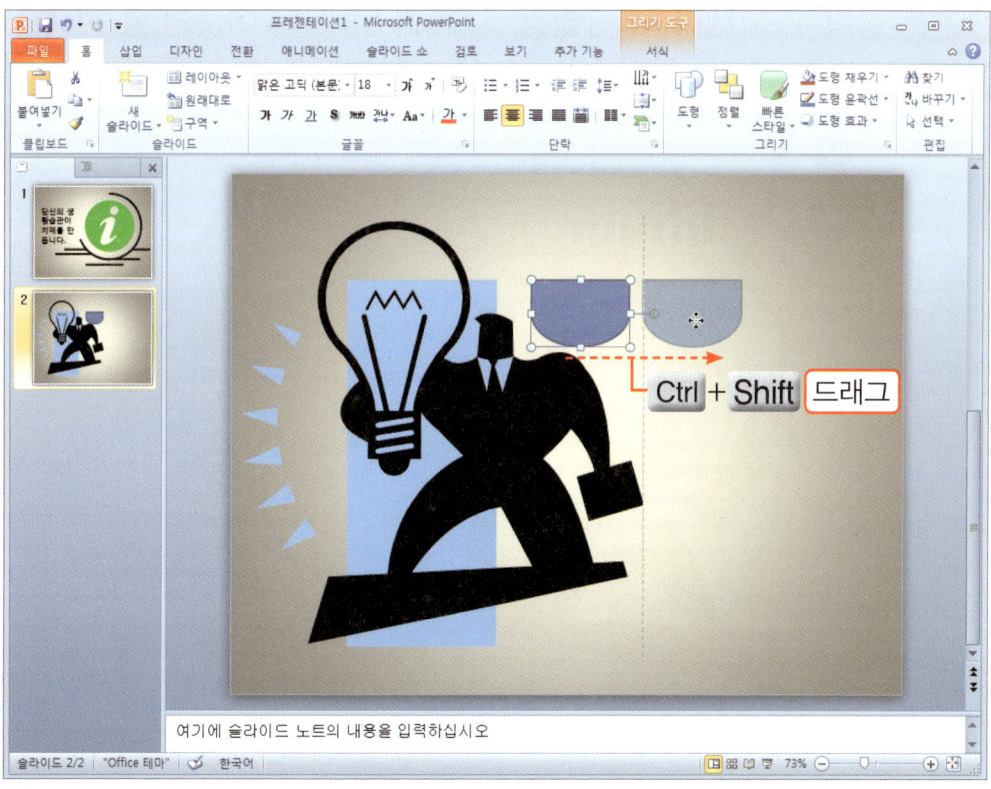

07 위와 같은 방법으로 **도형을 복사하여** 그림과 같이 **배치**시킵니다.

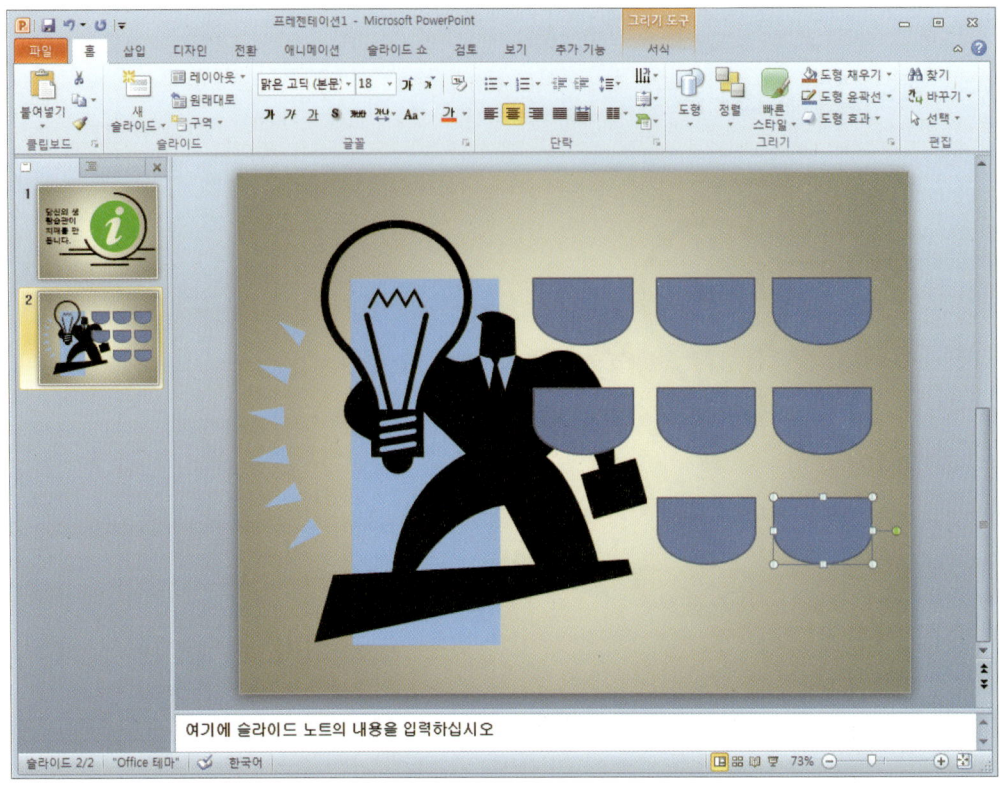

08 **도형을 선택**한 후 [그리기 도구] 아래의 [서식] 탭-[도형 스타일] 그룹에서 [도형 채우기]( )를 **클릭**하고 [테마 색]-[빨강, 강조 2, 50% 더 어둡게]를 **선택**합니다.

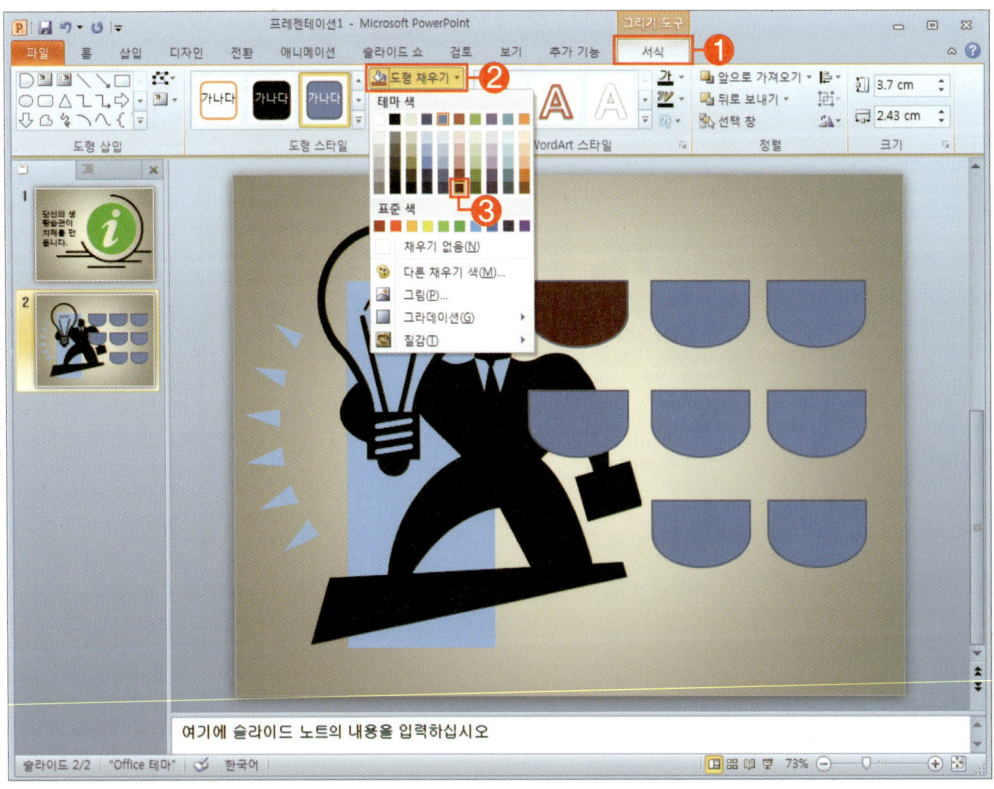

09 [그리기 도구] 아래의 [서식] 탭–[도형 스타일] 그룹에서 [도형 윤곽선](✎)을 클릭하고 [윤곽선 없음]을 선택합니다.

10 텍스트를 입력하기 위해 [삽입] 탭–[텍스트] 그룹에서 [텍스트 상자](가)를 클릭한 후 항목에서 [가로 텍스트 상자]를 선택합니다.

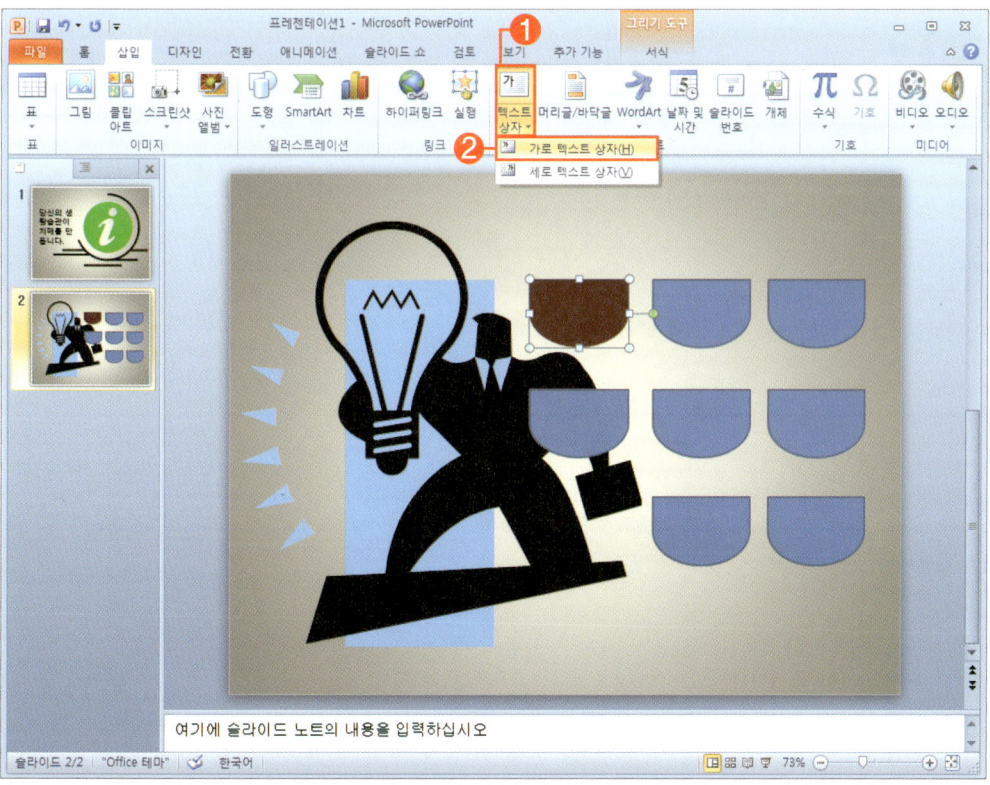

11 그림과 같이 **텍스트 상자를 삽입**하여 **'음주'를 입력**합니다.

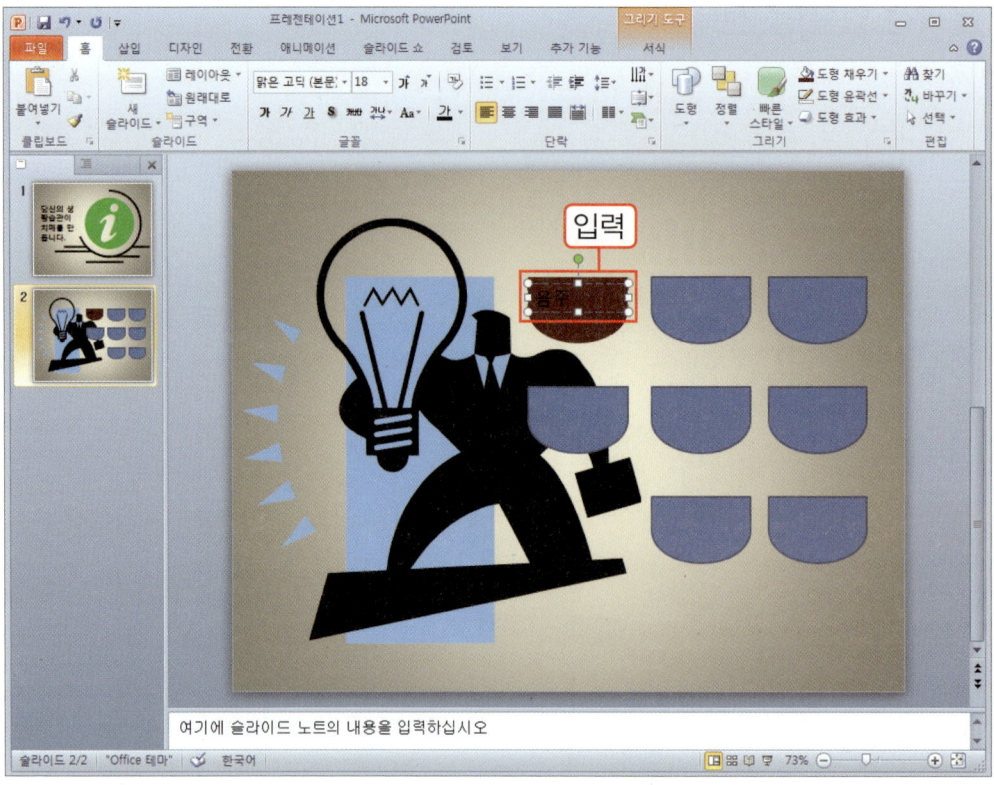

12 글꼴을 설정하기 위해 [홈] 탭-[글꼴] 그룹에서 글꼴 크기-'28', 굵게, 글꼴 색-(흰색, 배경 1)을 설정합니다.

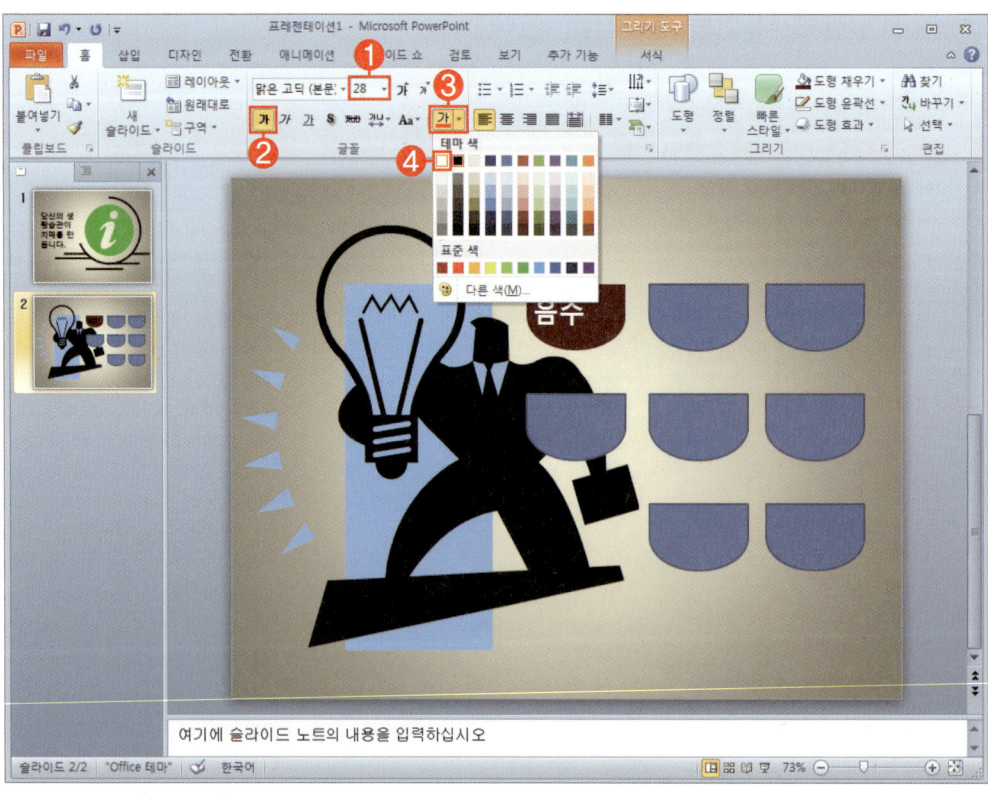

13 단락을 설정하기 위해 [홈] 탭-[단락] 그룹에서 [가운데 맞춤](≡)을 선택합니다.

14 위와 같은 방법으로 도형 스타일을 지정하여 그림과 같이 프레젠테이션을 완성합니다.

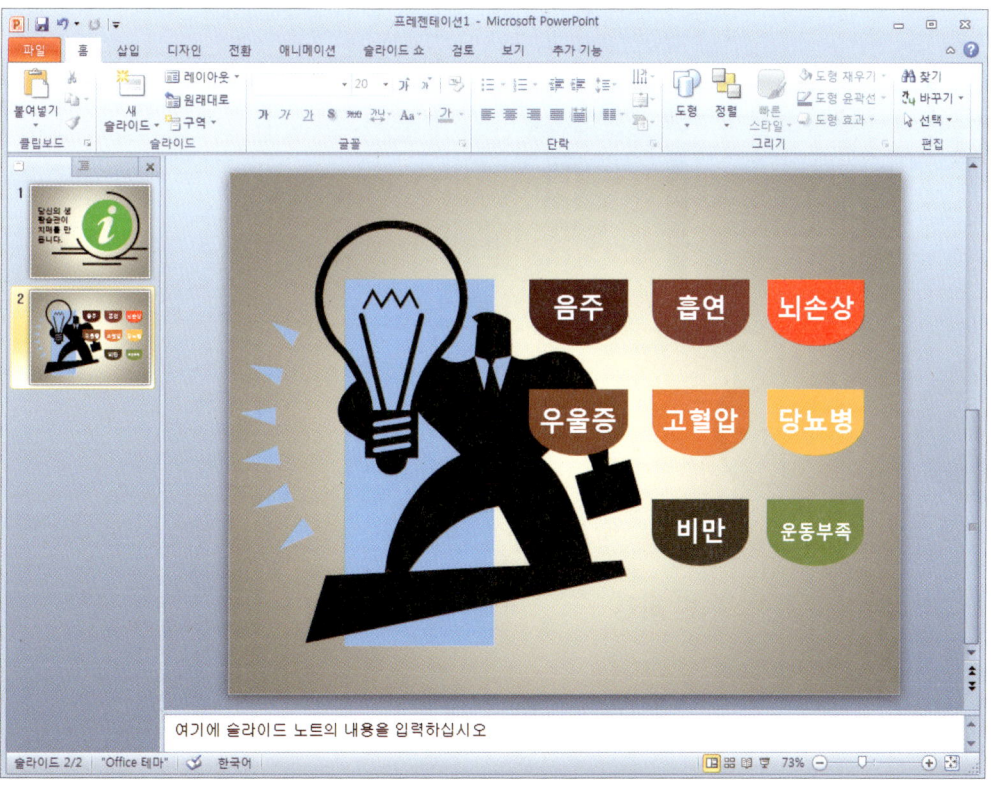

1 클립아트를 활용하여 인포그래픽 프레젠테이션을 작성해 봅니다.

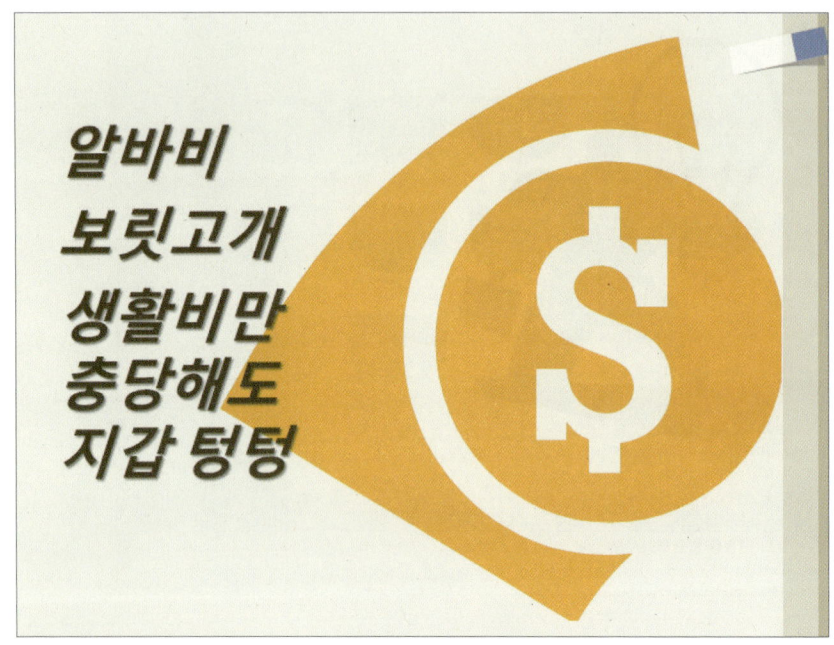

▲ 캡션 있는 콘텐츠

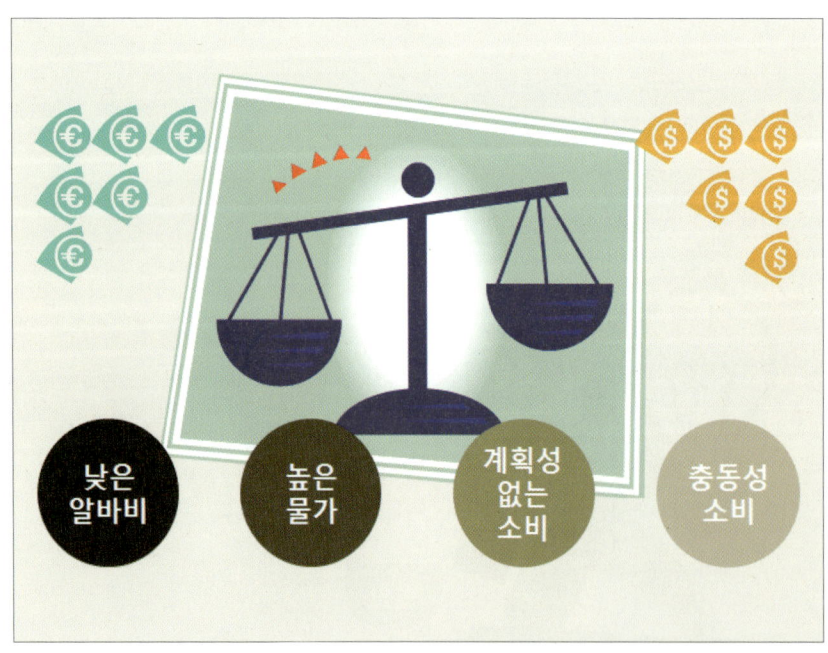

▲ 빈 화면

도움터 • 테마 – 메모 테마   • 클립아트() – 기호, 저울

2 클립아트를 활용하여 인포그래픽 프레젠테이션을 작성해 봅니다.

▲ 캡션 있는 콘텐츠

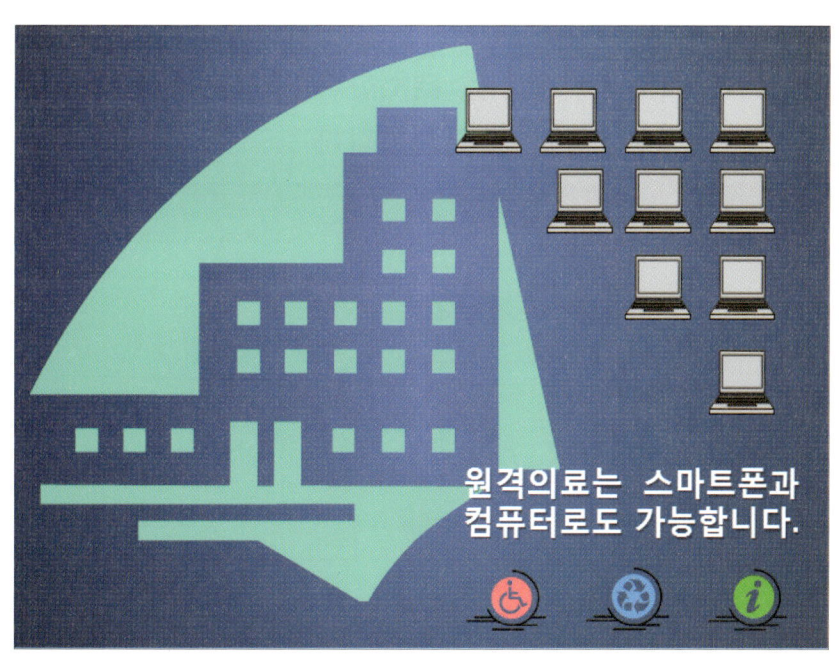

▲ 빈 화면

 • 테마 – 디지털 테마   • 클립아트(📋) – 기호, 병원, 컴퓨터

스마트폰에서 오피스 문서보기

오피스로 작업한 문서를 PC뿐만 아니라 스마트폰에서도 볼 수 있는 '폴라리스 오피스 앱'에 대해 알아보겠습니다.

폴라리스 오피스 앱( ) 설치하기

플레이 스토어에서 '폴라리스 오피스'를 검색하여 설치한 후 열기 단추를 터치하면, 설치된 '폴라리스 오피스'가 실행됩니다.

① 폴라리스 오피스 앱( )이 실행되면 를 터치합니다. [Device Storage]를 터치합니다. 이후 문서가 저장된 [폴더]를 터치합니다.

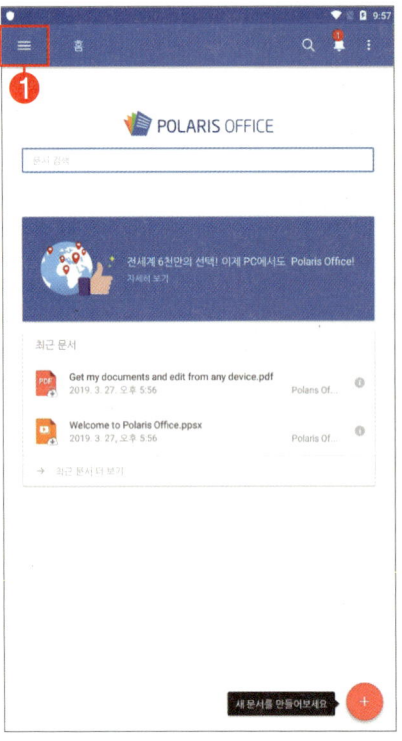

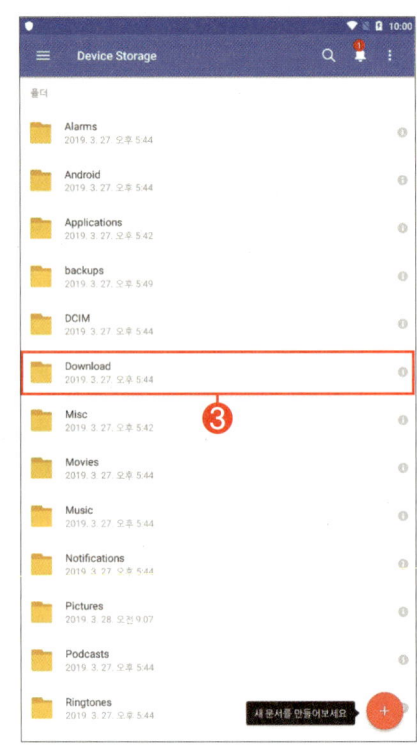

② 폴더에서 저장된 **파일을 터치**합니다.

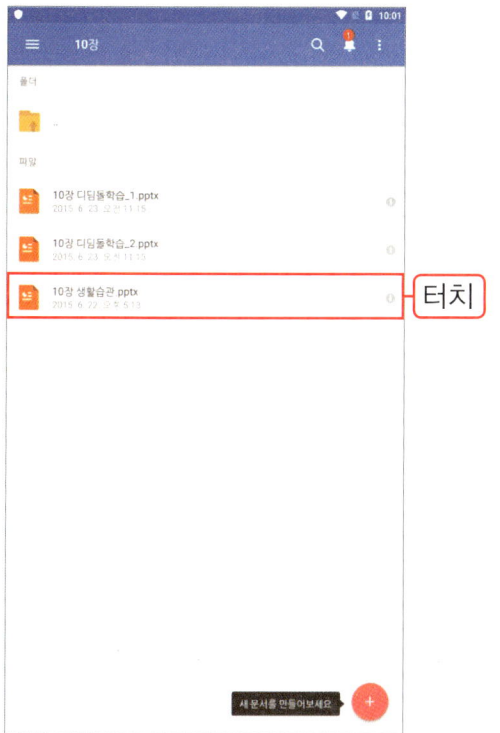

③ 그림과 같이 저장 파일이 열리면 [슬라이드 쇼]( )를 **터치**합니다.

④ 슬라이드 쇼가 시작됩니다.

⑤ **화면을 드래그**하여 다음 슬라이드를 확인할 수 있습니다.

소스파일 다운로드 방법

01 인터넷을 실행하여 시대인 홈페이지에 접속합니다.
　※ www.sdedu.co.kr/book

02 [로그인]을 합니다.
　※ '시대' 회원이 아닌 경우 [회원가입]을 클릭하여 가입한 후 로그인합니다.

03 화면 아래쪽의 [빠른 서비스]에서 [자료실]을 클릭합니다.

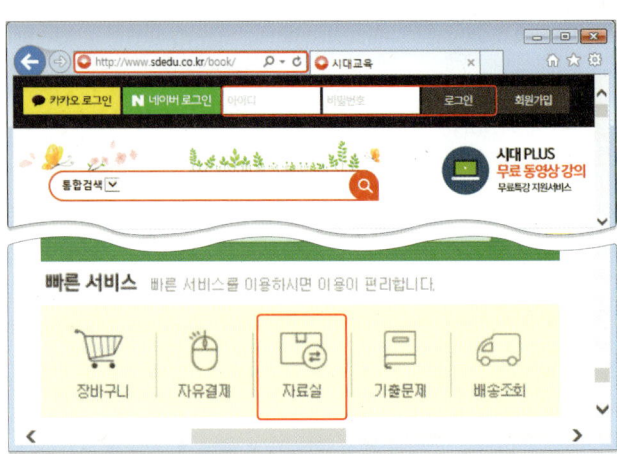

04 [프로그램 자료실]을 클릭합니다.

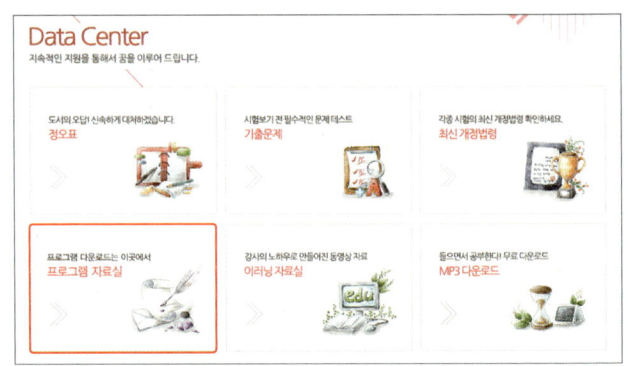

05 목록에서 학습에 필요한 자료 파일을 찾아 선택합니다.
　※ 검색란을 이용하면 목록을 줄일 수 있습니다.

06 첨부된 zip(압축 파일) 파일을 클릭하여 사용자 컴퓨터에 저장합니다.

07 압축을 해제한 후, 연습을 시작합니다.

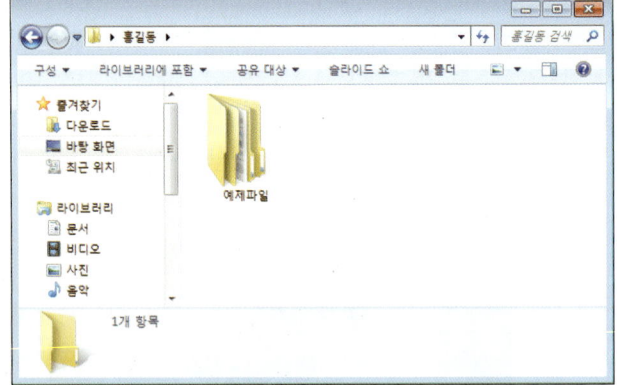

듬꾹이, 담꾹이, 꾹꾹이는 독자를 생각하는 마음으로 더 알찬 정보와 지식들을 듬뿍 도서에 담았다는 의미로 탄생하게 된 '시대인'의 브랜드 캐릭터입니다.